品牌数智化

科技驱动的模式与价值创新

孙宝红 著

Brand
Intelligence

中国人民大学出版社
·北京·

推荐序　构筑数智化时代的品牌竞争力

随着信息技术的不断发展，企业营销与品牌建设的功能定位和实践模式都发生了深刻变革。人工智能、物联网、区块链等新兴技术，为品牌理解、满足乃至创造消费者需求提供了新工具，并加快了用户体验向更具互动性、个性化和透明化的转变。那些能够有效利用新技术的品牌，更有可能与用户建立紧密而持久的关系，从而收获更高的品牌忠诚度和长久的成功。在这种情况下，如何运用新的技术手段提升品牌竞争力，成了每个企业必须面对的问题。

《品牌数智化——科技驱动的模式与价值创新》一书便回应了这一现实需要，深入剖析了技术改写品牌与消费者关系的内在逻辑，特别是其在消费者决策过程、私域运营、用户体验和用户数字生命周期价值等方面带来的革命性变化，从而提供了新时期下品牌建设所需的思维与路径。

了解数智化是实现数智化的起点。在书中，品牌数智化被分解为数字化转型和智能化运营两个步骤。数字化转型强调建立私域，重塑和拥有消费者旅程，为智能化运营奠定了基础。品牌私域中的智能营销则是数字化转型的目标。

具体而言，数字化转型是沿用户决策过程创建数字触点并在多个触点上提供智能化的服务。在用户决策过程的每个阶段，品牌都可以利用技术手段为其提供信息支持，从而优化用户体验。通过智能化的服务，品牌能够在用户旅程的每个阶段提供高质量的支持，提升用户满意度和忠诚度。书中详细介绍了品牌数字化转型的路径图，为品牌提供了清晰的转型路线。通过自建的线上社群、线上商店、线下门店等，品牌能够直接触达用户，进行个性化营销；通过综合运用各种技术手段，品牌可以全方位地追踪用户在线上、线下的决策过程，提供一致且个性化的品牌体验。

在打造私域和智能化运营方面，本书分解了私域在技术层面和信息流上的布局，指出品牌可以通过收集、整合及分析数据，为用户提供个性化的、多触点的用户体验。通过建立数据中台，品牌可以对多个触点的用户数据进行集成，分析用户偏好，并据此生成智能化的营销指令，从而在用户决策的每个步骤提供精准的服务。通过移动应用程序（App），品牌能够将智能化的营销指令随时传递给用户，为其提供个性化的服务，提升用户黏性和满意度。通过数据和算法驱动，智能营销可提供个性化、自动化和动态优化的营销解决方案，这可成为品牌在数智化时代保持竞争力的重要手段。

私域运营的核心在于通过与用户的持续互动，为用户提供增值服务，实现用户数字生命周期价值的最大化。活跃在私域的用户不仅复购率和客单价更高，其在社群中的社会影响力也更大，能为品牌贡献更多数据，帮助品牌建立面向未来的生产力。在私域进行智能营销，品牌还可以实现用户—数据—算法之间的良性循环，从而提升用户对品牌的长期价值。

数字化转型和智能化运营的过程，也是品牌从产品到服务、再到数据的升级过程。这可以为品牌带来新的业务和利润来源。以前只靠产品或服务盈利的传统企业，可通过数智化改造，进行商业模式创新，开辟新的利润来源。例如，"人工智能＋物联网"就为传统制造业带来了创新机遇。制造商可以为产品增加智能化属性，使之成为数据收集中心，并通过整合各种数据，为用户和第三方提供有价值的信息服务。这种从线性商业模式向平台型商业模式的转型，为传统制造业带来了崭新的机遇。

品牌数智化不仅是行为操作上的转变，更需要思维的变革。书中提到的平台思维、数据思维、用户旅程思维、体验思维、社群思维等都是企业推进品牌数智化发展中的润滑剂。传统企业需要改变以销售产品为出发点的销售思维；

其对消费者的定位也应由消费者、客户向用户和合作伙伴转变。从产品到社群，从广告服务到信息服务，从公域到私域，品牌需要扭转过去的一些传统认知。同时，品牌还需要重新思考竞争与合作，才能突破自己。

品牌数智化是技术与商业的深度融合，其最终成果将是商业模式的彻底革新。《品牌数智化——科技驱动的模式与价值创新》这本书为我们提供了一个全面的视角，以细致的讲解揭示了品牌如何通过数据驱动的私域运营和智能营销来提升竞争力，从而获得可持续的增长。通过这本书，读者能深刻认识到私域运营和智能营销在品牌建设中的重要性，并掌握相关的前沿技术和实施途径。

本书不仅包含了丰富的理论知识，还提供了大量国内外企业的实战案例。例如，奈飞通过数据和算法实现超级个性化的内容推荐，提升用户体验和留存率；星巴克通过"数字飞轮"战略，整合物理和数字触点，并运用人工智能技术为消费者提供个性化服务。这些案例显示了智能营销在实际应用中的巨大潜力和成效。尤其值得一提的是，本书还囊括了许多中国企业的创新实践，比如小米、阿里巴巴、京东、拼多多等，总结了中国企业 20 年来对现代管理理论和实践作出的贡献。

面向未来，有竞争力的品牌大都需要在营销科技上进行投入，通过运用数据和技术，打造个性化的用户体验，实现可持续的增长，甚至推动数据分析、人工智能、物联网等方面的创新。正是在这样的背景下，本书提供了实用的操作指南。本书适合市场营销专业人士以及所有希望在数智化时代提升品牌竞争力的人士阅读。我相信，每一位读者都能从中获得有价值的知识与启发。

张娟娟
麻省理工学院市场学终身教授、John D. C. Little 特设讲席教授
麻省理工学院斯隆管理学院全球项目教务主席

前　言

我自1995年在卡内基-梅隆大学和加州大学伯克利分校从事营销领域的研究和教学，多年来专注于研究如何将前沿科技转化为商业价值。通过教学与咨询，我与中美众多传统和新兴企业的决策者进行了深度接触。在与企业家的交流过程中，我观察到中国企业更注重利用数字技术重塑业务流程，而美国企业则更侧重于利用数字技术优化用户体验。

通过研究中美数字化转型的异同，笔者整理出了一些典型的营销实践和商业模式创新，收集了一些前沿的、引人入胜的案例，并从中提炼了简明但具有借鉴价值的逻辑和理论框架。撰写本书的目的在于将这些内容系统性地呈现出来，与读者分享，并希望在内容的选择和编排上尽量保持一定的逻辑性、前瞻性和实操性。

在撰写过程中，笔者考虑了以下几个关键点：

第一，本书从品牌建设的角度探讨数字化转型和智能化运营。始终将品牌建设作为出发点，分析品牌如何借助新兴技术为消费者提供新的价值，同时实现品牌自身业务和利润的增长。本书对数字化转型的定义也是从营销和品牌建设的角度出发的，将重点聚焦于数字技术对品牌与用户互动方式和关系的重塑，以及由此带来的新商机，而略过业务流程和生产运营等方面的讨论。

第二，本书从传统的制造商和零售商的角度探讨数字化转型和营销创新的应用。笔者观察到，随着新技术的出现，平台通常能够迅速抓住先机，创新商业模式；而传统企业往往受制于以产品和销售为主导的思维方式，未能充分理解技术对商业的底层影响，从而逐渐失去了对用户和数据的掌控以及品牌自身的主导地位。鉴于此，本书将从传统企业的角度出发，梳理技术的发展如何影响营销的底层逻辑，旨在帮助传统企业像平台一样思考，从而抓住技术创新带来的商机。需要指出的是，本书的内容更适用于大中型企业。初创企业通常需要依赖第三方平台来进行品牌宣传和产品销售（即数字营销在公域的应用），即它们更适合在数字化转型的第一层级发力。

第三，本书强调的重点不在于如何在公域进行数字营销（即在第三方数字平台上进行广告投放和产品销售），而更加侧重私域的构建和运营，以提升品牌建设的主动权，更关注品牌如何通过科技为消费者创造价值。本书强调了八种新思维，其目标不仅仅是销售产品，更是帮助品牌减少对平台的依赖，重新掌握对品牌和定价的控制权，同时增厚利润并拓展新的利润增长点。简而言之，本书研究了传统企业如何像平台一样，抓住技术发展带来的红利，通过数字化转型，在减少成本、提高效率的同时，促进业务和利润增长。

第四，本书旨在构建一个更深层次的框架。该框架超越了品牌和品类的范畴，超越国界和时间限制，符合消费者的基本需求和商业逻辑，在一定程度上经得住时间和地域的检验。为此，本书尝试从不同国家和地区（中国及其他亚洲国家、美国、欧洲国家等）的各种数字生态中，提炼出一些通用的消费者行为逻辑。其中所涉及的案例都是根据营销理论的发展和进化而选定的，它们都是一些原创的、超越地域限制的最佳实践，不限于某一特定地区、时期或数字平台。

第五，本书在内容的选择上强调了那些与未来发展趋势相契合的主题，特别是用户（user）、数据（data）、私域（private domain）、社群（community）、众包（crowdsourcing）等。在笔者看来，它们都是品牌在利用人工智能（AI）和Web3.0技术推进品牌数字化转型过程中，日益重要的一些概念。例如，随着人工智能的普及，品牌更有机会积累自有的用户数据，训练通晓自身品牌及所在行业的模型，将微调后的模型部署到品牌私有服务器上，实现对用户需求的快速响应。面向未来的 Web3.0 技术则更加强调社群、共识、共创和共赢，通过去中心化平台，使用户成为品牌发展的重要参与者。

回到品牌数智化这一主题，在笔者看来，品牌数智化（brand intelligence）包括数字化转型（digital transformation）和智能化运营（intelligentization）两个方面。数字化转型指的是品牌利用数字科技来建立自己的私域，从而拥有用户和数据的所有权、可反复使用数据的权利，以及自定义营销功能的权利。而智能化运营更侧重于私域的日常运作，通过用户数据的分析和洞察，更好地理解用户需求和行为，通过数据驱动的智能营销优化用户体验和满意度，实现用户数字生命周期价值最大化。数字化转型为智能化运营提供了基础设施和支持。

新技术的涌现使消费者的决策过程更加可视化，品牌有机会利用数字技术来协助和引导消费者的购物旅程。基于这一逻辑，本书重点讨论了品牌数智化的重要性，帮助品牌减少对平台的过度依赖，逐步建立对用户和数据的掌控权，从而打造品牌长期竞争力；同时分析了企业进行数字化转型和智能化运营的主要目标，即寻找业务增长点和新的盈利模式，简称"科技驱动的模式与价值创新"。

本书以用户和用户旅程为核心，按照品牌数字化转型路径图，可划分为十个主题：

- 数字技术与营销创新
- 平台企业的模式创新
- 消费者决策过程与品牌体验
- 品牌数字化转型
- 线上社群
- 电商
- 智慧门店
- 移动应用
- 智能营销与数据中台
- 营销创新与未来

本书的内容按照上述十个主题依次展开：第一章探讨互联网、社交媒体、移动技术、物联网以及人工智能在营销领域的价值；第二章讨论平台的商业模式和盈利模式，以及平台与品牌之间的关系；第三章描述数字时代消费者的决策过程，为第四章提出传统品牌数字化转型的路径图提供理论基础；第五至第八章详细讨论路径图中的各个营销模块；第九章关注数据中台和以数据和算法为基础的智能营销；最后，第十章总结数字化转型和智能化运营所带来的营销创新和商业模式创新，同时展望未来的新兴技术和更具创新性的商业模式。

总体而言，本书介绍了品牌如何在数字时代进行数字化转型和智能化运营，强调了一个逻辑、一个框架、四个目的和八种新思维。"一个逻辑"是指用户旅程的逻辑，"一个框架"是指数字化转型的框架，"四个目的"包括降低营销成本、增强品牌体验、寻找业务增长点和开辟新的盈利模式，"八种新思维"包括平台思维、数据思维、用户旅程思维、体验思维、社群思维、共建共创思维、机器思维和跨界思维。

需要指出的是，本书选取的案例均来源于笔者近年来对商业模式或营销技术创新的切身观察。列举这些代表性案例的目的在于更好地阐述本书所提供的逻辑框架。企业的成功与否受到多种因素的影响。书中提到的案例主要用来解释商业思路、演绎逻辑和框架，并非对案例所涉及公司或创业项目成功与否进行评价。

在当前的经济社会背景下，传统企业仍然占据着实体经济的主导地位。在本书中，读者将了解到传统制造商和零售商应如何进行数字化转型，从线下扩展到线上；也将了解到新兴品牌在有了一定知名度之后，如何像传统品牌一样扩展业务，从线上发展到线下。

尽管本书选择了从品牌的视角进行阐述，但实际上，其内容对于科技平台公司、创业者和投资者，以及传统和新兴品牌都具有借鉴意义。科技平台公司应该了解品牌的需求，从广告销售转向品牌增值服务，为品牌和用户提供新的服务。创业者和投资机构应该深入了解品牌在数字化转型过程中的技术和市场需求，以提供相应的解决方案。

特别值得一提的是，在过去的20年里，凭借独特的数字生态和商业环境，许多中国企业在商业应用方面进行了大胆的尝试和创新，探索出了符合商业逻辑的模式创新。中国也涌现出大量的数字平台和营销创新，对全球商业生态产生了深远的影响。笔者希望借由本书对中国企业在现代管理和营销领域的理论贡献进行简要总结，并向世界介绍一些中国企业的典型创新和实践。

为了既能涵盖多个主题和数十年的时间跨度，又有逻辑、成体系；既能展示丰富的商业实践，又能有理论支撑；既能体现技术的多次变革对营销实践的影响，又能与时俱进、有所前瞻；既能尊重现实，又能有所演绎、适度扩展，本书的创作并非一帆风顺，写作过程中先后经过23次易稿，历时三年才得以完成。

在此，特别感谢张杨女士，她在本书的创作、修改和完成过程中起到了不可替代的作用。也要感谢在本书的案例编写和文字润色过程中孟繁怡、闫敏和陈剑给予的鼎力协助，这些同事提供的宝贵建议丰富了本书的内容。还要感谢长江商学院Web3、人工智能和营销创新研究中心及长江商学院案例中心的大力支持。

最后，感谢中国人民大学出版社的各位编辑老师，他们的工作使本书的整个出版过程愉快而又高效，他们的专业精神和丰富经验确保了本书的质量。

如若本书中有错漏之处，望读者批评指正，争取日后再版时一并改正。

孙宝红

目 录

第一章 | 数字技术与营销创新
　　一、数字技术的营销价值　／002
　　二、技术驱动的营销思路变革　／014
　　三、数字时代品牌面临的新挑战　／016

第二章 | 平台企业的模式创新
　　一、平台商业模式和网络效应　／020
　　二、平台商业模式的制胜关键　／023
　　三、平台企业的七种盈利模式　／024
　　四、平台的数据网络效应　／028
　　五、平台与品牌的关系　／030
　　六、品牌的营销成本为何越来越高　／032
　　七、品牌可借鉴的平台思维和数据思维　／035
　　八、传统品牌搭建商业平台的几个案例　／037

第三章 | 消费者决策过程与品牌体验

一、数字时代的消费者决策过程 / 043

二、建私域，拥有和重塑消费者决策过程 / 048

三、用户旅程和用户品牌体验 / 057

四、为消费者决策提供信息服务平台 / 067

五、向平台学习用户旅程思维、社群思维和跨界思维 / 071

第四章 | 品牌数字化转型

一、品牌数字化转型概述 / 076

二、品牌数字化转型路径图及解析 / 078

三、智能化运营：让数字化基础设施动起来 / 084

四、品牌数字化转型的实施 / 089

五、品牌数字化转型的战略意义 / 094

六、数字化转型的八种思维 / 096

案例　丝芙兰（美国）：现代零售商数字化转型的典范

　　　肯德基（中国）：利用数字化转型构筑竞争优势

第五章 | 线上社群

一、线上社群：概念与举例 / 119

二、线上社群对品牌数字化转型的战略意义 / 126

三、如何建立和运营线上社群 / 129

四、众包：邀请社群成员参与品牌建设 / 138

五、向蔚来学习用户旅程思维、体验思维和共创共建思维 / 145

案例　蔚来汽车：数字化时代，如何打造用户引擎

　　　耐克：用数字技术赋能社群

　　　大疆无人机：为全球航拍爱好者和软件开发者搭建平台

第六章 | 电　商

一、科技发展催生新的电商模式　/ 162

二、互联网＋电商　/ 163

三、社交＋电商　/ 178

四、移动＋电商　/ 193

五、物联网＋电商　/ 198

六、品牌做自营电商的一些建议　/ 206

案例　拼多多的社交拼团

　　　　Stitch Fix 的成长启示

　　　　品趣志：兴趣电商的开创者

第七章 | 智慧门店

一、线下门店的新角色　/ 226

二、拥抱零售科技　/ 228

三、智慧门店的新功能　/ 234

四、开辟新的利润来源　/ 237

五、探索线下门店的新形式　/ 240

六、借助互联网思维打造智慧门店　/ 243

案例　盒马鲜生：新零售的典型代表

第八章 | 移动应用

一、移动应用在品牌数智化中的作用　/ 253

二、服务用户旅程　/ 257

三、发挥超级触点的营销潜力　/ 259

四、未来的移动技术和应用　/ 265

案例　爱顿博格、丰田：充分发挥 SoLoMo 特性

第九章 | 智能营销与数据中台

一、智能营销 / 275

二、数据中台 / 277

三、智能营销的动态优化解决方案 / 282

四、智能营销下的飞轮效应 / 289

五、向平台学习机器思维 / 292

案例 淘宝：比用户更懂用户

第十章 | 营销创新与未来

一、全域营销 / 300

二、科技驱动的营销模式创新 / 309

三、思维创新与商业模式创新 / 313

四、营销未来趋势 / 318

五、为拥抱 Web3.0 做准备 / 319

结　语 / 322

01 第一章　数字技术与营销创新

主题

互联网、社交媒体、移动媒体和互联网的营销价值
科技驱动的营销创新

示例

小米，拼多多

── // 引例 // ──────────────

小吴"触网"记

　　小吴是"90后"。他出生时，互联网开始兴起。随着技术的快速发展，雅虎、新浪等门户网站崭露头角，亚马逊等也在酝酿着颠覆传统零售业的力量。

　　在小吴五六岁的时候，QQ和人人网（原校内网）问世。出现在互联网蓬勃发展之后、移动互联网到来之前的社交媒体，重新定义了人们的上网体验。淘宝、天猫让商品"上网"，而QQ则让人们"上网"。在这一时期，人们开始在互联网上建立社交联系，这就是Web2.0时代的社交媒体，它允许消费者之

间互动，并丰富了消费者与产品之间的互动内容。

又过了几年，移动互联网时代到来了，小吴拥有了自己的智能手机。这时微信应运而生。微信并没有局限于不可移动的 PC 端，而是专注于可移动的手机端，让用户的时间和地点信息都能"上网"。因此，无论小吴身在何处、正在从事何种活动，他说了什么、支付多少钱，甚至他的情绪状态，都可以通过手机迅速地传递和记录。手机不再仅仅是通信工具或 PC 的替代品，它成为连接消费者线上和线下的纽带，将他们的时间、地点和环境信息以数据的形式收集起来，上传至云端，同时还能实时传递营销指令。

进一步地，随着物联网技术的崛起，小吴所使用的产品也"上网"了。他佩戴的智能手表不仅可以显示时间，还可以传输他的心率等生理特征数据，这些信息在"上网"后呈现为大量的数据。基于此，人们开始讨论大数据、机器学习、人工智能等数据和算法在商业中的应用。

接着，区块链技术应运而生，它实现了去中心化的价值链对接，有潜力彻底改变商业模式。

如今，小吴的消费模式已经从小时候的用零花钱买棒棒糖变为线上购物，他也接触到了个性化广告和产品推荐。未来，他甚至可以通过虚拟世界拥有更好的价值体验。

一、数字技术的营销价值

科技的发展改变了整个世界，塑造了人们的生活方式和日常消费习惯。小吴的故事只是其中的一个缩影。伴随着科技的飞速发展，过去 30 年里，人类的生活方式经历了翻天覆地的变化。图 1-1 呈现了互联网、社交媒体、移动技术、物联网以及未来 Web3.0 的发展历程。

不同的数字技术有不同的商业价值。按照技术演进的时间顺序，我们分别对互联网、社交媒体、移动技术和物联网背景下的营销思维与策略进行解析。

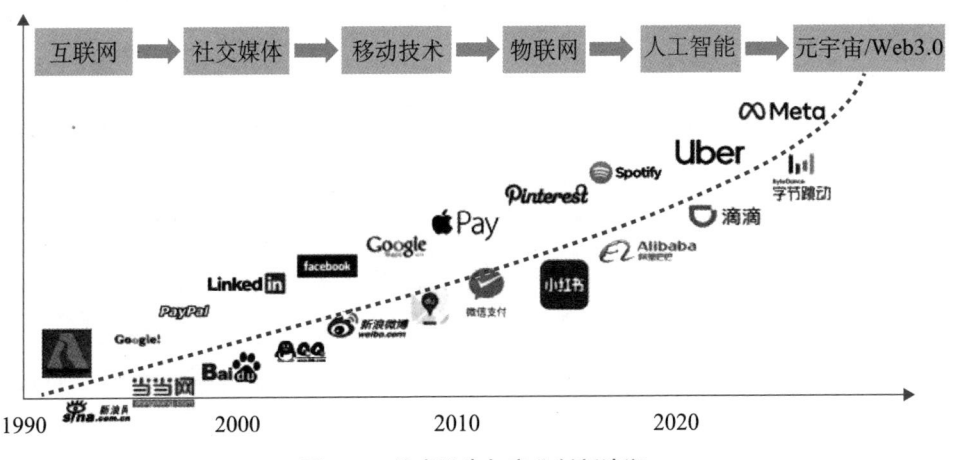

图 1-1　技术进步与商业创新浪潮

注：①部分企业，如亚马逊、谷歌、PayPal、新浪、当当等按时间轴使用其早期 logo。
②大概每十年，一种新技术开始兴起，如进入 2000 年，社交媒体开始构筑起流行趋势。

拓展阅读　　　　　　　　　　数字技术开启新商机

Web1.0 —— 长尾产品的关联

Web1.0 时代主要关注长尾产品的关联和销售，即销售一小部分热门商品和大量不太热门的长尾商品。

Web2.0 —— 产品与人的关联

Web2.0 时代的社交媒体将人与人连接起来，形成用户社群，同时强调与产品和服务相关的推荐和分享的重要性。

移动技术 —— 产品、人、时间和场景的关联

随着移动技术的广泛应用，移动媒体时代的到来让人们可以随时随地访问产品和服务，使关联变得更加便捷和即时。

物联网 —— 产品、人、时间、生活方式的关联

物联网时代引入了更多设备和传感器，实时收集和共享各种数据，包括与健康医疗等相关的信息，进一步提升了智能化和个性化服务。

大数据、商业分析、人工智能 —— 信息学习与自动化行动

在这一阶段，大数据的处理、商业分析和人工智能技术的应用使系统能够通过机器学习从海量数据中获取信息，并自动化地发出营销指令。

Web3.0

Web3.0 时代的区块链技术为分布式数据存储和管理提供了可能性，同时也开辟了去中心化、数字产权和创作者经济等全新的商机。

（一）互联网

Web1.0 时代横跨整个 20 世纪 90 年代，当时的互联网通常被称为"只读网络"（read-only web）。这时的网站通常是信息性的，仅包含一些被超链接在一起的静态内容，没有 CSS（cascading style sheets，这是一种用于布局和构建网页 HTML 或 XML 的计算机语言）、动态链接，也没有用户登录、发布博客评论等互动功能。在此阶段，网上的大部分内容都是由专业生产者生成的内容（professional generated content，PGC），而消费者只是互联网的用户。互联网打破了地理限制，将各种产品都呈现在网上，使消费者能够在网上搜索、浏览和购买，从而改变了人们以往对内容消费和产品购买的方式。

互联网模式对营销有两个核心价值，即长尾和去中介化。

互联网打通了信息流。消费者在实体店无法找到的商品，可以在淘宝、天猫上找到，这些就是长尾产品。互联网引入了各种长尾产品，这是线下门店所无法实现的。互联网模式的另一个价值是去中介化。在淘宝、天猫上，消费者再也找不到大型零售商店，因为淘宝直接连接消费者，去掉了零售商和渠道商。在这一阶段，大多数电商平台销售的是长尾产品，提供搜索和比价等增值服务。

长尾（long tail）最初被用来描述亚马逊、奈飞、Real.com 和 Rhapsody 等网站的商业或经济模式。其通常是指那些原本不受重视、销量较小但种类繁多的产品或服务。这些产品或服务总量巨大，它们的累计销售收入超过主流产品的现象称为"长尾效应"。如图 1-2 所示，头部品牌（畅销品）的每个产品都有很大的销售量，而位于长尾的品牌虽然各自销售量较小，但它们的总和占据了整个市场需求的大部分。亚马逊和淘宝通过互联网技术向消费者展示大量长尾产品，这正是它们能够挑战传统零售商的原因。

去中介化（disintermediation）是指在交易过程中剔除中间环节的过程。消费者可以直接从批发商处购买，而不必通过零售商等中介。 去中介化可以降低成本、提升交付速度，或者两者兼而有之。如图 1-3 所示，亚马逊和淘宝绕过了传统零售商，将长尾卖家直接引入其电商平台。

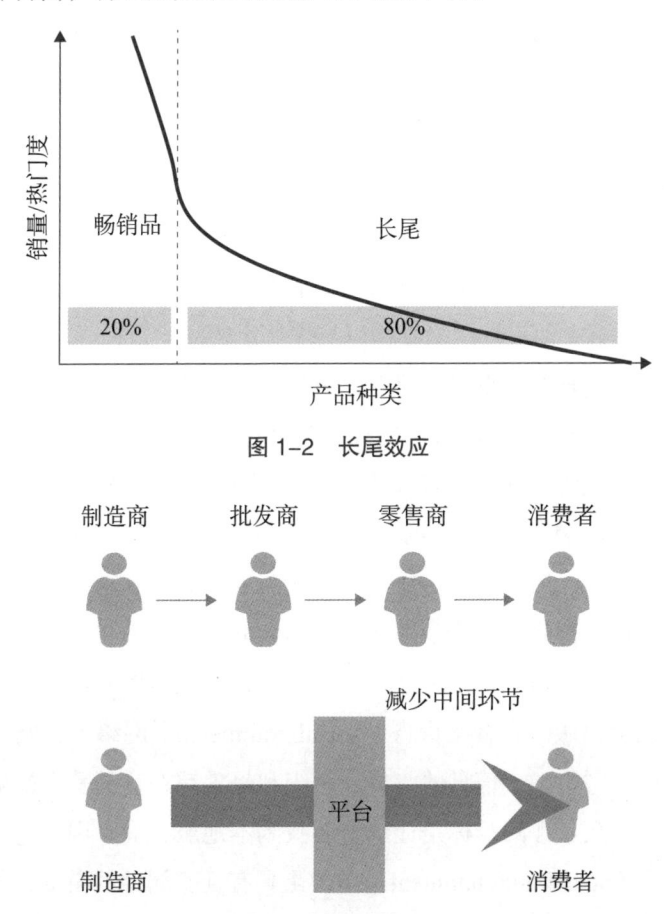

图 1-2　长尾效应

图 1-3　去中介化

（二）社交媒体

21 世纪迎来了颠覆性的 Web2.0 时代，这一阶段的互联网通常被称为"读写网络"（read-write web），它强调用户之间的互动，并易于产生用户生成内容

（user generated content，UGC）。在 Web2.0 时代，用户互动成为主流，人们可以通过各种在线工具和平台分享他们的观点、看法、思考和经验，这也导致人们的社交方式发生了变化。在此阶段，用户不仅是网站内容的消费者，也是内容的创作者。消费者之间可以互动，这丰富了消费者与产品之间的联系。

在社交媒体上建立朋友关系是一项关键动作，通过数字建立人与人之间的连接，形成了社交网络。在社交网络中，每个用户都可以被视为一个节点。当两个用户，或者说两个节点建立了联系后，信息才能够在网络中传递。网络是传播信息的载体，网络结构决定了信息传播的速度和范围。

在万物互联的数字时代，建立网络的概念，对品牌来说至关重要。通过理解社交媒体和数据结构的网络概念，我们可以更好地理解本书中的一些讨论，例如品牌在建立自己的线上媒体和线上商店时，需要构建产品、消费者和内容的网络，需要了解如何设计网络结构以实现特定的商业目标等。

社交媒体平台是建立在 Web2.0 思想和技术基础上的一种基于互联网和移动应用的平台。 Web2.0 早期出现的社交媒体平台包括 YouTube、脸书、推特等。图 1-4 根据商业目的将社交媒体分为社交群体、社交出版、社交商务和社交娱乐四大类。社交群体（social community）强调社交和社群功能，其网络特点是结构对称，信息双向传播，注重人与人之间的互动，例如，脸书和微信都是典型的社交群体。社交出版（social publishing）关注信息传播，其网络特点是结构不对称，信息单向传播，强调内容传播的速度和广度，例如，推特和微博属于社交出版。在社交商务（social commerce）网络上，网络节点是各个商家，在这类网络中，信息的收集、组织和呈现旨在让消费者能够迅速找到商家。例如，大众点评的目标是让消费者找到本地服务商，因此它属于社交商务。社交娱乐（social entertainment）指的是具有社交属性的游戏，如《王者荣耀》等。

社交媒体具有两大营销价值，创造和分享 UGC 以及众包。社交媒体鼓励用户之间相互联系，为品牌执行某项任务，这是社交媒体对品牌营销最重要的价值。

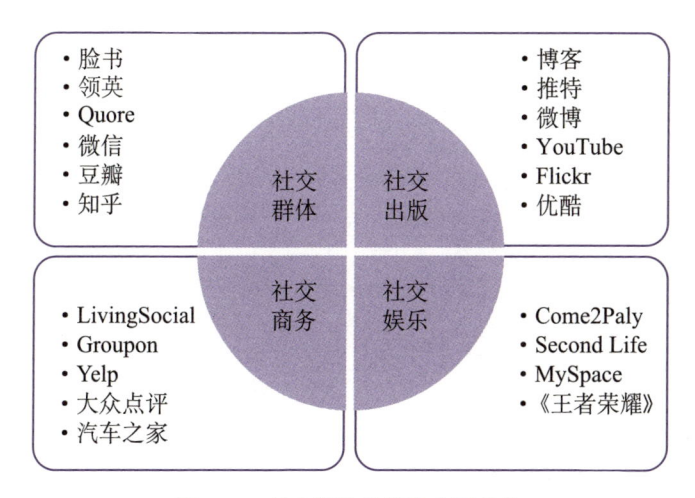

图 1-4 社交媒体分类和典型载体

社交群体：
- 脸书
- 领英
- Quore
- 微信
- 豆瓣
- 知乎

社交出版：
- 博客
- 推特
- 微博
- YouTube
- Flickr
- 优酷

社交商务：
- LivingSocial
- Groupon
- Yelp
- 大众点评
- 汽车之家

社交娱乐：
- Come2Paly
- Second Life
- MySpace
- 《王者荣耀》

资料来源：TUTEN T L，SOLOMON M R. Social Media Marketing [M]. Essex: Pearson Education，2017.

拓展阅读　　网络型和层级型网络结构对比——微信与微博

微信是典型的网络型社交媒体，其特点是用户之间的连接是非对称的，也就是说，用户需要发送好友请求并获得对方的同意后才能建立联系。在微信中，用户之间的关系通常是双向的，例如，用户 A 添加用户 B 为好友，那么用户 B 也会成为用户 A 的好友。这种关系有利于建立稳固的个人社交网络。用户可以直接与他们的好友进行一对一的私密交流。微信朋友圈的内容分享主要面向个人好友，内容更加私密。

微博则是典型的层级型社交媒体，其特点是用户之间的关系是单向的，即用户可以关注其他用户，但不需要得到对方的确认。在微博中，关注关系形成了一种单向的层级结构，类似于粉丝和明星之间的关系，不要求明星回关粉丝。此外，微博的内容广泛公开，可以被所有关注者看到，形成了广泛的信息传播和社交互动。

由此可见，微信的网络型网络结构更注重私密性和个人社交网络的建立，用户之间的关系更加紧密；微博的层级型网络结构则更强调信息的广泛传播，用户关注的对象可能更广泛，但关系相对较松散。这些结构特点决定了微信和微博在社交媒体中具有不同的使用场景和社交模式。

图 1-5 和图 1-6 分别展示了微信和微博两种应用的底层网络结构。

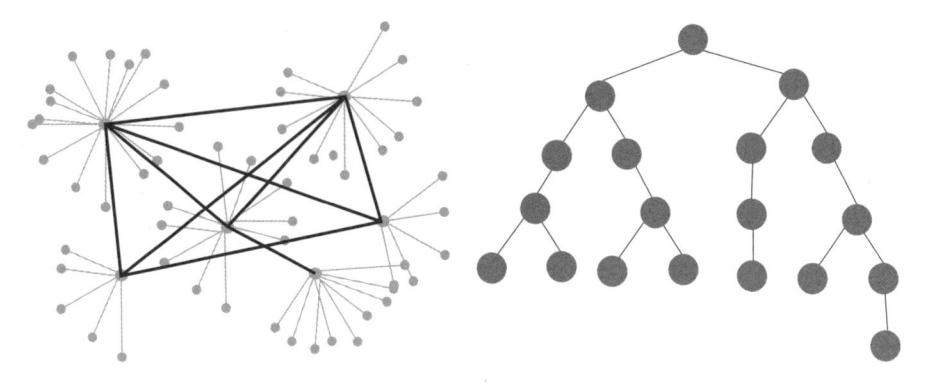

图 1-5　微信的网络型网络结构　　　　图 1-6　微博的层级型网络结构

1. UGC：社交媒体上丰富的数据资源

UGC 是伴随 Web2.0 而生的一种用户使用互联网的新方式。UGC 是社交媒体的生命线，没有活跃的用户及其生成的 UGC，社交媒体平台将无法维持下去。

UGC 有多种形式，可以是文字、图片、视频等。此外，用户在各种平台上的搜索、信息收集、打标签等行为都构成了 UGC 的重要组成部分。

UGC 对品牌的重要价值在于，其蕴含着丰富的消费者需求和偏好信息，这正是社交媒体真正的价值所在。具有社交媒体思维的品牌不仅将用户视为网络内容的观众，还将其视为内容的创作者。这些品牌会考虑构建社交媒体的网络结构，鼓励用户互动，以从中收集最有用的消费者信息。

2. 众包

众包是指企业将过去由员工执行的工作任务外包给非特定的志愿者的做法。众包可以通过人与人之间的联系来发动用户共同完成某项营销任务，如团购等。研究发现，众包往往能够超越专家的智慧，具有很大的潜力。

一个典型的例子便是小米公司。小米邀请消费者提供对智能手机的建议，并根据这些数据开发了小米智能手机。之后，小米不断邀请用户贡献各种 UGC，通过众包方式进行产品设计，以低成本快速发展为手机制造商。另一个例子是近年崛起的拼多多。拼多多利用社交媒体作为平台，引导用户自发组织团购，通过众包完成了广告、促销和渠道等营销功能，大幅降低了商家的营销成本。商家则拿出节省的成本与参与众包的用户共享，形成了一种双赢的关系。

这些例子表明，众包的理念可以带来商业模式的成功。品牌可以最大限度地利用社交媒体的特性，利用UGC和众包进行更有效的营销。实际上，众包的概念源于对企业创新模式的反思。传统的产品创新方式通常需要调查市场、确定消费者需求，然后设计新产品，这种方式的投资回报率通常较低。而众包的方式是邀请消费者共同设计新产品，设计出的产品直接满足了消费者需求，同时品牌在邀请参与的过程中已经进行了广告和推广。众包已成为一个重要的发展趋势，尤其是在 Web2.0（社交）和 Web3.0（价值实现）的推动下。

（三）移动技术

如图 1-7 所示，智能手机具备许多移动设备才有的功能，如语音控制、相机相册、二维码扫描、增强现实（AR）、虚拟现实（VR）、近场通信（NFC）、蓝牙、iBeacon 等等。这些功能都可以用于营销，但许多营销人员尚未充分利用它们。

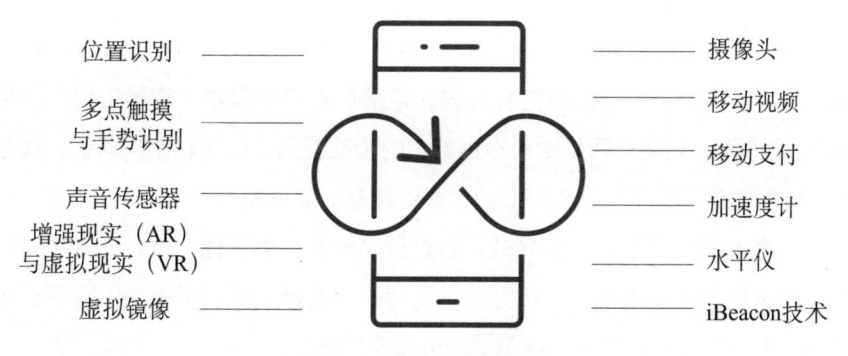

图 1-7 多功能移动终端

以 iBeacon 为例，它利用蓝牙的广播频道来发送信号，可以精确定位消费者在几米范围内的活动轨迹，无须打开应用程序，后台即可自动唤醒接收信号。例如，当顾客步入商店时，商家可以立即获取消费者的个人信息、搜索和购买历史、需求预测和偏好分析等,从而启动个性化的营销过程。因此,定位技术对线下店铺具有巨大的商业价值。实际上,这项技术早已存在于手机上,但直到最近几年,成本变得更加低廉,许多商店、购物中心等才开始采用。

拓展阅读　　　　　　　四种主要的定位追踪方式

随着技术的不断发展,定位追踪的方式也日益多样。根据定位的精度不同,我们可以将主要的定位追踪技术分为以下四种:

1. 全球定位系统（global positioning system,GPS）:定位范围大于20米。

2. 无线局域网（wireless local area network,WLAN）、三维地理围栏:定位范围为5～20米,通过高级技术可实现更精确的定位。

3. iBeacon室内定位技术:通常提供几米的定位精度。

4. 近场通信（near field communication,NFC）技术:定位范围为0～4厘米,主要用于非常近距离的数据传输和交互,通常用于支付。

资料来源:https://blog.csdn.net/illusion116/article/details/73294096;https://www.marketingevolution.com/knowledge-center/topic/marketing-essentials/location-based-marketing。

场　景　　　　　　　　　熟悉你的丝芙兰

玛丽正在纽约某商场里漫无目的地逛着,无意间经过一家丝芙兰（Sephora）的门店。一开始,她并没有打算进去,但门店入口的屏幕上突然出现了一段信息:"你好,玛丽！两星期前你浏览过的那款新品口红现在正打八折,优惠券已经发送到你的手机小程序上。你是否愿意进店看看?"

这个消息引起了玛丽的兴趣,她走进了丝芙兰的店铺,试用了那款口红后,她决定购买。她拿出手机完成了支付,并使用了那张优惠券。离开丝芙兰后,她举起手机自拍了一张照片,分享到朋友圈,并附上了文字:"试了一下新款口红,颜色不错。"

尽管这个场景看起来有点神奇,但实际上,它非常容易实现。首先,玛丽是丝芙兰的会员。然后,当玛丽接近门店时,通过iBeacon或人脸识别等

> 设备，丝芙兰就能够识别出她，并与她的账户信息进行匹配。在此基础上，只需将线上和线下的数据相互关联，丝芙兰就能知道玛丽两星期前曾在网上浏览过这款口红。这个看似神奇的情景因此得以实现。
>
> 在这个过程中，移动设备扮演了连接线上和线下的关键角色。手机能够整合时间、地点、个人信息和多个渠道，并实现一对一的沟通。此外，人工智能通过数据为消费者提供服务，向消费者发出指令等，这正是智能营销的一个应用场景。

目前，许多品牌在使用移动设备时仍然局限于将 PC 端的社交媒体体验转移到移动端。虽然这可以让消费者随时随地使用社交媒体，但它并没有充分释放出移动设备所具有的独特商业价值。移动技术可以创造身临其境的品牌和购物体验，提供基于地点和情境的营销服务（location based services）。作为品牌与消费者之间的超级触点，移动应用有两个关键的商业价值：模拟一手经验和上传下达。

1. 模拟一手经验

移动设备具有独特的功能，如增强现实、虚拟现实和混合现实，可以为消费者提供身临其境的购物体验。相比于社交媒体所提供的间接经验，移动技术所提供的一手经验更容易让消费者通过图像、视频和真人展示等获取产品信息。手机应用程序、语音控制、图像搜索等功能，使消费者的决策过程更加便捷。

2. 上传数据，下达营销指令

借助智能手机的独特功能，品牌可以实时跟踪每位用户，了解他们的位置和环境。品牌可以随时随地邀请消费者使用手机上的各种独特功能，在不同情境下捕捉身边的 UGC，并通过手机的通信功能将 UGC 上传到数据库。例如，小红书和抖音等邀请用户拍摄和上传短视频，这些内容就成了平台的数据资产。

同时，手机是品牌与消费者实时联系的有效工具，可用于发送一对一的营销指令。例如，抖音可以通过分析用户行为和内容数据来了解用户意图和偏好，并及时推送与用户兴趣相关的内容。另外，基于位置的产品推荐或优惠券可以被即时发送到消费者的手机终端，引导他们进入线下店铺。

（四）物联网

物联网（internet of things，IoT）是指通过信息传感器、射频识别技术、全球定位系统、红外感应器、激光扫描器等各种装置和技术，实时采集任何需要监控、连接和互动的物体或过程的数据。 随着技术的发展和普及，智能家电已经走进千家万户。电子设备、自动驾驶汽车、语音控制、监视器，以及可穿戴的电子设备，可以监测消费者的生理数据，使一切都实现互联互通，从而构成了所谓的物联网。这也为营销带来了创新机遇。

首先，物联网产品之间的互联互通，使品牌能够全方位地收集消费者的生活信息，以了解其产品需求。与社交媒体上的语言文字不同，物联网收集的数据代表了消费者的真实消费行为和场景，反映了他们日常的生活方式。

其次，物联网产品可以将数据的存储、处理和个性化推荐集成在其中，就像植入了代表消费者利益的智能机器人。这些产品能够与消费者直接互动，为他们提供个性化的服务，甚至协助消费者做出购买决策。

如果说互联网和社交媒体为平台企业创造了商机，那么物联网的兴起则将商机还给了制造商。物联网揭示了消费者的产品需求，融入了消费资讯，引导了消费者的生活方式，甚至协助他们自动生成购买决策，实现了产品的服务化和服务的自动化。基于这一基础，制造商可以建立直接且长期的客户关系，提供多样化的服务，其中许多服务都基于信息。

例如，一家大型农机具制造企业在其产品上使用了计算机视觉技术，用于监测田地里农作物的生长情况。该公司还租用了卫星频道，以观察农作物的产量和病虫害情况。进一步地，该企业可通过整合所有设备在全球范围内收集的数据，实时分析特定地区的害虫传播、农作物生长情况等信息。这能为企业带来新的业务机遇。首先，企业可分析处理收集来的信息并出售给农民，为后者提供农作物种植指导和信息服务；其次，企业解决了农民买不起大型农机的问题——这些大型农机具都是物联网设备，可以租赁给农民使用；第三，解决了农民农忙时期难以雇到人、农闲时期又无所事事的问题——计算机视觉可以准确记录工人操作割草机或收割机的时长和产出，并按小时支付工资。物联网技术的开发和应用为这家传统制造商带来了创新的商业模式。这家农机具制造商通过在产品中植入物联网技术，将产品变成了数字触点，通过所采集的数据为用户提供增值服务。这使其不仅从产品制造商转型为信息服务提供商，还可以进一步拓展新的合作伙伴和盈利模式。这是传统企业通过数字化转型和智能运营，实现业务增长和商业模式创新的范例。

（五）大数据、机器学习和智能营销

通过上述互联网、社交媒体、移动技术和物联网技术，消费者的活动足迹可转化为数据并存储在企业的中央服务器中。事实上，脸书、谷歌和推特等公司早已实现了这种部署。接下来的一步，是利用机器学习和人工智能（AI）技术来处理这些大数据（见图1-8）。

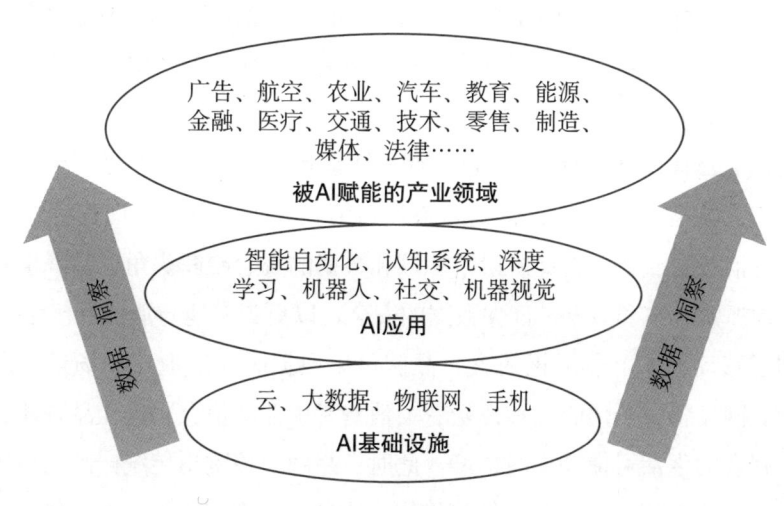

图 1-8　智能时代

机器学习工具可以处理多种形式的大数据，例如抖音上每分钟产生的图像、视频和声音等多元数据。这些数据可以揭示消费者的意图和偏好。通过分析这些多元数据，品牌可以在合适的时间，以合适的营销渠道，推送合适的营

销内容，并制定合适的价格策略。机器学习和人工智能还能够提供强大的即时解决方案。未来的人工智能解决方案能够像人一样解读情感和交流，真正理解世界，实时做出决策，生动有趣。其智能程度还会随着不断学习而提高。这就是智能营销的未来，其最终目标是通过创造无摩擦的最佳客户体验来实现品牌利益最大化。

数据是智能营销的基础，也是未来的生产力。品牌应该尽早地保护起用户数据，将战略性地收集数据和智能营销视为未来打造品牌差异化的有力工具。

二、技术驱动的营销思路变革

技术的发展为品牌营销带来了新思路。表1-1总结了不同技术的核心商业价值及其带来的营销思路。在互联网时代，随着聚焦长尾和去中介化的互联网技术的兴起，零售模式发生了变化。这种变化强调"多渠道"，即将所有产品都"上线"，这催生了各类购物平台。品牌如果想要运用互联网技术构建自己的商业模式，就必须引入长尾产品，并实现去中介化，使长尾产品的消费者能够直接找到卖家。

在社交媒体时代，网络、UGC和众包等思维变得至关重要。品牌认识到拥有消费者旅程的重要性，营销思路从与第三方平台合作转向建立自己的私域，拥有消费者旅程。在此阶段，私域和数据的观念崭露头角，品牌也开始意识到必须抓紧客户和数据，确保数据的安全，以更紧密地与消费者接触。

到了移动技术和物联网时代，品牌可以根据时间、地点和场景来进行营销。物联网设备全天候收集和发送有关消费者生活的信息，这让品牌能够深入了解消费者的生活习惯和实时情境。此时，品牌应该跳出传统产品的思维，思考如何利用这些信息为消费者创造价值，使自己成为信息服务的提供者，将产品服务化，并实现服务的自动化。

表 1-1 技术发展与营销思路变革

技术	通过技术平台实现	核心思维	如何看待产品购买者	营销思路
互联网	搜索、关联产品	长尾、去中介化	消费者	多渠道
社交媒体	关联人	网络、UGC、众包	客户	消费者旅程、社群
移动技术	透露地点、时间和个人信息	时间、地点、场景	客户	随时随地介入消费者旅程
物联网	所有连接设备全天候收集/发送信息	生活场景	用户	更符合消费者生活场景，产品服务化，服务自动化
人工智能	洞察客户，优化营销决策	大数据机器学习、人工智能、商业智能	用户	个性化、优化、自动化
区块链	（去中心化）记账本上的历史信息完整、透明、不可更改；可以自动执行的智能合约	价值	合伙人	关联价值、去中心化、自动自主自治

当品牌拥有了自有媒体并且采集到了所有的消费者内部和外部数据后，理论上可以成为消费者旅程营销的智能助手。通过不间断地感知时间、地点和情境，品牌可以为消费者提供个性化、优化和自动化的服务，这就是智能营销的核心。品牌需要采纳机器学习和优化思维，思考如何利用数据和机器学习、人工智能优化的不仅是消费者的品牌体验，还包括企业运营的其他方面。品牌应该向平台企业学习，释放自身的科技和创新能力。

未来营销的转型特点将是去中心化和自动执行，这也是区块链技术所承载的思维。区块链技术能够确保记账信息的完整、透明和不可篡改，同时使自动执行智能合约成为可能。这进一步推动了零售向去中心化和关联价值的转变。

在不久的未来，区块链技术将直接挑战互联网、社交媒体，甚至物联网时代中心化的思维。品牌需要尽早建立社群、私域，实现众包、共创，打造品牌体验等，为拥抱未来的创作者经济和用户个人价值实现做准备。

三、数字时代品牌面临的新挑战

随着各种技术的涌现、发展和成熟，市场中出现了许多新兴平台企业。按照功能，这些平台大致分为两类：一类是主要提供内容的平台，包括搜索引擎、社交媒体；另一类是交易类平台，包括电子商务平台、共享经济平台、应用商店等。它们运用数字技术将产品、内容、人等各种元素连接在一起，使消费者可以在这些平台上进行交易、获取信息等。这些平台为用户提供了各种价值，实现了图1-9所列出的不同功能，共同构建了一个在线世界。

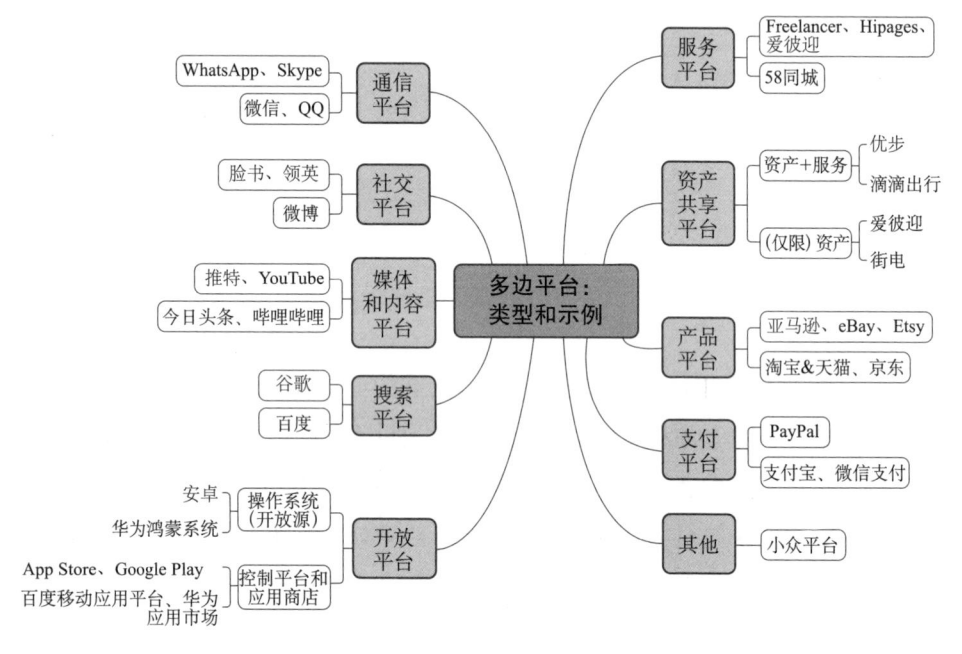

图1-9 数字平台分类

注：图中选取的企业往往具有多重属性，此处以其初创时的属性为准。

有了各类数字平台提供的信息服务，如今的消费者同时存在于两个平行的世界——在线虚拟世界和线下现实世界。消费者在线上寻找信息，以帮助他们在线下做出品牌和产品选择。这种消费者决策过程被称为ROPO（research online, purchase, offline），即线上研究，线下购买（也可以是线下研究，线上购买，见图 1-10）。对于消费者来说，数字技术提供了丰富的工具和内容，使他们能够找到更全面、更及时的产品信息。他们可以了解其他消费者对产品的评价和评分，以帮助自己在繁多的选择中找到符合自身生活方式的理想产品。

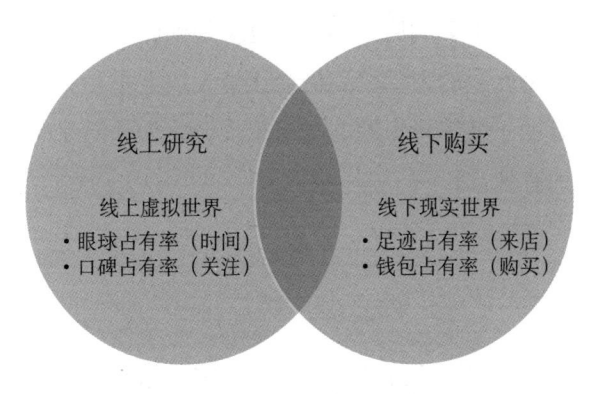

```
       线上研究                  线下购买

     线上虚拟世界              线下现实世界
    · 眼球占有率（时间）        · 足迹占有率（来店）
    · 口碑占有率（关注）        · 钱包占有率（购买）
```

图 1-10　当前的消费者决策过程

社交媒体的出现，也为消费者创造了在线上展示和分享的机会。已经购买的消费者在社交媒体上分享所产生的 UGC 对其他消费者的 ROPO 起到越来越重要的作用。换言之，消费者的决策过程进一步延伸为 ROPOSO（research online，purchase offline，share online）。

当前，线上世界仍由平台主导。平台为消费者的决策过程提供高质量的信息服务，占据了消费者的在线时间。这导致了一个有趣的现象：当消费者想要购买一个产品时，他们会花很多时间在线上平台寻找灵感和信息，浏览各种品牌，最终做出品牌和产品决策。当他们走进线下的品牌商店或零售商店时，最重要的决策过程已经完成。他们已经知道在哪个零售商店购买哪个品牌的哪款产品，只是需要在线下门店进行交易。

换言之，消费者在线上的决策过程主要被线上平台所牵引，而传统的制造商、渠道商和零售商只能被动地等待消费者，完成交易和提供售后服务。传统品牌在技术发展的过程中处于比较落后的位置，起初它们努力尝试和平台合作，然而，在合作的过程中却发现营销和运营的成本越来越高。

为适应消费者行为的变化，并降低平台对消费者决策的牵引作用，本书提倡品牌将消费者定义为用户，利用数字技术，将品牌与消费者的互动从购买这一单一环节延伸到产品研究、使用和分享的全过程，即品牌主动介入和影响消费者决策过程的前端，争夺消费者在线上的时间，获取其注意力和口碑。若品牌仍然坚守传统做法，不利用新技术和新思维触及消费者决策过程的前端，那么它们只能等到消费者决策的后半部分，也就是到店购买的时候，才能采取营销攻势，这相当于将营销的主动权和机会让给了线上平台。同时，这种观念和策略上的改变，有助于品牌将短期的交易关系转化为长期互动的服务关系，对品牌的长期发展大有裨益。

小 结

本章主要讨论了技术（互联网、社交媒体、移动技术、物联网等）对品牌营销和商业模式创新的影响。需要强调的是，技术本身并不创造价值，真正的创新是将技术商业化，为消费者和企业创造价值。过去，技术的发展催生了许多创新的平台企业。这些企业利用互联互通的技术和新思维，为消费者创造了前所未有的价值。它们迅速成为独角兽企业，同时也颠覆了许多传统的制造商和零售商的运营模式。

下一章将讨论平台企业的商业模式，分析平台与品牌的关系，并着重探讨品牌可以从平台学到什么，以便抓住技术发展的商机。

02 第二章 平台企业的模式创新

主题

平台企业的商业模式

平台企业的七种主要盈利模式

如何定义平台与品牌的关系？是竞争还是合作？

品牌可以从平台学到什么

示例

脸书，微信，亚马逊，淘宝，苹果，酒仙网，CNET，e袋洗

// 引例 //

不可小觑的平台企业

　　2022年，在全球范围内，成立时间不超过30年的企业中，市值最高的五家企业里有三家是典型的平台企业，它们分别是谷歌母公司Alphabet、亚马逊和Meta（见表2-1）。放眼中国互联网领域，微信、淘宝（天猫）、小红书、唯品会等占据了各自细分行业的领军地位，它们也都属于平台企业。截至2022年6月30日，全球十大独角兽企业中，有八家是平台企业，仅有两家为非平

台。什么是平台企业？平台商业模式又是什么？平台公司为何受到资本市场的欢迎？

表 2-1 1992 年以后成立的市值最高的五家企业（2022 年）

企业名称	市值（万亿美元）	成立年份
Alphabet	1.58	1998
亚马逊	1.47	1994
特斯拉	1.04	2003
Meta	0.50	2004
英伟达	0.49	1993

注：每年《福布斯》根据销售额、净利润、资产和市值四个指标对全球的上市公司进行排序，形成全球企业 2 000 强榜单。本表筛选出 1992 年以后成立的市值最高的五家企业。数据截至 2022 年 4 月 22 日。

资料来源：2022《福布斯》全球企业 2 000 强（Global 2000）.

本章将探讨平台企业的商业模式、盈利模式及其底层商业逻辑，同时讨论品牌与这些跟随数字时代快速成长的平台企业之间究竟是合作还是竞争关系。在本章中，平台企业特指线上平台企业。

一、平台商业模式和网络效应

平台企业通常提供一个应用程序或软件，邀请买卖双方在其上进行经济活动。举例来说，淘宝最初只是一个应用程序，吸引买家和卖家在其上进行自主交易，淘宝本身只起到线上交易的中介作用。类似地，微信在积累了大量用户后，开始引入商家，允许商家创建公众号、服务号和小程序，帮助其与用户建立联系和互动。微信仅仅提供工具，内容和交易都由用户和商家自主生成和完成。以下以双边平台为例，探讨平台商业模式的结构。

平台商业模式（platform business model）**通过促进两个（或多个）相互依赖的群体之间的交流来创造价值**（见图 2-1）。这些群体通常包括用户和广告商、消费者和生产者、买家和卖家等。对于平台来讲，两边的群体都是用户。

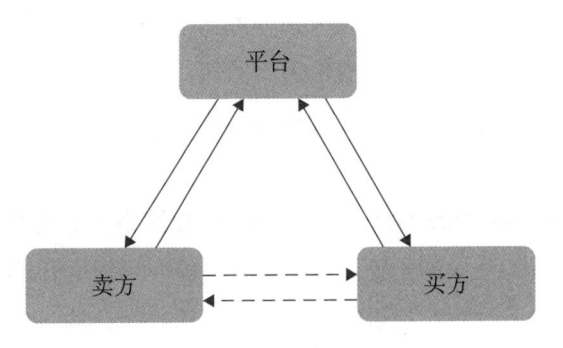

图 2-1 平台商业模式

不同于传统企业，平台企业通常不直接拥有产品，而是充当中介的角色，连接多个用户群体，促进他们之间的交流互动，并从中获取价值。各方参与者及其相互作用的多样性创造了一个复杂的双边（或多边）的生态系统。平台以信息、技术和数据为核心资源，构建数字化的交易平台和生态系统，为双边（或多边）用户的互通互联提供信息服务。

平台商业模式要求各方都积极参与。平台企业的有效运营依赖于各方的参与和贡献，以实现规模化的价值创造。典型的平台企业包括脸书（社交媒体平台）、优步（出行服务平台）、阿里巴巴（电商平台）等。

需要注意的是，仅仅积累商业数据并不足以构成平台商业模式。例如，品牌在微信上创建的微信订阅号和服务号虽然积累了大量消费者数据，但如果没有引入多方参与，利用这些数据赚取收益，那么该平台仍只是数据平台。

网络效应（network effects）是指在一个网络中，随着节点（如用户、设备、产品等）数量的增加，网络的价值会受到影响（通常为积极影响）。每个额外的用户不仅扩大了平台的用户群，而且增强了其整体效用和对其他用户的吸引力，从而形成了一个积极（或者消极）的反馈循环。现实中的例子包括脸书等社交媒体平台和优步等出行服务商。

网络效应的作用基于用户之间的互动和连接。以微信为例，在用户数量有限时，其通信和社交功能受到限制。但随着用户数量的增加，用户之间的互动和连接变得更加丰富，社交网络的效用变得更强大，平台的价值也随之增加。

网络效应可以分为以下两种类型：

同边效应（same-side network effects）， 指网络一边的用户数量增加，提高了该网络对同一边其他用户的价值。例如，社交媒体平台上，随着更多用户的加入，每个用户可以与更多朋友和内容互动，从而增强了平台对其他用户的吸引力。

跨边效应（cross-side network effects）， 指网络一边的用户数量增加，提高了该网络对另一边用户的价值。例如，更多的应用程序开发者加入一个智能手机操作系统平台，为用户提供更多丰富的应用程序，从而吸引更多用户使用该操作系统。

网络效应是平台商业模式的一个重要特征，使平台随着用户规模的增长变得更具吸引力，从而进一步增加用户数量，形成良性循环，推动平台的持续增长和发展。

图 2-2 展示了用户数量与平台企业经济价值之间的关系，用户数量的增加与平台企业的经济价值正相关。对于网络效应强大的平台企业来说，用户数量积累到一定规模后，用户数量的边际效应远大于传统行业。

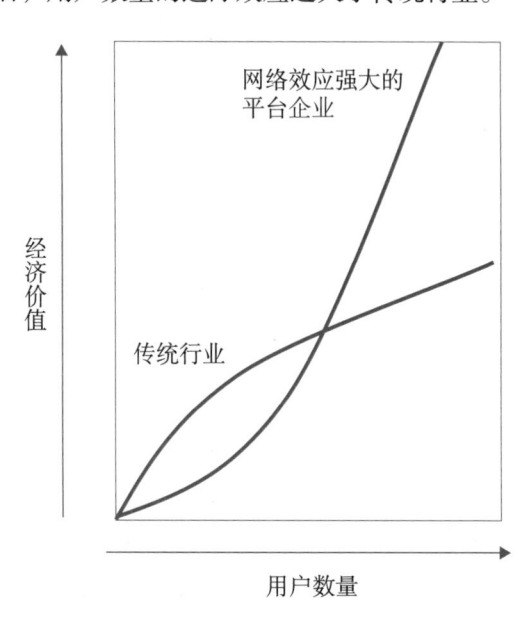

图 2-2 用户数量对平台企业的经济价值

作为双边平台的组织者，平台企业需要为两边的参与者提供独特的价值，帮助他们共同成长。例如，亚马逊和淘宝为消费者提供了大量的长尾产品，并开发了搜索、比价和评论功能，使消费者能够轻松地找到他们需要的产品。与此同时，这些电商平台还帮助长尾品牌更好地服务他们的消费群体。

传统的商业模式通常遵循利润与产品销量之间的线性关系。随着生产和销售更多的产品或服务，品牌的收入和利润通常以一定比例或线性方式增加。平台商业模式打破了传统模式中利润与产品销量之间的线性关系。平台企业在网络效应、数据和生态系统增长驱动的非线性动态中茁壮成长，颠覆了传统行业，实现了指数级价值创造。平台业务通常可以在不线性增加成本的情况下快速扩展。依托于数字基础设施和自动化，新用户或参与者的加入未必需要等比例的新资源投入。

二、平台商业模式的制胜关键

网络效应的存在，往往会使平台之间展开规模竞争。平台商业模式的建立和生存具有以下特征。

第一，先规模后盈利。平台通常需要首先扩大规模，然后再追求盈利。以优步为例，它在初创阶段投入大量资金，为消费者提供免费乘车服务，通过跨边效应吸引更多司机加入平台，形成良性循环。由于网络效应，在平台之间的竞争中，各平台往往更愿意投入资金，即使需要承担亏损，也要争夺用户规模。

第二，胜者通吃。与传统品牌的竞争不同，平台企业需要规模才能实现盈利。一旦某个平台在其领域内建立了广泛的影响力，就很难再出现提供类似服务的直接竞争者。例如，亚马逊和淘宝已经发展到如此大规模，要想推出一个与它们相媲美的电商平台，挑战将是巨大的。这解释了我们经常观察到的平台垄断的情况。对平台企业来讲，一旦看到商机，就需要尽早行动，迅速扩大规模，以防止后来者进入。

第三，跨行业竞争。平台企业具有传统企业所不具备的优势，例如，借助数字技术更加贴近消费者，从而拥有前所未有的跨行业消费者流量和洞察。因此，平台更容易突破传统行业的界限，成为许多行业的参与者。以阿里巴巴为例，随着淘宝而崛起的支付宝，让阿里巴巴将业务从电商拓展到金融领域。这种跨行业竞争提醒品牌，必须认识到来自平台企业的跨行业竞争，并重新定义竞争对手和合作伙伴。

第四，数字中介。传统的中介，如批发商和零售商提供了服务，帮助企业分类和组织产品，使消费者知道在何处找到所需的产品，从而减少了消费者的搜索成本。平台的崛起取代了传统中介、批发商和零售商，以数字中介的身份，补入了消费者和企业之间。与传统渠道相比，平台企业使用新技术，在更大的范围内连接消费者和企业，并且更有效地完成分类和检索功能。

三、平台企业的七种盈利模式

> **拓展思维**
>
> 如果你问阿里巴巴，你是一家什么样的公司？它可能会回答："我是一家数据和科技公司。"这与许多品牌对阿里巴巴的认知存在差异——大多数品牌将其视为电商渠道，但阿里巴巴自认为是一家数据和科技公司，致力于生态系统的建设。
>
> 1. 为什么平台企业都称自己为数据公司或者科技公司？
> 2. 平台企业如何赚钱？

平台企业与传统企业的商业模式不同，盈利模式也不同。在讨论双边盈利结构时，通常会将双边用户分为"免费方"和"赚钱方"。平台通常不向免费方收费，而是向赚钱方收费。以淘宝为例，消费者是免费方，他们在淘宝上购物时无须支付平台费用，淘宝向商家收取平台费用。免费方的规模越大，平台向赚钱方收取的费用通常也会越高。

接下来，我们尝试基于网络效应的视角，来分析平台企业的盈利模式（见图2-3）。

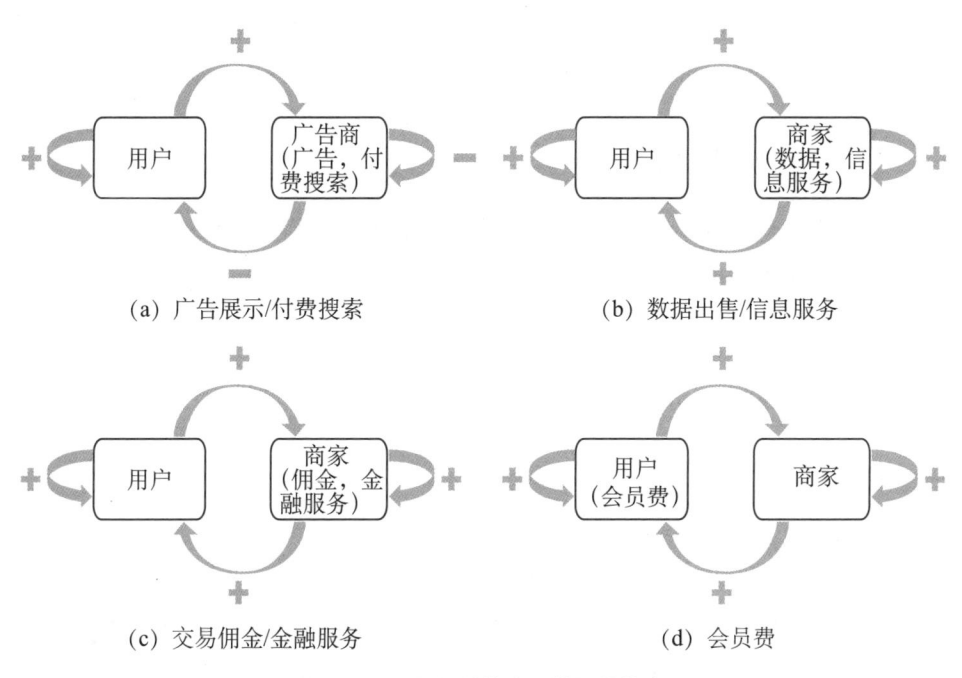

(a) 广告展示/付费搜索

(b) 数据出售/信息服务

(c) 交易佣金/金融服务

(d) 会员费

图 2-3　不同盈利模式下的网络效应

（一）广告展示

平台企业最直接的盈利模式是在平台上展示广告。图 2-3（a）中的箭头代表四个网络效应。以脸书为例，从同边效应的角度来看，如左侧箭头所示，随着用户数量的增加，脸书上有趣的内容更加丰富，这会提高其他用户的社交和娱乐价值，形成正向的网络效应。然而，如右侧箭头所示，如果平台上的广告商增多，广告商之间的竞争会变得更加激烈，导致广告商需要支付更高的广告费用，产生负向的网络效应。

从跨边网络效应的角度来看，用户数量的增加会吸引更多广告商做广告。但广告商太多引起广告数量的过度增加可能会干扰用户的社交体验，影响他们对平台的满意度和忠诚度。这产生了一正一负两个跨边网络效用。

通过以上分析，可以看出广告在整个平台生态系统中存在两个负向网络效应。广告商之间以及广告商与用户之间的互动并不总是互惠互利的。这也是当平台增加广告投放量时，用户的使用体验会下降，甚至最终导致用户卸载应用的原因。因此，通过广告赚钱，即依赖于流量来盈利的方式，对于平台来说可能不是一种持久的商业模式。

（二）付费搜索

付费搜索与付费广告的逻辑类似，广告商看中的是社交媒体上的流量，并试图将平台转化为传统广告渠道，通过购买用户的线上关注度，实现销售产品的目标。付费搜索对用户和其他广告商之间的跨边网络效应也呈负向。因此，付费搜索也不能被视为一种可持续的盈利模式。

广告展示和付费搜索体现了传统的销售思维，并没有充分发挥出社交媒体的真正潜力。

（三）数据出售

如第一章所述，在社交媒体上最有价值的资源是 UGC。UGC 以数据的形式存储在平台上，蕴含着大量的消费者需求和偏好信息。理论上，在用户同意的情况下，平台可以分享数据或将客户介绍给第三方平台，为用户提供价值，同时为第三方和自己找到盈利机会。例如，多名用户在脸书上商量去海南举办班级聚会。在用户允许的情况下，平台可以将这个信息分享给海南的酒店或携程网。这些商家可以安排机票和酒店，并提供团购价。这将会使上述四个网络效应均呈现正向效应。用户可获得更低价格的优质服务，购买数据的酒店和携程能够吸引新客户，脸书也能获利，形成一个三方共赢的局面。

（四）信息服务

上文提到的数据出售，通常是指出售未经处理和提炼的原始数据。如果平台对这些原始数据进行处理，并有针对性地提供给商家，以指导或帮助其进行营销，就变成了信息服务。平台可以提供多种形式的信息服务。

此类服务包括生成行业和品牌趋势报告。例如，脸书整理大学生讨论的内容（即UGC）后，发现今年大学生中流行的鞋的颜色和款式等信息，这对商家开发新产品非常有价值。实际上，淘宝早在2010年就推出了数据魔方。除了提供原始数据，数据魔方还为品牌提供行业和品牌趋势报告、实时数据、访客分析等服务，并按月或季度向品牌收取服务费用。

品牌如果需要进行精准营销，例如精准广告和产品推荐，就需要从平台购买数据、机器学习和人工智能等服务。这些服务都是基于数据分析和算法的，不同于依靠流量的广告展示和付费搜索。此外，平台还可以提供数据存储和云服务。

如图2-3（b）所示，通过提供数据和信息服务，平台可以使用户—用户、用户—商家、商家—用户、商家—商家这四个网络效应都呈现正向效应。当同边和跨边效应均为正向效应时，就形成了良好的平台生态系统。因此，数据出售和信息服务是平台企业赖以生存的长期盈利模式。

（五）交易佣金

电商平台可通过促成买家和卖家之间的交易并从中抽取佣金来获取收入。例如，2021年亚马逊通过收取交易佣金获得的收入占公司总体收入的20%以上。

（六）金融服务

电商平台通常会有大量交易资金存储在平台上，平台可以利用这些资金提供金融服务。例如，阿里巴巴和腾讯分别成立了网商银行和微众银行，发展供应链金融。这些金融服务背后既有源自支付宝和微信支付的交易资金，又有基于长期客户资源积累和交易信息收集形成的信用体系，故而可以衍生出借贷等金融产品。

交易佣金和金融服务意味着四个正向的网络效应（见图2-3（c）），可以成为平台长期生存的获利方式。不过，这两种方式只适用于电商平台，这也从一个角度解释了为什么一些以平台起家的企业，比如小红书和抖音，会在积累了大量的用户之后接入电商。

（七）会员费

平台也可以向免费端收费，如通过邀请用户注册成为会员，并收取会员费来实现。缴纳过年费的会员更有可能留在平台上，同时享受更多的折扣和服务。平台上的用户越多、越活跃，就越有利于平台吸引更多商家入驻（见图2-3（d））。例如，亚马逊自2005年起推出了会员服务（Amazon Prime）；内容平台也开始推行知识付费模式。

以上基本涵盖了目前市场上各类平台的盈利模式。其中前四种，即广告展示、付费搜索、数据出售和信息服务，适用于包括媒体平台和交易平台在内的大部分平台。第五和第六种方式，即交易佣金和金融服务，是交易平台所特有的。会员费则适用于交易和内容平台。

换一个视角看，这七种盈利模式中，前六种是向B端（商家）收取费用，只有第七种是向C端收取费用。平台之所以能够从品牌处赚取利润，正是依赖于平台的流量（模式一、二）和数据（模式三、四）。

如今，大多数平台企业在长时间的摸索后逐渐认识到，可持续的盈利模式源自提供有价值的数据以及信息服务。这解释了上文描述的情境，即现今的平台企业如阿里巴巴、腾讯、滴滴等将自己定义为数据和科技公司。

四、平台的数据网络效应

平台企业通常不提供产品，而是通过应用或软件促成各方之间的经济活动，这些经济活动以数据的形式沉淀下来。通过解析这些积累的数据，平台为位于其两边的品牌方和消费者提供更好的增值服务，从而实现盈利。因此，平台拥有的主要资源就是用户及其留下的数据。

如前所述，网络效应指的是在不同的网络结构中，随着节点的增加，网络的价值产生的不同影响。作为数据公司的平台企业，享受用户层面和数据层面的网络效应。

用户网络效应（user network effects）是指随着平台上用户的增加，平台的价值增加的现象。在用户网络效应下，越来越多用户的加入，增加了平台的活跃度和交易量，以及用户评分和评论等，进而又吸引更多的用户、广告商和卖家参与，从而形成正向的循环。

数据网络效应（data network effects）指的是一个平台上用户越多，数据越多，平台所开发的算法越精准，对消费者认知越强，能够给消费者提供的体验越个性化，为卖家提供的信息服务也越精准。商家可以根据数据，推送更精准的广告、优惠券，更精准的信息能够吸引更多的消费者使用平台，这样又能生成更多的用户数据，数据网络效应的正向循环就建立起来了（见图2-4）。

图2-4 数据网络效应下的正向循环

用户产生数据，用户网络效应和数据网络效应相辅相成，形成正向循环，不断提高平台的价值和竞争力。

平台企业应该意识到，用户和数据是其核心资产。它们需要用科技手段为两边做好撮合交易，同时利用用户网络效应和数据网络效应，让自己的用户和数据资产最大化，进而从提供信息服务当中获得最大的利润。

下面我们用数据网络效应来分析一下"双十一""6·18"等网络购物节对平台的战略重要性。

营销实践

"双十一"和"6·18"

2009年11月11日，当时的淘宝商城举办网络促销活动，并将每年的11

月 11 日作为举办大规模促销活动的固定日期。每年 6 月是京东的店庆月，届时京东都会推出一系列的大型促销活动。自 2010 年推出的"6·18"购物节，是京东促销力度最大的时间段。多年过去，天猫"双十一"、京东"6·18"已成为中国电子商务行业的年度盛事，也成为消费者每年的狂欢节。

这些网络购物节为绝大多数消费者所欢迎。它们的组织者即为平台，聚焦的是激发消费者的购买欲。同时，这些购物节也是平台之间争夺流量和数据的战场。

为了迎接"双十一""6·18"，品牌参加促销或者雇用 KOL 在天猫上宣传，吸引消费者在天猫上消费。品牌借助平台的流量吸引了大量新消费者，提高了销量。从产品销售的角度看，这种品牌与平台的合作非常有效。

其实，这些活动对平台来说有非常重要的战略意义。品牌被邀请参加平台上的促销，大量消费者的涌入使平台上的流量和数据大量增加，后者变成了平台的资源。平台依赖这些数据更好地训练自己开发的算法模型，通过为消费者提供更个性化的购物体验提升消费者对平台的黏性。这意味着品牌未来要想吸引消费者，需要更加依赖平台，大概率会向这些平台支付更高的营销费用。

五、平台与品牌的关系

平台本身并不提供产品或服务，主要依赖数字技术提供信息，协助消费者更迅速、更明智地做出决策。这决定了大多数平台的本质是信息服务提供者，它们通过品牌来吸引消费者留下数字足迹以获取利润。由于平台的商业模式和盈利模式与传统制造商/零售商的商业模式和盈利模式截然不同，因此探讨平台与传统制造商/零售商之间的关系就显得非常有趣。那么，拥有不同盈利模式的平台和品牌之间究竟是合作还是竞争关系呢？

传统品牌的出发点是销售产品以获取利润，因此通常将第三方内容和电商平台视为广告和销售的合作伙伴。而平台的盈利模式则依赖于邀请双方参与互动，通过对数据的分析生成信息服务，以帮助平台上的双方更顺利地达成交易，从而获得利润。平台的发展战略是吸引更多的用户，借助用户网络效应和数据网络效应开发更有效、更精确的信息服务工具，然后将这些工具和服务出售给品牌。平台的收入主要来自赚钱的一方，即品牌。

基于不同的盈利模式，品牌和平台的业务需求也不同。品牌的主要目标是最大化利润和优化品牌建设。而平台的目标是最大化用户和数据，数据是平台获利的关键，也是各个平台之间竞争的焦点。平台通过吸引用户上平台并贡献其数字足迹来获取利润。比如，为了吸引用户，电商平台提供了便捷的搜索和比较工具，以帮助消费者以更低的价格购买更好的产品。然而，这可能与品牌追求的利润最大化的目标存在一定冲突。

品牌需要明确平台与品牌之间的关系，否则可能陷入为平台服务的困境。比如，品牌在平台投入大量资金投放广告，雇用网红、达人、主播等，相当于将自己的消费者引导到第三方平台上，同时也将这些消费者产生的数据贡献给了平台。因此，品牌在第三方平台上进行数字营销的花费越高，就越远离自己的消费者，在用户网络效应和数据网络效应的加持下，品牌日益依赖于平台，导致长期的营销成本不断增加。

简而言之，如果商业目标是产品销售，那么平台和品牌是合作伙伴关系；如果商业目标是用户和数据，那么平台和品牌是竞争关系。商家需要意识到，平台和品牌之间的利益诉求存在冲突，品牌希望提升品质、获得品牌忠诚度，而平台则希望品牌提供低价或大幅度促销，以吸引品牌的消费者到平台上来。长远来看，用户及其生成的数据是未来的生产力，品牌不应轻易将本可属于自己的用户数字足迹和数据交给平台。为了卖产品而失去数据，将增加品牌未来的营销成本。

在实际操作中，品牌和平台之间的合作和竞争关系应该共存。品牌需要通过与平台合作来推广和销售产品，同时要有保护用户和收集数据的意识。品牌和平台关系的定义也取决于品牌的资源和品牌在不同阶段的商业目标。对于中小品牌或处于建设初期的品牌而言，可以在获得销售增长和新用户的同时，将一定数量的数据分享给平台。

总之，在数字时代，品牌应该考虑如何在与平台进行合作的同时保护自己的数据。这正是本书第三章和第四章所要探讨的出路：品牌需要进行数字转型，建立自有渠道，以更直接地触达消费者，并为他们的决策过程提供服务。

六、品牌的营销成本为何越来越高

拓展阅读　　　　　　　营销十步

侧重于品牌建设的营销活动涉及十个步骤（简称"营销十步"），即市场研究、细分市场、选择目标市场、确定产品定位、开发产品、建立渠道、广告和促销、定价、客户关系管理、品牌建设（见图2-5）。

市场研究 ┐
细分市场 ├ 发现价值
选择目标市场 ┤
确定产品定位 ┘
开发产品 ┐
建立渠道 ├ 生产价值 （营销十步）
广告和促销 ┘
定价 ── 收获价值
客户关系管理 ┐
品牌建设 ┘ 保留价值

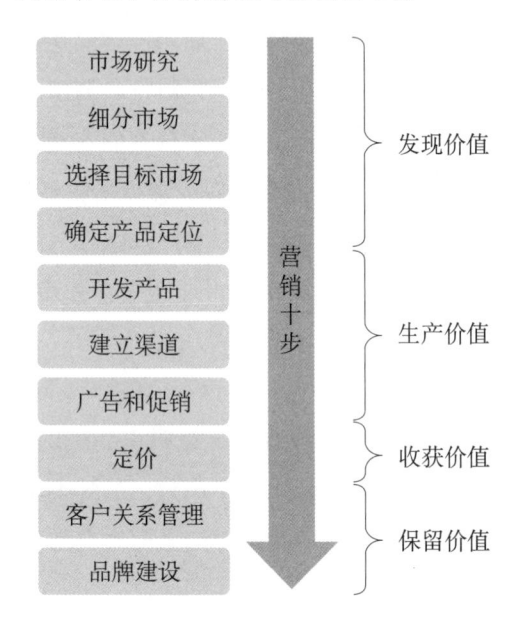

图2-5　营销十步

营销的前四步在于发现价值。从图2-5中可以看到，营销是从市场研究开始的。消费者调研的目的是发现消费者的痛点。一旦发现商机，接下来要进行STP，其中S（segmentation）是细分市场、T（targeting）是选择目标市场、P（positioning）是确定产品定位。这也揭示了营销与销售之间的区别——销售是在产品已经生产出来后思考如何将产品卖出；而真正的营销在产品生产之前便开始了。

第五、六、七步是生产价值阶段。确定产品定位后，便开始开发产品。接下来需要建立渠道，然后进行广告和促销，向消费者传达产品信息：新产品如何解决他们的痛点和需求，以及在何处可以购买。如果产品能够有效解决消费者的痛点，就不需要在广告和促销上花费太多资金。举例来说，早期的苹果公司就是用新产品发布会替代了大规模广告宣传。

第八步是通过定价来收获价值。定价策略是获得利润的重要手段。提高利润率的有效方法是提高消费者感知到的产品价值，从而提高他们愿意支付的价格。随着消费者剩余（即愿意支付的价格与实际价格之间的差距）的增加，购买意愿也会增加，这将带来市场份额的增加。

第九和十步的作用是保留价值。购买后，营销并未结束。此后需要保留老客户（CRM[①]），提高复购率和交叉销售。此外，企业还需要进行品牌建设，以将价值保留在消费者心中，降低未来开发新产品和新品类以及拓展新目标市场的营销成本。

品牌营销的逻辑在于为消费者提供价值，解决他们生活中的问题，满足他们的需求。企业提供的是价值，相关产品只是一种形式或解决方案的载体。真正的营销始于消费者的痛点，止于消费者的心智，其核心始终是以消费者的利益和生活方式为导向。品牌营销不是努力推销产品，而在于满足消费者需求。

或许你会问，营销十步中哪一步最重要，可以创造最大的价值？发现价值是最重要的。假设某企业在发现价值方面投入了足够多的资源，设计出了差异化的产品，满足了消费者尚未满足的需求，那么品牌此后就无须花费大量资金宣传和促销。但如果企业没有在发现价值这个环节上做足够的工作，无法找准目标市场的定位，无法开发出具有明显差异的产品，那么在后续的营销过程中，就必须在广告和促销、建立渠道方面投入更多资源。

因此，企业的营销努力应该集中在前端（发现价值）和后端（保留价值），而不是中间阶段的推广和促销。在品牌建设中，"营销"远比"销售"更为重要。

[①] CRM 是 "customer relationship management"（客户关系管理）的首字母缩略语。它是一种管理和优化企业与客户之间关系的策略和系统。CRM 系统是一套用于收集、整理、分析和管理客户信息的工具和流程，旨在提高客户满意度、增加客户忠诚度、促进销售增长和提升营销效率。

在数字技术刚兴起的时候，大多数品牌将第三方平台视为合作伙伴，将其视为广告宣传和销售的新兴渠道。通过增加宣传和销售渠道，消费者可以更轻松地获取商品信息，购买选择也变得更加多样和便捷。对于品牌来说，生意似乎应该更容易了，至少在数字技术发展的初期是如此。但随着第三方平台的规模和影响力日益壮大，品牌在经营过程中逐渐发现，营销成本不断上升，品牌盈利的空间也变得越来越有限。

如图 2-6 所示，2010—2019 年，我国线上渠道的获客成本从 37 元升至 486.7 元，增长了 10 多倍。这个现象反映了当今品牌所面临的挑战。那么为什么会出现这种情况呢？

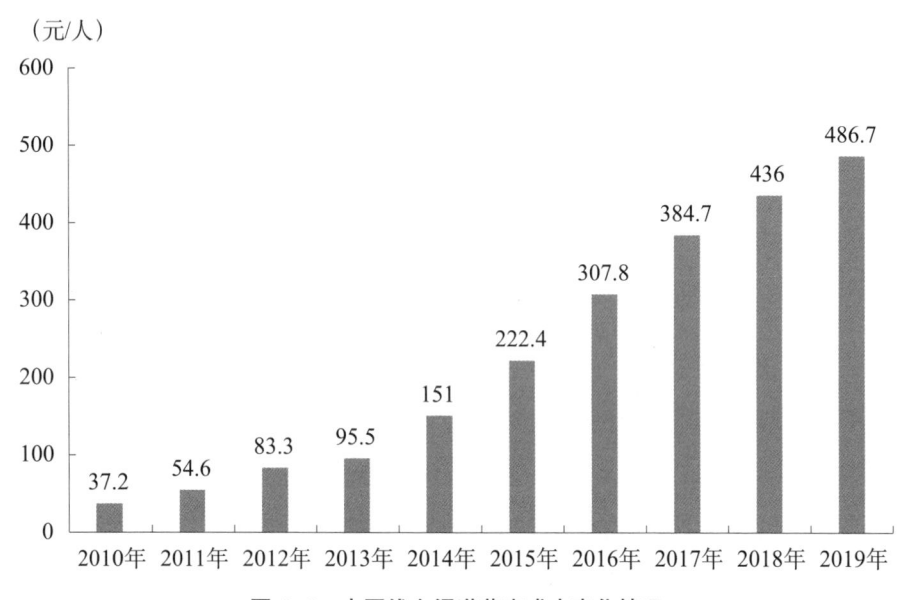

(元/人)

年份	获客成本
2010年	37.2
2011年	54.6
2012年	83.3
2013年	95.5
2014年	151
2015年	222.4
2016年	307.8
2017年	384.7
2018年	436
2019年	486.7

图 2-6　中国线上渠道获客成本变化情况

第一，品牌逐渐远离消费者，对平台的依赖性增加。最初，品牌选择将第三方平台视为广告宣传和销售的合作伙伴，这意味着品牌将多年来努力经营的忠诚客户的数字足迹转移到了平台上。随着平台的不断壮大，急于寻找流量和促成销售的品牌不得不将更多的广告和销售业务转移到平台上，从而导致营销成本迅速上升。

第二，过分依赖第三方平台使得品牌失去了直接触达消费者和品牌建设的机会。在像亚马逊和淘宝这样的电商平台上，消费者通常搜索品类，然后他们可以按照销量、价格等进行排序。在这个过程中，消费者往往更关注价格，而忽视了品牌属性，导致品牌在消费者眼中呈现同质化趋势。

第三，过分依赖平台可能会导致品牌只需自己完成生产这一步骤，其他营销功能或价值产生的步骤都由平台完成。平台帮助商家执行这些营销步骤，即为提供服务，是需要收费的。品牌将越来越多的营销功能托付给平台，也会导致营销成本不断上升。

第四，品牌面临来自平台企业自有品牌的竞争压力。亚马逊、京东等平台公司早早推出了自有品牌，并且开始进军线下零售领域。这对传统线下品牌构成了"不公平"的竞争，平台拥有大量的消费者搜索、购买和评论数据，可以根据这些信息推出销量更好、利润更高的产品。

七、品牌可借鉴的平台思维和数据思维

> **拓展思维**
> 1. 品牌可以从平台学到什么？
> 2. 品牌可以像平台一样盈利吗？

平台模式是随着数字技术而兴起的商业模式创新。平台企业通常建立的，是具有用户网络效应和数据网络效应的生态系统。同时平台企业可以以低成本迅速扩张，其业务具有很强的可扩展性。生态系统的增长可以让产品范围和用户价值均呈指数级增长。

传统品牌如果仍然以产品销售为中心，将面临挑战。在数字时代，品牌需要尽早地采用平台思维和数据思维，抓住数字技术带来的商机，并进行商业模式和营销创新。以下就品牌应向平台学习之处，即平台思维和数据思维，做简要总结。

平台思维是指利用技术建立一个数字平台，邀请双方参与并且互动。平台商业模式把用户和品牌聚在一起，要解决两边的痛点，不仅是用户的痛点，亦有品牌的痛点。平台思维与一般的卖产品的思维不同：如果说卖产品是在建设一家门店，那么搭平台则是建设一个市场。市场是双边的，有买方卖方两边。如果说卖产品是在聘请专家，那么搭平台则是发展一个专家网络。譬如，搭建一个平台把理发师邀请上来，让用户能够找到理发师，然后平台整合数据，用数据同时帮助用户和理发师成长，这才是一个平台的商业模式。更重要的是，一个好的平台的盈利模式，不仅需要四个网络效用皆为正，还需要用数据来帮助两边不断地成长。

数据思维指的是平台企业利用数据分析和机器学习，从用户交互和行为中获取洞察。数据驱动的方法使品牌能够提供定制服务、推荐产品并优化用户体验，从而在用户参与度和创收方面实现非线性改进。平台通过数据为两边提供信息服务，同时解决消费者和品牌的痛点。使用数据来帮助双边共同成长是平台模式成功的基础。在数据思维下，品牌必须战略性地采集数据，因为数据是智能营销的基础，也是未来的生产力。数字化转型要求品牌尽快从产品的思维转向数据的思维。品牌可通过建立线上社群和线上商店以及对线下媒体和线下门店进行数字化改造，使所有品牌触点都变成数据采集中心。建立了数据意识的品牌，会将数据收集当做一种战略投资。品牌会把在第三方媒体和电商平台上购买的流量转化成数据存留在自己的私域，同时也会想办法把在线下传统媒体上的广告数据存到自有的私域。此外，手机应用也会被充分利用起来，收集用户 24×7 的数据轨迹，并且邀请用户贡献和采集数据。数据的采集、沉淀、整合、分析和产生营销决策，将成为品牌运营私域的主要日常工作。数据，不仅能帮助品牌完成旅程营销，而且隐含着业务增长和开拓新利润来源的密码。

总之，在数字时代，品牌需要改变传统的产品销售思维，采用平台思维和数据思维，以更好地满足消费者需求，提供信息服务，并建立共同成长的生态系统。这将有助于品牌在竞争激烈的市场中保持竞争优势。

八、传统品牌搭建商业平台的几个案例

商业平台不一定都是由科技公司或初创企业创建的。一些传统企业早已认识到数字技术所带来的商机和新商业模式，并建立了隶属于自己品牌的平台模式，或者至少有了平台模式的概念。以下将探讨四个传统品牌搭建平台的案例，它们分别代表了制造业、传统媒体、传统零售商和本地服务提供商。

（一）苹果：制造商搭建双边平台

2001年，作为创新型音乐播放器，iPod一经推出就受到了消费者的热烈欢迎，其以每台售价约400美元的高价成功销售。如果以产品思维的角度来看，这个结果本应令决策者满意。然而，史蒂夫·乔布斯并没有把iPod的购买者视为只存在交易关系的消费者，而将他们视为拥有长期关系的用户。他一直在思考用户的使用场景：消费者一旦打开包装，将如何使用iPod？这个问题揭示了消费者的痛点：在当时的技术条件下，消费者需要购买大量CD，然后通过计算机软件将CD中的音乐导入iPod，这增加了iPod的使用成本。于是，他创建了iTunes——一个双边平台商业模式。通过去中介化的平台将长尾歌曲、创作者和消费者连接在一起。苹果通过两边的互动赚取佣金，每首歌仅售价99美分，直接颠覆了传统的唱片出版业。苹果此后推出的App Store也采用了平台商业模式（见图2-7）。

歌曲、应用购买者 → iTunes、App Store ← 独立音乐创作人、应用开发者

广告展示
付费搜索
数据出售
信息服务
交易佣金
会员费

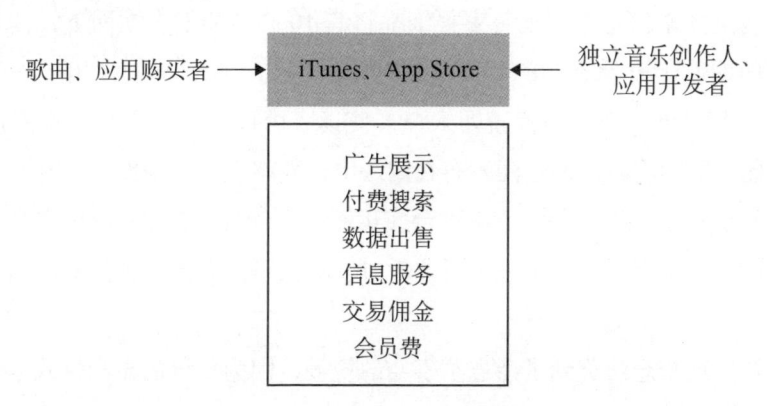

图2-7 苹果的平台商业模式

尤其值得注意的是，iTunes 平台建成后，不仅提升了用户欣赏音乐的整体体验，还促进了 iPod 产品的销售。苹果不仅从硬件中获利，还从双边商业模式中获利。通过创新，苹果不仅开辟了新的业务增长领域，而且开拓了新的利润来源。这让苹果在商业模式上彻底区别于其他品牌，消费者认为苹果公司不仅仅是硬件制造商，更是一个构建生态系统的公司。

苹果的创新源自一个重要的思维方式：将消费者视为用户，发现他们在产品使用过程中的痛点，然后利用新技术构建双边商业模式来提供解决方案。这不仅解决了消费者的痛点，还提高了音乐产业的效率，改变了这一传统行业的商业模式。因此，创新不仅仅是新技术的突破，更是利用技术解决消费者生活中问题的过程。因此，品牌需要将焦点从产品转移到用户身上，这样可以发现许多创新的来源。

（二）CNET：传统媒体构建一站式信息入口

互联网的兴起直接冲击了传统媒体。传统媒体开始思考未来的生存策略，最终，大多数传统媒体开设了自己的网站，如《华尔街日报》和《纽约时报》每天在其网站上免费发布新闻。然而，受制于传统思维框架，其未能充分挖掘数字技术为消费者带来的新需求和新商机。

在美国，CNET 是一家以报道科技新闻为主的媒体。其创始人谢尔比·邦尼（Shelby Bonnie）和哈尔西·米纳（Halsey Minor）观察到，在互联网时代，读者在网上搜索信息，如果每家报纸都将其 10 条新闻发布在网上，读者需要在不同的网站上查看不同的新闻，这过于烦琐。因此，他们提出了一个创新的想法，即提供一个一站式新闻入口，使读者可以在一个平台上查看所有新闻。为此，他们将自己的新闻发布在网络上，并将竞争对手的免费新闻也链接到自己的平台上，于是一个资讯平台应运而生。CNET 让读者能够在平台上免费搜索信息。这个平台成了一个行业入口，降低了读者查看新闻时的信息搜索成本。

起初，这个想法遭到了杂志董事会的质疑，因为传统的盈利模式依赖于广告，将竞争对手的新闻链接到平台上是否会增加对手的广告收入？然而，实际上这种模式并没有减少 CNET 的广告收入，反而增加了。因为 CNET 构建了一个一站式资讯平台，消费者更有可能选择在 CNET 上浏览所有免费新闻。一旦拥有了大量用户，即可以通过平台的七种盈利模式来实现盈利，包括广告展示、付费搜索、数据出售、信息服务、交易佣金、金融服务、会员费等。

CNET 的例子反映出了从用户的角度寻找创新和变革的新机遇。CNET 能够摆脱过去对竞争对手的定义，将一站式的新闻入口推广到行业层面，将传统意义上的竞争对手变成合作伙伴。

后来快速兴起的今日头条，在一站式新闻入口的基础上加入了人工智能，利用机器学习来了解平台用户的兴趣，通过数据和算法直接推送用户感兴趣的新闻，从而提高用户黏性，迅速占领国内市场。

（三）酒仙网：传统渠道商成功转型为信息平台

酒仙网是一个酒业的一站式信息入口，其核心业务是酒类全渠道、全品类零售和服务。数字时代到来，传统渠道商面临被取代的风险。酒仙网的创始人曾经是山西的一名酒类经销商，在数字化时代的初期，成功实现了转型，创建了酒仙网，将其发展成为平台模式。

自 2009 年以来，该公司建立了酒仙网官方网站和移动应用程序，并与天猫、京东等第三方电商平台合作，打通互联网酒水零售渠道，将消费者和供应商汇聚到酒仙网的平台上，通过营销和供应链改革改变了酒类零售。在营销方面，酒仙网通过多种在线渠道，让合作酒厂能够更直接地接触广大消费者，并通过精确的广告投放和流量运营等技术手段进行产品营销。因此，酒仙网成为酒类行业的交易平台，为消费者提供了方便，使他们能够在酒仙网上找到所需的商品。

多年来，酒仙网平台积累了数千万会员和大量市场数据。通过对数据的分析和运用，酒仙网与酒厂进行了创新性合作，利用酒类零售企业对市场的深刻理解，设计了符合消费者口味的酒仙网专销合作产品，并通过全渠道的优势进行推广和营销。这一举措开辟了新的盈利空间，让平台公司和酒厂实现了共赢。因此，酒仙网也可以按照平台的商业模式来盈利。

（四）e袋洗：传统服务商搭建移动商务平台

e袋洗是由传统洗衣店荣昌洗衣创立的洗衣服务平台，成立于2013年11月，如今已经成为中国领先的智能洗护平台。

荣昌洗衣观察到消费者的需求痛点：顾客在住酒店时，无法方便地清洗衣物。因此，荣昌洗衣通过自己开发的应用，邀请消费者发布需求信息。当顾客在酒店需要洗衣服务时，他们可以登录e袋洗的应用并分享他们的位置信息，e袋洗便会派人上门收取衣物，然后委托特定的洗衣店进行清洗。如果订单太多难以完成，那么订单可能会被外包给合作伙伴，而这些合作伙伴此前其实是荣昌的竞争对手。

e袋洗通过一个非常简单的手机应用程序，为整个行业收集了消费者的需求信息，然后将这些需求分配给自己和其他竞争者。在供应链的一侧，e袋洗向各地的洗衣同行、洗护设备供应商、洗护化料供应商和耗材供应商等输出数字化解决方案，与更多的合作伙伴一起共同构建和运营洗护产业，推动了产业链的全面融合。

以上这四个由传统品牌搭建的创新型平台，都通过使用新技术解决了消费者在数字时代的新需求和新痛点，这些创新不仅没有影响其主要业务，还为品牌带来了新的业务增长空间和新的盈利模式。然而，企业也应该认识到，尽管平台盈利可能相对容易，但在建立平台的初期需要大量投入，这对大多数企业来说都不是可以轻松负担的。

小 结

科技的发展创造了商机，这些机会是所有人都可以抓住的。在过去的30年中，品牌受限于惯性思维，未能充分抓住科技进步所带来的新商机和商业模式创新。未来，数据将成为生产力，成为大数据、机器学习和智能营销的基础。品牌需要改变思维方式，从产品思维转向数据思维，从线性模式转向平台模式。

03 消费者决策过程与品牌体验

第三章

主题

数字时代消费者决策过程
建立私域，拥有和重塑消费者决策过程
用户旅程、用户体验和用户数字生命周期价值
社群思维和跨界思维

示例

耐克品牌社区，汽车之家，猫眼，大众点评

// 引例 //

小陆购车记

在一次出差途中，小陆在机场附近的广告牌上看到了新能源汽车的巨幅广告。新能源汽车符合他的环保理念，于是小陆萌生了购买一辆的念头。几天后，他又在微信朋友圈里看到有人分享了一条信息，描述了新能源汽车的各种优点，这更加坚定了他购车的想法。

过了几个星期，小陆终于有了时间，决定深入研究新能源汽车。他发现市面上有几十个品牌，而且大多是近一两年才推出的新品牌。因此，在众多选择中找到适合自己的品牌和车型并不容易。他开始思考，可以从何处获取信息，以帮助他挑选出最适合自己的车型。

小陆曾听朋友提到，汽车之家是一个集合了丰富的品牌和车型信息的网站，或许对他有帮助。于是，他登录了汽车之家，发现这是汽车领域的门户网站，上面既有各品牌发布的官方信息和广告，它们属于专业生成的内容（PGC），又有用户生成的内容（UGC）。在 PGC 版块，小陆浏览了大量汽车品牌和制造商发布的官方信息和广告，但由于每家制造商都宣传自己的产品是最优的，小陆对如何选择感到更加困惑。

小陆更喜欢通过排除法来确定选择范围，于是他登录了 UGC 版块，查看了消费者对市面上新能源汽车品牌的评分和评论。很快，他就能够排除掉评分太低或价格虚高的品牌，将选择范围缩小至不到十个品牌。接下来，小陆仔细阅读了其他消费者关于这十个品牌汽车购买和使用经验的文字评论，并根据自己的喜好，最终确定了三个品牌作为重点考虑的对象。

随后，小陆在汽车之家找到了这三个品牌的官方页面，并预约了一个星期后前往不同的 4S 店试驾。在亲身体验了三款车型之后，小陆决定购买特斯拉。他在店内完成了购车手续，然后高兴地开着新车回家。

两个月过去了，小陆非常享受驾驶特斯拉的体验，经常拍摄一些与家人和朋友一同驾驶特斯拉去旅行的照片和视频，并分享到自己的微信朋友圈中。

几天后，朋友小吴也像小陆一样开始了自己的购车决策过程，通过了解小陆的经历和观看他分享的驾车体验视频，小吴坚定了购买特斯拉的决心。

在数字时代，品牌之间的竞争已不再局限于争夺线下市场份额和消费者的钱包，还包括争夺消费者的在线时间、注意力和口碑。本章将从消费者在数字时代的 ROPOSO 决策过程出发，探讨建立私域以及深入理解消费者决策过程的重要性。接着，引入用户的概念，介绍用户旅程、用户体验以及用户数字生命周期价值的概念。最后，我们将总结品牌可以向平台学习的社群思维和跨界思维。

一、数字时代的消费者决策过程

（一）消费者决策过程的五个步骤

从上文描述的场景可以看到，小陆购车ROPOSO决策的线上线下过程可以分为"意识、研究、购买、使用、分享"五个阶段（见图3-1，本书第一章提供了对ROPOSO决策过程的具体说明）。其中，意识和研究这两个阶段都属于购买前的信息搜索（RO），而使用和分享（SO）则是购买（PO）后的信息分享。虽然意识和研究属于信息搜索，但它们之间存在一些微妙的区别——消费者的意识产生更多地依赖于被动的信息接收，而一旦消费者进入研究阶段，他们所进行的信息搜索更有可能是主动的。

意识 → 研究 → 购买 → 使用 → 分享

图3-1 消费者决策过程

1. 意识阶段

在意识阶段，消费者尚未形成购买意识。在这个时候，消费者持开放态度，积极寻找能够解决他们的问题或提高生活品质的方案，他们会搜索和考虑任何能够解决问题的产品类别和品牌。如果品牌在这个阶段就介入，不仅可以影响消费者对特定品牌的选择，还可能影响他们对产品类别的选择。此外，这个阶段的消费者是在寻找解决方案或想实现某种生活方式，他们愿意为获得这些解决方案、提高生活质量而支付更高的价格。举例来说，当小陆产生购买汽车的意识时，其根本需求实际上是寻找一种便捷的交通方式。如果通行方式类的相关品牌在这个阶段介入，也许可以促使小陆考虑购买自行车或摩托车。

在此阶段，消费者被动地接收各种产品和品牌信息，特别是关于能够解决问题或改进生活方式的产品和服务的信息。作为决策过程的第一步，消费者的购买意识可以在任何时间和地点产生。因此，线上和线下的广告以及对美好生活的描述都可能对消费者产生影响，激发他们寻找能够改善生活的解决方案。换句话说，传统的营销方式以及线上广告和内容营销在这个阶段都可以发挥重要作用。

2. 研究阶段

在信息爆炸时代，消费者越来越难以决定选择哪一款产品，选择困难的痛点变得越发明显。随着在线内容和产品数量的迅猛增长，消费者更加迫切地需要工具来帮助他们进行去劣存良的研究和比较。

进入研究阶段后，消费者主动地、更理性地搜索信息，研究和比较产品的品质和功能。在此阶段，消费者不再需要广告，而是需要可信、具体且可比较的产品信息。他们可能更倾向于相信没有商业目的的UGC，而不是有商业目的的PGC。他们更容易接受其他消费者的建议，即借助其他消费者分享的实际经验，包括评分、评论等，来减少不确定性。

事实上，传统的排名一直是一个高利润的行业，比如米其林餐厅排名、商学院排名等，这些排名都关注消费者在研究阶段的需求。平台如大众点评和亚马逊，提供评分和评论，对其他消费者分享的实际经验进行简单的信息整理，并以最简洁的方式呈现给消费者，帮助他们完成研究和比较的过程。新技术的发展也催生了更多更有效的方法来满足这一需求。例如，YouTube上出现的专业产品评测师，也在为消费者提供信息。

3. 购买阶段

在数字时代，消费者将线下购买视为线上线下决策过程的中间步骤，在选择购买渠道时，他们会考虑电子商务平台和实体店在售前咨询、支付和售后服务方面的差异。随着时间的推移，线下实体店在交易方面的作用逐渐减小，许多消费者更愿意在线下体验后回到线上购买。

线下实体店在数字时代的营销功能，主要表现在提供购买前的亲身体验和购买后的售后服务。例如小陆，就需要在线上初步筛选出的三款汽车中亲自试驾，以选择最适合自己的车型。当他进入线下实体店时，他期望获取一手的产品体验或专业销售人员所提供的专业知识。亲身体验在影响消费者决策中扮演着重要的角色。因此，线下实体店的营销机会在于满足消费者在 ROPOSO 决策过程中对亲身体验和专业咨询的需求。

4. 使用阶段

产品的使用阶段同样是消费者决策过程的一部分，涉及消费者的使用体验以及品牌的售后服务。大多数品牌都已经利用传统的渠道建立了客户服务体系，用来为已购买产品的消费者提供售后服务、提高复购率并进行交叉销售，这些操作通常归属于客户关系管理（CRM）的范畴。

在数字时代，品牌可以通过技术，在整个使用过程中与消费者建立更深入的连接，发展更强大的关系，这超越了传统的 CRM 范畴。品牌需要为用户提供充分的信息来演示如何安装和使用某个产品。此外，产品使用过程中蕴藏着大量有价值的信息，可以帮助品牌改进产品和服务。通过观察消费者如何使用产品，利用数字媒体鼓励消费者分享他们的意见和建议，以及通过数据的收集和整理，品牌可以发现改进和发展的机会。就像第二章提到的那样，乔布斯通过观察消费者如何使用 iPod，发现了建立 iTunes 的商机。

5. 分享阶段

数字技术为消费者提供了丰富的分享平台，他们可以通过文字、语音、图像和视频在各种数字平台上展示自己的个性意见和生活方式。这为品牌打开了全新的营销思路，即建立新老消费者之间的互利互助社群，老顾客在无形中成为品牌大使。这个功能有一个有趣的特点：越是没有商业利益的信息就越可信，越能通过二手经验来帮助品牌实现降低成本和提高效益的营销目标。

以小陆为例，他购买了特斯拉后，对驾驶体验非常满意，经常在社交媒体上分享自己驾驶特斯拉的照片和文字。像小陆一样的老客户所分享的内容有助于激发潜在消费者，如小吴等人产生购车意识并进行比较。因此，在分享阶段，品牌可以尝试鼓励老顾客自愿分享他们的产品使用心得，成为可信赖的品牌大使，引领潜在的消费者，从而创造更大的市场需求。

回顾小陆的例子可以看出，在消费者决策过程的不同阶段，使用的信息来源和形式各异。在决策的初期，他被动地接收商家在线上和线下发布的产品和广告信息，这些通常是 PGC。在研究阶段，他主动登录汽车之家，依赖 UGC，即其他消费者提供的二手信息，来认真分析各个产品的优劣。在决定购车时，他依赖的是一手经验，即亲自去线下 4S 店试驾并获得店内销售人员的专业指导。在购买之后的使用阶段，他可能会遇到问题，并通过品牌自建的数字渠道与客户服务中心进行沟通。然而，在数字时代，越来越多的消费者倾向于在第三方平台上寻找其他热心消费者分享的产品使用信息。在分享阶段，消费者通常会使用各种第三方线上平台分享自己的用车体验，这些分享成为其他消费者的二手经验，帮助他们完成决策过程。

（二）数字技术使消费者决策过程可视化

在数字平台出现之前，消费者的决策过程与现在并没有本质上的不同。主要的不同在于，意识、研究、使用以及分享阶段是在线下，通过口碑传播来完成的。随着新技术的出现，消费者现在可以在线上平台进行信息搜索、研究比较、产品使用和分享经验。在线上，信息的传播不仅可以超越地域和线下人际关系的限制，还能超越时间的限制。最重要的是，消费者在线上留下的数字足迹可以被新技术捕捉和记录下来，使消费者的决策过程变得可视。

图 3-2 展示了数字时代的消费者通过各种平台上的触点，来完成 ROPOSO 的决策过程。消费者在不同的决策阶段使用不同的触点。在意识阶段，主要的触点包括广告、文章、视频、论坛、电子邮件、社交媒体、博客文章和网红；当消费者进入研究阶段时，他们依赖评论、产品页面、消费者指南、销售人员、意见领袖等；购买阶段有效的触点包括各类电商和线下门店；而在分享阶段，触点更多地出现在论坛、社交媒体、博客文章和网红中。数字技术记录了各个决策阶段的数字足迹，消费者的决策过程因此变得可追踪。

第三章 消费者决策过程与品牌体验

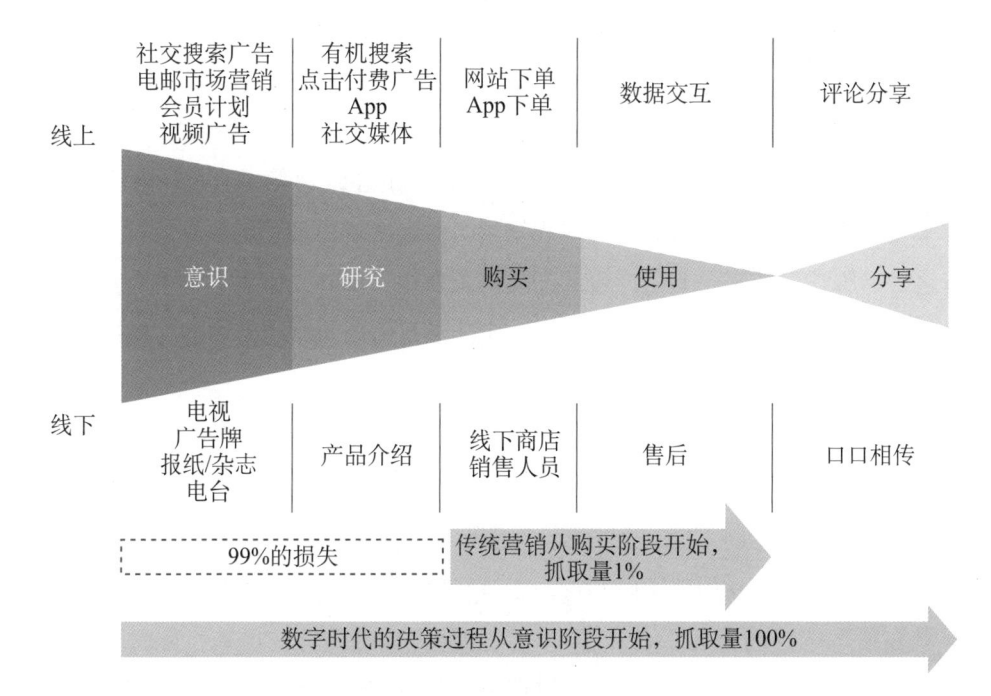

线上	社交搜索广告 电邮市场营销 会员计划 视频广告	有机搜索 点击付费广告 App 社交媒体	网站下单 App下单	数据交互	评论分享
	意识	研究	购买	使用	分享
线下	电视 广告牌 报纸/杂志 电台	产品介绍	线下商店 销售人员	售后	口口相传

99%的损失　　　传统营销从购买阶段开始，抓取量1%

数字时代的决策过程从意识阶段开始，抓取量100%

图 3-2　数字技术让消费者决策过程变得可视

（三）孤独的数据花园和割裂的决策过程

本章开篇描述的场景，是一个消费者在没有品牌介入和引导的情况下，利用线上与线下的信息及体验，自主完成购买的典型决策过程。小陆在不同的社交媒体和交易平台完成信息搜索、交易和分享，虽然这些宝贵的决策足迹可以被数字技术记录下来，但是这些数字足迹散落在大量的数字触点中，以数据的形式存储在不同中心化的平台上，无法在平台之间共享。这就造成了消费者数字足迹的割裂，进而使散落在各个平台的消费者数字足迹的价值大打折扣。

理论上讲，品牌完全可以通过与各种平台合作，从一开始就抓住潜在消费者。例如，小陆在百度上第一次搜索新能源汽车或者点击了一则汽车弹窗广告时，就揭示了他是新能源汽车的潜在客户，并且已开启购买新能源汽车的决策过程。一旦发现该销售线索，品牌就可以介入，从百度把小陆"引导"进汽车之家完成比较研究。等他在十个品牌中锁定三个之后，品牌可以通过汽车之家发送 LBS 营销指令，把小陆"邀请"进 4S 店。甚至在他购车之后，再"鼓励"他回到汽车之家进行分享，即利用平台所提供的各种营销工具，在消费者决策过程的每一步与他互动。

如果品牌希望打通消费者决策过程的数字足迹，就需要通过从各个第三方平台购买数据和信息服务——销售线索，而后拼凑出消费者的决策过程。换言之，品牌需要向平台支付广告和产品推荐费用。同时，由于各个中心化数据平台是割裂的，品牌买来的数据还不一定能够拼凑出每个消费者的完整决策过程。这样一来，品牌的营销成本可能会非常高。

不仅如此，在小陆购车的例子中，还有至少三个问题值得品牌思考：其一，品牌如何才能预测和追踪到小陆的线上线下足迹？其二，当小陆分享驾车的美好体验时，他将 UGC 发布到了自己平时惯用的微信朋友圈。然而，小吴作为潜在消费者，在做研究时却选择了汽车之家。也即老顾客选择的分享平台与潜在顾客选择的研究平台并不一样。如何把新老顾客的决策过程融合到一起，让老顾客对潜在顾客产生充分的影响？其三，如何留住老顾客并促进其持续分享，为品牌持续创造价值？当小吴和小陆在同一社群时，小吴这样的新顾客可以从小陆这样的老顾客那里得到可信的指导建议。但是，当小陆和小吴都完成了购车这项任务后，他们可能会离开社群。这就导致品牌需要不断拉新获客，造成营销成本的持续增加。

二、建私域，拥有和重塑消费者决策过程

（一）公域和私域

公域是开放、共享的网络空间或资源，可以被任何人自由访问和使用。公域中的流量不为品牌所控制和拥有。品牌需要支付相应费用才能获取公域流量。更重要的是，从公域中买到的流量不可以被重复使用，数据也无法沉淀下来。

私域通常是指私有的内部网络环境。企业或个人可在其中存储和管理数

据，提供应用程序和其他服务等。这些数据和服务不对外公开，而是在私有的网络环境中运营和维护。私域中的数据完全由企业掌控和经营，是其私有的数字化资产。同时，在私域中，企业拥有用户规则制定权。只要搭建和运营好，私域的数据就可以重复利用。

本书对品牌私域的判定标准为，其具有直接触达用户、重复使用数据和自定义营销功能的权利。在私域，品牌无需付费或获得第三方许可，就可以拥有和反复触达用户，重复使用用户数据，并且自定义复杂的营销功能。品牌在私域进行营销，不但不需付费，还可以开展以数据和算法驱动的智能营销。另外，私域具有与公域和它域相互自由、广泛链接的能力与机制。私域是线上线下一体化的品牌自主经营阵地，也是品牌自主发展、全面掌握客户关系、线上线下联动的一个新业态。

值得指出的是，本书对公域和私域的界定不依据使用的载体。比如，微信鼓励品牌使用微信小程序作为接口，接入到微信上的社交群体。品牌在享用微信上的社交网络资源的同时，又对自身所积累的数据拥有所有权和营销功能的自定义权。如果品牌利用这个接口独立开发了功能齐全的移动应用，就可以被视为私域。但如果一个品牌只利用了微信小程序上的标准功能，微信对其来说则更像一个公域。

为了清楚地表述，我们在本书将私域定义为严格意义上的自建的各种数字触点的总和（如第四章所示，我们将所有触点分为线上媒体、线上商店、线下媒介、线下商店和品牌移动应用五大类）。品牌可以在自建的触点收集数据，产生营销指令，随时触达消费者，而无需得到第三方平台的认可或向其支付费用。通常，私域的用户和数据都沉淀在品牌自有的数据中台（见第九章），可以被品牌反复触达和使用。广义的私域则包括品牌借用第三方平台所建的线上社群或电商，只要拥有用户反复触达权、数据重复使用权和自定义营销功能的权限，不论是平台开放给品牌的，还是品牌花钱购买的网络空间，都可以被视为广义的私域。

（二）拥有决策过程前端和后端的营销价值

传统营销手段无法捕捉消费者决策过程的前端。由于缺少针对性，传统营销的有效性好像一只漏斗，仅仅能够抓住 1% 的潜在客户。品牌对消费者信息的掌握往往始于消费者购买阶段，终于使用阶段。

数字技术的发展，让品牌有可能观察到消费者决策过程的前端和后端，也就是意识、研究、使用和分享阶段。数字技术使消费者决策过程变得可视，为品牌提供了营销新思路。

> **拓展思维**
> 假如品牌可以拥有消费者决策过程的前端（意识和研究阶段），则有何新的营销机会？

第一，消费者决策过程的早期阶段揭示了消费者的需求和生活方式。品牌若能收集并利用好这些信息，就相当于传统的市场调研公司利用聚焦小组（focus group）来挖掘消费者深层的、尚未得到满足的需求。这些宝贵的数据可以帮助品牌发现消费者的痛点，从而指导更精准的定位。

第二，品牌在意识和研究阶段的营销机会非常大——因为消费者在这两个阶段尚未决定购买哪个品牌，所有品牌都有机会改变和影响消费者对品类和品牌的选择。小陆可能买特斯拉，也可能买蔚来。如果品牌能够在消费者研究阶段，把自身的品牌优势用可信的二手信息的形式传递给消费者，就更容易得到消费者的关注，进而直接影响其对的品牌选择。这就是本书第一章中提到的口碑的竞争。能够在线上赢得消费者眼球和口碑，才更有希望被消费者选中。

第三，对品牌来说，与介入决策过程前端相比，进入后端的分享阶段更具营销价值。品牌可以尝试将老顾客的分享阶段与潜在顾客的研究阶段结合到一起，搭建一个互助互利的线上社群，用老顾客的 UGC 帮助新顾客完成他们的研究步骤。UGC 更有说服力、成本更低，而且是线上社群存在和活跃的生命线。我们将在第五章讨论如何搭建品牌线上社群，邀请消费者参与到营销当中。

第四，品牌如能收集消费者使用和分享的信息，则有助于改善现有产品。

一个具有数据思维的品牌会把 UGC 视为资源,鼓励消费者公正地提供对产品和服务的真实反馈。从这些正面和负面评论中,品牌往往可以明确更优的产品定位,甚至找到产品创新的方向。如果小陆因驾驶体验不佳去汽车之家"吐槽",那么这些看似负面的"吐槽",对品牌实则是特别宝贵的。一方面,它可以帮助品牌改进产品;另一方面,产品评价中负面评价的存在,会使得所有已有的评价(包括正面评价)变得更可信。有趣的是,在现实中,互联网用户往往有自我更正的倾向。假如小陆评论到某款车特别不好,下面大概率会有人说这款车特别好。正面与负面评价并存,更能真实地反映一个品牌。因此,品牌不但无须耗费精力和财力来影响或操纵这些评论,还应该鼓励消费者提出宝贵建议。

第五,品牌可以利用新技术,巧妙地介入决策过程的意识、研究和分享阶段,鼓励消费者参与线上线下活动,促使其留下行为数据。品牌进而可从中挖掘新的消费者需求,开发周边产品。这些信息对竞争者和相关行业同样具有商业价值。

在数字化转型之前,品牌无法进入消费者决策过程的前端和后端,只有当消费者进入购买阶段后才能有效地触达消费者。所以,传统营销的思路是"货找人",通常是从产品出发,在两方面推进营销行动:一方面依赖公域进行广告和促销,另一方面经营门店并强化 CRM,试图将老顾客留存下来。由于无法捕捉到消费者决策过程的前端,品牌需要在第三方平台投放大量广告并提供促销,以吸引消费者到线下门店或品牌在第三方平台上的电商。只有在消费者进店后,个性化的营销努力才能开始。品牌需要以各种促销手段"诱惑"消费者,使其尽快完成交易。然而,至此,品牌除了在价格、促销、渠道和售后服务上进行差异化之外,并没有太多的营销空间。传统营销特别强调 CRM,因为只有在消费者到店或完成购买后,品牌才能收集到消费者的数据。但是这些数据局限于产品的购买者,只能用来进行交叉销售和增加复购,而并不能从根本上解决吸引新顾客及由此带来的成本问题。

在过去 20 年,第三方平台利用技术打通并抓住了消费者决策的前端和后端,链接了新老顾客的决策过程,战略性地积累了用户和数据资源,开发各种算法以吸引品牌到平台上进行营销。而传统品牌只重视产品和产品销售（PO），拱手将数字时代消费者决策过程的前端（RO）和后端（SO）让给了平台，造成了今天品牌的被动局面。

（三）品牌错失的新机遇及拥有的优势

在数字时代，消费者ROPOSO决策过程意味着营销的新机遇已转移到线上。通过对数字时代消费者ROPOSO决策过程的分析，我们看到品牌错失了数字时代所带来的新商机，即拥有消费者ROPOSO决策的全过程。这使得品牌对平台过分依赖。未来，品牌需要拥有和重塑消费者决策过程，也就是建立私域。

事实上，在创新方面，传统品牌比平台企业更具优势。第一，品牌是实体经济的缔造者，其出售的产品、产品包装，建立的线下门店甚至长期合作的媒体和传统渠道，经过数字化改造后，都可以成为第三方平台和其他竞争者无法比拟的、可直接触达消费者的私域。第二，来自传统企业的产品为消费者的生活提供了切实的解决方案，这些产品伴随着消费者，解决他们生活中的痛点，改善他们的生活方式。如果品牌能够将产品视为品牌与消费者最重要的触点，就更容易切入用户的使用和分享阶段，通过提供原创内容，帮助用户通过使用产品来改善生活方式，从而也就更容易与消费者建立长期、亲密的关系。第三，品牌积累了大量的用户资源和信息，这本就是宝贵的数据资源，是平台可望而不可求的消费者长链数据。品牌可以利用人工智能等工具来进一步开发这些数据资源，展开智能营销，赋能私域运营。第四，品牌拥有的最重要的资源是产品，产品直接切入消费者的使用场景，是最贴近消费者生活方式以及与消费者建立长期关系的载体。品牌可以充分采用数字技术，在产品的使用阶段与消费者建立长期关系。而平台因不聚焦于某类产品及其所代表的生活方式，也没有产品做依托，其所能够拼凑出来的，只是消费者在线上搜索、比较和分享等行为的蛛丝马迹。这些阶段都比较短暂，不太易于平台与消费者建立长期关系。

（四）建私域，拥有消费者决策过程

公域流量增速的放缓让企业开始思考打造专属的流量池，将流量牢牢掌握在自己手中。建立和运营私域，拥有消费者决策全过程，是数字化转型的出发点，可成为品牌降低营销成本的可持续解决方案。品牌搭建私域的前期成本可能会高，但可以有效降低长期的营销成本。从长期来看，品牌能够更加贴近消费者，可以积累和使用数据，以更低的成本开展更高效的营销活动。建立私域属于长期战略投资，其所带来的收益将远大于品牌付出的成本。

搭建私域，就是为了摆脱对第三方平台的依赖，拥有和重塑消费者决策过程。这就需要品牌进行线上线下布局，搭建相应的营销模块，为消费者决策过程提供一站式的服务，同时把新老顾客决策过程的各个环节都链接起来，让"意识→研究→购买→使用→分享"整个消费者决策过程，通过人和人、人和内容、内容和产品的联动而转动起来。

如图3-3所示，品牌需要追随消费者的多步骤决策步伐，在线上线下搭建多触点，为其提供跨渠道和跨时间的服务。传统品牌需要对其线下门店进行数字化改造，将其变为数据采集中心以及支持消费者决策过程的一个重要触点，使其成为本书数字化转型路径图中私域的一部分。同样，品牌也可以将传统的媒介，包括产品本身、产品包装、印刷品以及广告牌等数字化，将其融入数字化转型的布局当中，成为服务消费者决策过程中一个触点。品牌需要搭建自营电商用以直接销售产品，同时搭建线上社群，在消费者的使用和分享阶段提供服务。品牌通常还需要开发自己的移动应用，以连接线上线下，随时随地服务消费者。

数字化转型是以拥有和服务每一位消费者的决策过程为目的的。这就意味着图3-3中每一个线上和线下的触点都是互联互通的。品牌需要把消费者决策过程中的各个步骤都纳入进来，按照决策的步骤组织好，同时预留入口，以便介入决策过程的每一步，影响甚至加快消费者的转化。也就是说，品牌需要提前设计好每个模块的功能，比如，以何种模块激发消费者产生意识、以何种模块帮助消费者进行研究、又以何种模块驱动消费者购买等。通过模块设计，品牌/商家可以记录、链接并服务消费者决策过程。

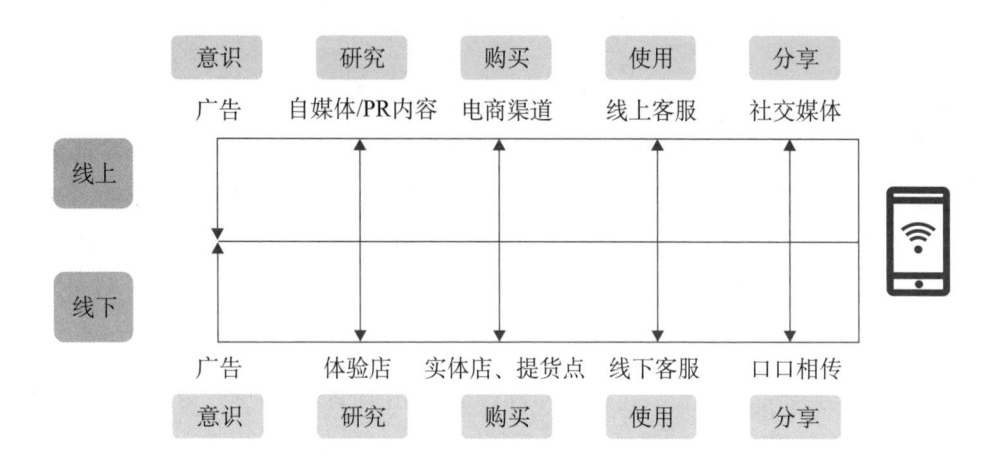

图 3-3　品牌的整合式 O2O 数字营销策略

表 3-1 尝试罗列了消费者在每个决策阶段所需的内容和形式，提示品牌可在消费者决策的不同阶段，使用适当的形式和内容，引导消费者采用相应行动。比如在意识阶段，消费者需要的是线上线下的广告；在研究阶段，消费者更需要的是评分和评论，或其他二手经验；在购买阶段，消费者更依赖一手经验以及专业的服务；在使用和分享阶段，品牌有需要引入社交功能，链接新老消费者的决策过程，这就意味着品牌需要在私域引入微博、微信、小红书、淘宝等平台所具有的功能。在第五章，我们会讨论品牌如何将社交发布、社交群体、社交商务甚至社交游戏引入私域。

在私域，因拥有数据所有权和自定义营销功能的权限，品牌更有可能把每一位消费者决策过程中的五个步骤串联起来，并介入其中，进而引领、加速甚至改变其决策。品牌若能拥有消费者的决策过程，便更能贴近消费者的生活方式，也更能影响消费者的品类和品牌选择。

表 3-1 消费者决策过程各环节所需的内容和形式

决策阶段	所需内容的侧重点	所需内容的形式	所需网络和数据结构	最适合的业务模块
意识	解决方案，生活方式	PGC（广告，内容）	社交出版	线上社群
研究	评分，评论	UGC	社交出版 社交群体	线上社群
购买	交易、付款	一手经验，PGC（专业介绍）	社交商务	线上商店 线下门店
使用	售后服务	PGC（使用指南），UGC	社交出版 社交群体	线上社群
分享	如何影响生活方式	UGC	社交出版	线上社群

（五）重塑消费者决策过程

重塑消费者决策过程所遵循的逻辑很清晰，即品牌追随消费者的步伐，在其决策过程的五个步骤中提供与决策步骤相匹配的信息和服务。

在私域，品牌拥有可重复使用的数据、低成本甚至免费触达用户和用户数据的场域，还可以自主开发营销功能。品牌可就此重塑消费者决策过程。我们可以用"线"、"网"和"轮"来形象地描述品牌如何将散落在不同平台上的消费者数字足迹牵引、链接，并使其转动起来。旅程营销的目标，不仅在于将每个消费者决策链上的数字足迹整合起来，形成"线"，还在于把新老顾客的旅程营销聚合在一起，编织成"网"，通过鼓励新老顾客贡献和分享内容，用老顾客贡献的经验引导新顾客决策过程的前端，用消费者产生的内容和品牌提供的信息服务，让这张网像"轮"一样转起来，从而达到提升营销效率的目的。具体来说，重塑消费者决策过程包括了三个关键步骤，即牵引、闭合与转动。

1. 牵引"线"

牵引，即在多个线上线下数字触点捕获并追随消费者的整个决策过程，为其提供增值服务。为此，品牌应当鼓励消费者在不同触点使用同一个 ID 登录，从而使品牌可以采集涵盖所有决策阶段、所有数字触点、所有设备的数字足迹，进而可通过数据分析来拼凑和预测消费者的决策过程。

一旦拥有了消费者的数字足迹，品牌就有机会用技术手段为消费者的决策过程提供个性化帮助。例如，品牌可以用机器学习和人工智能技术来预测潜在顾客的下一步行动，然后立即推送相应的服务。设想一下，小陆一旦在百度上显示出购买新能源汽车的意愿，就被引导至汽车之家，被推荐了符合其喜好的品牌，而后又从汽车之家被引入4S店，在购买并驾车兜风、上班之后，再被"邀请"回汽车之家分享驾驶体验。整个过程中，小陆始终可以在线获取高度个性化的信息服务，且品牌在每个触点提供的信息都是即时、相关和个性化的。可见，全面打通各个触点，是重塑消费者决策过程的基础。

2. 闭合"网"

闭合即利用社交媒体连接老顾客和潜在顾客的决策过程。品牌可以把老顾客和潜在顾客邀请到同一数字空间，一方面把老顾客的产品使用心得和享受过程等UGC在分析整理后呈现给潜在顾客；另一方面也鼓励新老顾客直接沟通，让其互相帮助、互相激励、互相影响，让老顾客帮助潜在顾客完成意识、研究等决策过程。

品牌可以开发各种工具，方便老顾客通过文字或图片对各种本地服务商进行评分和评论，帮助其他消费者找到他们心仪的产品或服务。品牌还可以借鉴平台的思路，开发手机视频拍摄功能，鼓励一些有影响力的网红或消费者发现和推荐产品，帮助其他消费者了解新出现的或高质量的品牌。这也相当于品牌邀请老顾客充当品牌大使的角色，众包了营销的职能。这不但能节省成本，而且更具说服力。第五章将详细讨论如何利用社交媒体及技术连接新老消费者决策过程。

3. 转动"轮"

转动则是要创建一个全天候活跃的线上社群。在第五章我们将讨论品牌如何才能让小陆和小吴这样的新老顾客，在购车任务结束后，仍愿意留在这个数字社区，并不断产生UGC，参与各类线上线下活动。想让消费者留下来，同时又源源不断地吸引新消费者进来，就需要运用社交媒体的本质——UGC和众包。品牌应该像平台一样，利用社交媒体的精髓，用老顾客及其UGC来吸引新成员加入私域。如果一个品牌需要不断用传统的营销方式从公域吸引新消费者，那么其营销成本势必非常高。第五章将讨论如何利用社交媒体和信息技术让相连互动的消费者决策过程旋转起来。第九章将讨论如何通过数据驱动的智能营销增强用户体验，从而使消费者愿意成为品牌及其私域的长期使用者。

三、用户旅程和用户品牌体验

在本章开头的引例中，小陆的决策过程是在公域完成的，传统车企只是在百度、汽车之家等第三方平台做广告和内容营销，以实现产品推广和销售增长。在公域内开展的这一系活动通常属于数字营销，效果是短暂的。本书更强调构建私域，拥有并重塑消费者完整的决策过程。这一策略意味着品牌不能只关注与消费者建立短暂的交易关系，更要注重发展与他们长期的情感关系。

在这一节，我们将"消费者决策过程"升级为"用户旅程"。这种转变涉及三个维度的拓展。其一，从消费者到用户，关注用户因使用产品而与品牌接触的全过程。其二，从短暂的购买决策到长期的使用过程，更深入地关注用户在长时间内如何与产品和品牌互动。其三，从公域到私域，与用户建立更为深入、持续和个性化的关系。这种从决策过程到用户旅程的转变，从本质上改变了品牌与用户之间的互动方式，使之更为深入、持久和有意义。

当用户在寻找、购买、使用和分享某个产品时，他们会经历五个决策阶段，我们可以将消费者与品牌所有的接触称为用户旅程，包括消费者所使用的所有品牌触点以及在这些触点所得到的内容、服务和产品（见图3-4）。用户旅程涵盖时间和空间两个维度。时间是指消费者所经历的五个决策阶段，空间是指消费者所经历的所有线上线下的品牌触点。服务用户旅程，即是强调品牌在特定时刻和特定触点，围绕用户需求提供相关的信息、产品或服务。

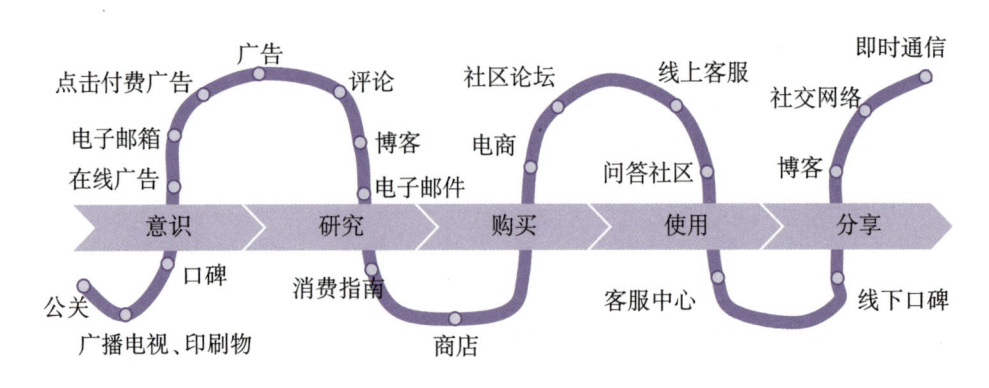

图 3-4　数字触点

下面我们按图 3-5 所示框架来阐述品牌数智化中的几个主要概念。

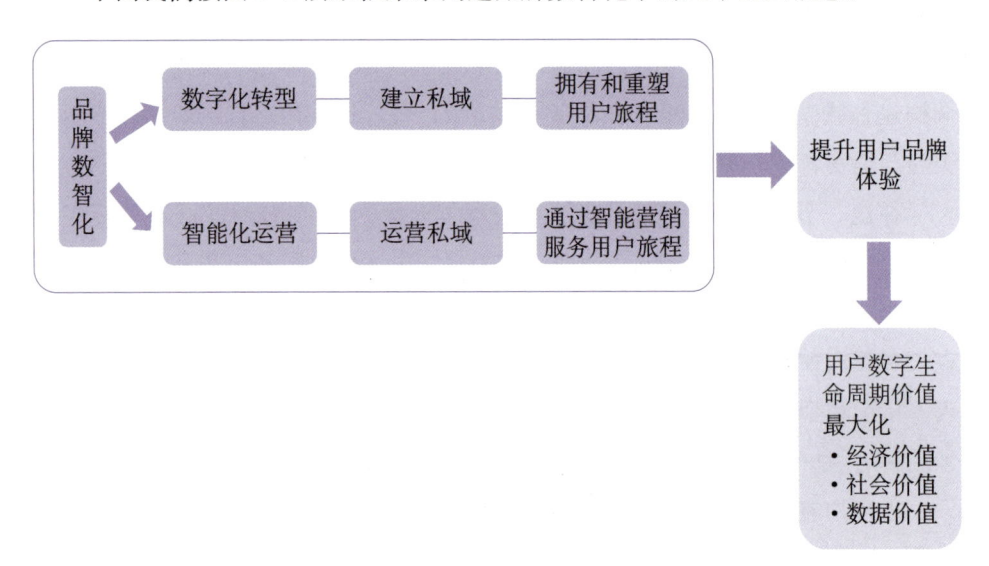

图 3-5　品牌数智化的主要概念

（一）用户和用户旅程

拓展阅读　消费者、客户、用户和合作伙伴

消费者（consumer）：指购买和使用产品或服务的个人或最终用户。他们是消费产品或服务的人，通常为了满足个人需求或欲望而购买。

客户（customer）：指与一家公司或组织建立了商业关系，并购买了其产品或服务的个人、其他公司或实体。客户与公司之间通常存在购买和销售的关系，公司向客户提供产品或服务，客户支付费用。

用户（user）：指使用产品、服务、应用程序或系统的个体。这个术语通常用于描述使用数字产品或在线平台的人，但也适用于其他类型的产品和服务。用户可能是客户，也可能不是，因为有些产品和服务可以被多个用户共享。

合作伙伴（partner）：指与一家公司或组织建立了合作关系，以实现共同业务目标的实体。这种合作涉及供应链合作、市场合作、联合推广等多种形式，合作伙伴通常在某些方面为公司提供支持或资源。依托于未来的 Web3.0 技术，在去中心化的创作者经济中，品牌可以依托新的技术和经济机制把客户转化成合作伙伴。

表 3-2 从多个维度归纳、辨析了以上四个概念。

表 3-2 消费者、客户、用户和合作伙伴的概念辨析

	消费者	客户	用户	合作伙伴
概念	产品的购买者	利润的终生贡献者	使用产品的人、实现生活方式的人	品牌建设的合伙人
关注点	如何买	如何挑选	如何用	如何贡献
旅程营销侧重点	购买	购买/使用	意识、比较、购买、使用、分享	意识、比较、购买、使用、分享
营销价值	产品出售	客户留存/复购	口碑/社群	参与品牌建设
营销策略	价格，促销	客户关系管理	社群管理	对品牌的贡献的激励机制
营销目标	购买最大化	生命周期利润最大化	生命周期参与最大化	生命周期利益共享最大化

以销售为核心的品牌，常以产品为起点，将购买者视为消费者，与其建立单次交易的关系。这类品牌更加注重消费者的购买行为，并将广告与促销视为推动销售的有力工具。

"客户"这一概念的诞生，源于品牌在激烈的市场竞争中认识到维护消费者的关键性。品牌通过提供卓越的服务以提高复购率，旨在使消费者为其创造

长期价值。虽然品牌开始注重与消费者建立长久关系，但"客户"一词仍然映射了一种基于交易的联系。

"用户"这一概念将产品购买者视为那些为了追求特定生活方式而使用产品的人。当品牌把购买者视为"用户"时，其关注点会转移到决策过程的后半段，更加深入地研究用户的使用场景和其所追求的生活方式。这样，品牌能够策略性地为用户提供更高附加值的产品和服务，拓展新的业务领域。最关键的是，那些拥有积极使用体验的用户会不断地在线上社群分享他们的体验和感受，从而吸引更多的潜在购买者，为品牌建设做贡献。

面向未来，越来越多的品牌将引入经济激励机制，根据用户对品牌建设的贡献分享红利。这种做法实质上是将用户视为合作伙伴，揭示了未来Web3.0时代商业模式的雏形。简而言之，品牌将用户从简单的购买者升级为用户和合伙人，意味着其希望与用户建立超越交易的、更紧密的合作伙伴关系。

品牌对产品购买者角色定位的不同，将对品牌的营销策略产生直接且深远的影响。以"用户"来定义产品购买者的品牌，以帮助产品购买者改善生活方式为目标，积极主动地观察产品购买者如何使用其所购产品，如何通过使用产品达到所期望的生活目标。在观察和追踪的过程中，品牌可挖掘产品和业务模式的创新点。以汽车为例，如果汽车品牌商意识到汽车是私域的重要组成部分，就会开发其作为超级数字触点的作用，通过各种方式（比如加入IoT技术）战略性地收集用户数据，同时将营销指令通过汽车发送给消费者。如此一来，品牌得以通过产品更深入地融入用户旅程。基于此，本书进一步拓展了"用户"的概念，使其也包括品牌私域的使用者。

本书通篇会交替使用消费者、客户和用户这些概念。前三章更频繁地使用消费者和客户来代表产品的购买者，第四到第十章将更多使用客户和用户。

（二）用户品牌体验

消费者的数字行为日益成熟，为品牌的数字化转型铺设了基石，但同时也对其提出了更高的标准。现代消费者不再被单一渠道限制。他们可以在实体店内浏览商品，在线上进行购买，通过移动应用分享反馈，并在社交平台上咨询客服。用户期待品牌提供横跨各种触点的、无缝且统一的体验。他们不仅希望品牌能够认出自己，更希望品牌能够记住他们的购买历史，并基于此提供个性化推荐。他们对品牌的响应速度也有了更高的要求，无论何时何地，都希望能获得所需的服务、信息和及时的回应。这就要求品牌必须保持 24×7 的在线状态，并在各种触点上为消费者提供一致且高质量的品牌体验。

在数字时代，用户体验已经超越价格和产品，成为品牌建立差异化的关键着力点。重塑用户旅程的目的不应仅仅在于广告和销售，而是在用户旅程中优化和提升品牌体验，使用户感到品牌始终伴随着他们，为他们提供服务。例如，德勤协助一家航空公司通过人工智能技术，将客户的在线数据用于提升其在机场休息室的体验。借助面部识别技术，该航空公司能够为客服代表提供个性化服务所需的详细信息，帮助后者识别客户的名字、了解他们的饮食偏好，并基于他们过去的体验提供服务建议。只有通过提供卓越的品牌体验，品牌才能在产品竞争和市场份额中获得优势地位。

私域的建立可以帮助用户树立对品牌的信心。如果用户能够在其决策过程的每一步，都感受到品牌所提供的内容和支持，他们会产生对品牌的信赖和好感，也更有可能把品牌作为首选。甚至即使产品不符合他们的期望，他们也愿意冒险购买。因为用户知道他们可以在何处找到客服，也了解品牌所提供的退货流程，这都为用户的购买甚至退货提供了确定性。

用户体验在数字化转型中占有举足轻重的地位。据《哈佛商业评论》的调查，有 40% 的受访者认为在数字化转型中，用户体验是首要考虑因素。

（三）如何在用户旅程中改善体验

建私域，拥有和重塑决策过程不是以销售或增加复购为目的，而是以与用户建立长期关系为目的，而维系关系就需要品牌提供服务和体验。经营用户体验的品牌与用户的关系不会终于产品购买，而是会一直延续到产品使用、分享等场景当中。也就是说，品牌需要触及用户长期使用产品的方方面面，在各个触点为用户创造最佳体验。这样用户才能留存并活跃在私域，分享满意和惊喜。

过去，品牌依赖于在公域进行数字营销来增加品牌曝光和产品销售，其和用户在公域的互动往往是表面和短暂的。同时，公域的触点太多、太分散，不易于用户感受到来自品牌的服务和体验。相比于在公域的体验，用户更希望品牌给予他们超个性化的关注和服务。具体来看，用户希望当他们出现在某个品牌触点时，品牌能够：

- 立即识别他们；
- 唤起以往的互动信息；
- 大致预测用户此时此刻的意图和需求，并给提供相关建议；
- 在不同品牌触点提供一致的体验；
- 收集反馈，记录并不断增进对用户个性和偏好的认知。

由于拥有用户和数据的反复触达权和自定义营销功能的权利，品牌在私域可以更有效地服务用户，提升用户体验，增加用户数字生命周期价值。用户旅程是动态的、个性化的、多触点的，品牌在私域为用户旅程提供支持的过程，应当具备以下特性。

1. 服务性

品牌在构建私域的过程中，意在弥补传统品牌建设中的短板，为用户线上研究（RO）和社交分享（SO）提供服务。在此过程中，品牌的角色转变为搭建信息平台，组织并分析数据，从而让用户更自主地完成决策，同时还要设计出吸引用户参与和贡献 UGC 的激励机制。这意味着品牌需要成为信息服务的提供者，帮助用户更高效地搜索和分享信息。换言之，品牌需要跳出传统以产品为中心的策略，将信息服务整合到私域的构建和运营中。

为精准捕捉用户的 RO 和 SO 决策阶段，品牌可利用数字技术，为其提供针对性的信息，包括用户在意识和研究阶段所需的信息，以确保他们能轻松完成决策过程的前半部分。

2. 阶段性

用户的决策过程包含五个步骤。在不同的决策阶段，用户所需要的信息是不一样的。品牌需要洞察用户在旅程中的位置和目标，更精准地在用户旅程的每个阶段提供专属内容。比如，在意识阶段，品牌可提供教育性内容，帮助用户识别自身需求；在研究阶段，呈现产品信息及对比，辅助用户评估、选择；

在购买阶段，用明确的呼吁使购买变得简单；在使用阶段，不仅提供使用说明和保养方法，还可围绕使用体验举办活动，邀请用户参与品牌互动；在分享阶段，则提供分享的内容和工具。

除了在不同用户旅程阶段提供针对性信息服务，品牌还需要采取程式化策略，有序地引导用户进入旅程的下一个阶段，引领和协助他们达成目标，并与其建立更深厚的联系。个性化交流和服务能让用户感受到被尊重和关心，有利于提升他们的品牌忠诚度和好评率。

如要增加阶段性，品牌需要预测用户的决策进程，预测其会在何时、何地使用何种触点。其中的精髓在于提供个性化和定制化的内容。品牌可以采用数据分析、机器学习和人工智能等技术手段，深入了解用户的行为和偏好，进而为他们提供量身打造的推荐和产品。

3. 多触点的一致性和协调性

在服务 ROPOSO 的用户旅程时，品牌需在各个触点上提供一致且协调的品牌体验。"一致"是指品牌在不同的触点上所传达的信息和体验应该是统一的。"协调"意味着在每个触点都能追踪到用户在其他触点上的数字足迹，确保用户在新触点接收到的营销信息是以过往的互动和反馈为基础的。

用户在每一个触点都能感知到品牌对其过去在其他触点的互动历史的了解和重视。比如，当用户登录品牌官网使用特定折扣码时，他们可能会收到基于其品牌移动应用浏览历史的个性化产品推荐。同样，当用户下次访问品牌实体店并与销售人员互动时，销售人员可以通过系统查看用户在社交媒体上的反馈，并据此为用户推荐更适合的产品。

4. 个性化

个性化，即是为用户提供量身打造的内容和服务。每位用户的决策过程都有其独特性，从起点到终点的时长，接触的品牌触点，甚至在过程的每一环节中对产品特性、购买渠道、价格定位、市场推广策略和售后服务的偏好都存在差异。

为满足用户的多样化需求，品牌需要有效地收集和运用连续型序列数据。通过对时序数据的深入分析，品牌可以描绘出每位用户的生活习惯、所需所想，并据此在用户旅程的不同阶段提供更有针对性、更为个性化且更为及时的服务。例如，根据用户的购物或浏览历史，精准预测并在合适的时机、以适宜的方式为用户推荐其可能感兴趣的商品或服务，或是根据用户的历史行为为其提供专属的优惠活动。这种高度的个性化服务将极大增强用户在品牌私域中的留存概率。

5. 社群性

在私域，品牌有机会通过社交媒体将已有用户与潜在用户联系起来。通过开发社交和移动技术工具，品牌可以激励忠实用户分享他们的生活方式和产品使用经验。这些由用户主动提供的内容，即 UGC，与 PGC 结合后，可以更有力地激发潜在用户产生购买需求。如果品牌能够整合、分析这些数据，有效展现产品评价和评分，或是构建便捷的沟通平台，使潜在用户可以直接咨询已有用户的意见和建议，那么其就能帮助潜在用户做出更加明智的比较和判断。正如前文提到的，相对于传统的广告或品牌自身生产的内容，UGC 在用户的购买决策中扮演了更为关键的角色。品牌应更多地关注社交和移动技术的融合、线上社群的构建，并鼓励用户之间的互动与分享，来化解用户在信息爆炸时代的选择困惑。

6. 即时性

即时的回应可以帮助用户迅速解决问题，避免用户因长时间等待而产生不满或放弃购买。对于摇摆不定的用户，即时的响应和解答可能促成销售机会的转化，而延迟的反馈则可能导致用户转向其他品牌。即时的响应能够满足用户的期望，使其感受到被重视和尊重，有助于建立和深化用户对品牌的信任。同时，这种响应还有助于品牌打造出关心用户、高效且专业的形象。再者，在社交媒体上，信息传播的速度非常快，品牌即时的回应有利于减少可能的负面影响。

为方便起见，我们将以上六个属性统称为"超级个性化"(hyper-personal)。建立超级个性化的私域是一个系统工程，品牌需要借助各种数字技术，这也是数字化转型和智能化运营的精髓所在。

总体而言，私域、用户、用户旅程和品牌体验是数字时代的新营销概念。用户旅程是动态的、个性化的和多触点的。如果能让用户在每个触点和每个决策步骤中都感受到品牌在陪伴、帮助和支持他们，品牌就能提升用户体验，增强其购买乃至分享的意愿。这些用户也更有可能成为品牌私域的成员，并贡献更多的数据和影响力。用户体验终将成为服务、营销、技术和产品的综合体。

（四）体验回报

以体验驱动的品牌，将收获"体验回报"。体验回报的多寡取决于一个用户与品牌保持关系的时长，及其影响潜在用户的数量。好的品牌体验，能增进用户和品牌的情感联系，让用户更有可能留在私域，持续地为品牌做贡献。获得美好体验的用户更容易找到和购买产品或服务，提升品牌销售的转化率，为品牌创收。同时，这些用户也更愿意利用数字技术来展示和分享其品牌体验，从而激发其他用户对品牌的关注，对品牌起到免费广告的作用。他们还更愿意分享、反馈和贡献数据，例如用户行为、偏好和反馈等，这些数据可以为品牌营销和产品开发提供依据。

此处有几个概念值得一提。

- 经济价值。指用户在与品牌的整个关系中，通过购买产品和服务等为品牌贡献的收入。
- 社会价值。数字革命的标志之一即社交媒体连接用户。因此，在评估每个用户对品牌的全部价值时，还需考虑用户依靠其社会影响力为品牌贡献的间接价值。这包括社会影响力的持续时间、细分影响、影响者营销计划的相关性等。
- 数据价值。用户数据是品牌的宝贵资产。它能帮助品牌更好地了解用户的偏好、行为和购买模式。其可用于创建和改进流程、提高效率和增加收入。

一个用户对品牌的"体验回报"，既包括其因交易而贡献的直接经济价值，也包括其为品牌贡献的社会价值和数据价值等非直接经济价值，如吸引新用户、贡献社交价值和数据等。随着更多的用户被吸引到品牌社群，用户、数据间的正向动态循环就被建立起来了。

应当指出的是，即使一个用户从来没有购买过某个品牌的产品，他也有可能对品牌有很高的体验回报。例如，耐克通过线上社群邀请非耐克购买者参与各种品牌活动。尽管这些用户没有买过耐克，但他们通过在社交媒体分享其参与耐克社群活动的体验，间接地吸引了其他用户购买耐克产品或加入社群，这也是对品牌的价值贡献。同时，这些用户在线上线下活动中，提供的意见和反馈，能帮助耐克改进产品。

（五）用户数字生命周期价值

品牌可利用数字技术建立私域，拥有和重塑用户旅程，乃至经营完整的用户旅程。通过在用户旅程的每一个步骤提供相关的信息产品和服务，品牌可以直接触达消费者，增强用户的品牌体验，吸引用户留在私域，增加其完成购买后对品牌的社会价值和数据价值。

本书用用户数字生命周期价值（digital lifetime value，DLTV）来代表经营用户旅程对品牌的益处。这一指标反映了用户在其生命周期内为品牌带来的总价值。提升 DLTV 是私域运营的重要目标。

以下用公式来代表每一位在私域的用户可贡献的数字生命周期价值：

$$DLTV_i = \sum_{t=1}^{T}\sum_{j=1}^{J} DLTV_{ijt} = \sum_{t=1}^{T}\sum_{j=1}^{J} \left(经济价值_{ijt} + 社会价值_{ijt} + 数据价值_{ijt} \right)$$

式中，i 代表每一位用户；t 代表用户留存在私域的时间；j 代表不同的品牌触点。$DLTV_i$ 包含了用户在私域留存期间，在每个时间段和每个触点上，可以贡献的三类价值的总和。其中：

经济价值 = 订单收入 × 购买频率

社会价值 = 吸引新用户的数量 × 新用户的 DLTV

数据价值 = 数据产生的直接或间接收入

如公式所示，DLTV 由三部分构成：第一部分是用户通过购买产品为品牌带来的收入；第二部分是用户以社交影响力给品牌带来的价值；第三部分则是用户在私域活动中产生的数据对品牌的价值。要提升 DLVT，除了增加用户因直接购买而贡献的收入，还需考虑用户的社会价值和数据价值。因此，品牌不仅要销售产品，还要鼓励用户成为品牌的代言人，利用其社交影响力降低获客成本，并鼓励他们提供有价值的营销数据。

DLTV 已成为不少品牌评价其数字化转型和私域运营成果的关键指标。在数字时代，品牌需要与用户建立并维持日常的互动关系，确保他们在品牌私域中保持活跃。通过运营私域，建立用户对品牌的忠诚度，使其持续贡献交易收入／经济价值、社会价值和数据价值。这是品牌数字化转型和私域运营的底层逻辑。

私域的运营和维护需要长期的成本投入，如何降低运营成本是影响数字化转型和智能运营成败的关键因素。重视社会价值、数据价值，利用线上社群、数据和算法技术等，有利于降低营销成本、提升营销的有效性，增加品牌的长期收益。这与传统的营销方式大不相同。第九章将结合用户在私域的留存率、用户运营成本，提出品牌"长期总价值"的概念。提升长期总价值，是品牌的终极目标。

四、为消费者决策提供信息服务平台

数字技术的崛起重塑了 ROPOSO 模式下的消费者决策过程。现代消费者期待一站式的信息服务，来有效指导其产品选择，其中蕴含的许多商业机会已被平台企业所捕获。这些平台利用数字技术的优势，构建了结合搜索、内容和社交功能的系统，满足了用户在决策过程中各个阶段的需求，从而整合了用户完整的决策过程，成为他们的一站式选择。例如，小红书鼓励完成购买行为的用户分享和展示产品，从而引导潜在用户进行产品认知和对比；大众点评鼓励消费过本地服务的用户分享评价，帮助其他用户选择合适的餐馆、理发店和其他本地服务。

这些平台开始于提供免费内容，聚集了大量用户后，逐步引入电商功能，完成了从内容提供者到内容＋电商平台的华丽转身。更为重要的是，这些平台将用户的决策过程以数据的形式记录了下来。通过深入挖掘用户数据，这些平台将用户洞察出售给品牌，向品牌提供有偿的广告、搜索和产品推荐等服务。

本节将列举并简要分析几个支持用户决策过程的信息服务平台，梳理其在建立一站式信息服务入口时的创新思维，以供品牌借鉴。值得一提的是，平台只有用户的概念，只有以产品为出发点的品牌，才会有消费者的概念。

（一）猫眼娱乐

猫眼娱乐是中国领先的"科技＋全文娱"服务提供商，业务覆盖三大板块：在线娱乐票务服务、娱乐内容服务、广告服务及其他。猫眼 App 是集影视娱乐信息、在线购票、影评剧评等服务为一体的一站式泛娱乐平台。以电影板块为例，猫眼为用户提供全面的电影信息，包括正在热映的电影、即将上映的电影、电影排片时间表、票价信息等，以及与电影相关的演职员信息、影评和观众评分。经过近十年的发展，猫眼在中国拥有庞大的用户群体，成为人们获取电影信息、购票观影、交流影评的重要平台之一。

猫眼提供的服务涵盖了用户旅程的各个步骤：从选电影、选座位、完成购票，到提供电影院定位与导航，以及观影后发表影评。如图 3-6 所示，整个用户决策过程，以及新老客户决策过程的闭合，都得到了猫眼 App 的辅助。

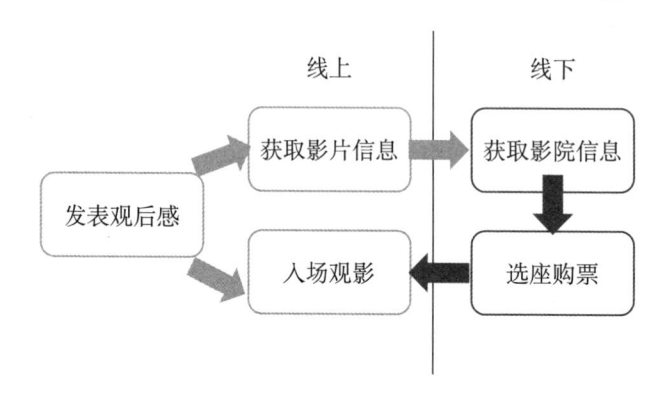

图 3-6 猫眼支持用户旅程的各步骤

猫眼 App 汇集了所有电影和影院的放映信息，为用户的决策过程提供即时的服务，同时又利用移动定位技术帮助用户选择观影场所，允许用户按照距离和喜好来选择电影及影院，并将选座购票、买饮料小食和发表观后感集成在一起。其利用新技术为用户的决策过程提供了增值服务。

（二）大众点评

打开大众点评，用户可以找到一个个商家的官方页面。进入官方页面，用户首先可以看到商家贡献的信息，也即 PGC，包括店铺位置、营业时间、菜谱等。在这些信息下方，大众点评还展示了用户贡献的 UGC，包括已消费用户的评分和详细的文字评论，还包括用户拍摄的菜品、就餐环境照片等。随着短视频的发展，大众点评开始鼓励用户进行吃播打卡，用更生动的现场视频帮助潜在用户找到新奇、独特的餐厅。用户通过对 PGC 和 UGC 的研究和比较，决定去某个餐馆就餐，还可以在餐馆的页面购买团购券或优惠券。大众点评帮助用户找到本地服务商，也就很自然地提供定位服务，使用户可以把地理位置也作为一个决策的参考因素。可见，大众点评也把用户旅程的各个环节都整合到了一起。

（三）淘宝／天猫，亚马逊

与上述内容平台不同，淘宝／天猫和亚马逊是以产品销售为主的电商平台。这些平台为用户提供了各种工具，帮助用户完成决策过程的五个步骤。比如亚马逊和淘宝首页的个性化推荐，都意在激发用户产生意识；强大的个性化搜索引擎则帮助用户按照价格、服务等要素进行个性化筛选；评论、评分和用户上传的照片和视频，则是借助 UGC 帮助用户完成研究和比较。此外，平台鼓励每个用户在购买之后进行反馈和分享，为其他用户提供帮助。这些电商平台又通过收集用户数据，分析用户画像，预测其决策过程，提供个性化的广告、内容和产品推荐，为其决策过程提供增值服务，也即充分发挥第二章所提到的数据网络效应。

以上平台都有效地支持了用户旅程，它们的共性包括：

· 信息的组织方式能够更清晰地服务于用户旅程的每一个环节。

· 尽可能多地将同一品类下不同商品的线上信息无缝整合到一起。

· 帮助新老用户建立连接，以老用户的二手经验帮助新用户进行研究和比较。

- 同时使用 PGC 和 UGC，但将两者进行了清晰地划分，从而保证 UGC 的真实性——因为 UGC 是平台吸引用户的核心价值。（如果汽车之家和大众点评没有 UGC，而只有商家提供的产品信息或者广告，那它们便与传统的黄页并无二致了，对用户的价值会大打折扣。）

- 将内容与购买分隔开来——用户搜索信息和购买交易的步骤是分开的，其寻找信息的时候，大都不想被太多的广告和销售信息干扰，他们需要的是能降低搜索成本、提升决策效率的服务。

- 在链接用户数字足迹的基础上，为用户旅程提供增值服务，即通过采集和分析数据，深刻地了解用户个性化的需求和偏好，从而为用户旅程提供及时和贴心的服务。

总之，在信息爆炸的年代，用户需要一站式的入口来帮助其整合信息。过去，平台抓住了新需求所带来的新商机，为票务、餐饮等行业搭建了垂直的信息平台。电影行业有猫眼，餐饮行业有大众点评，房屋租赁有贝壳，求医问药有平安健康。如果哪个行业还没有这样的入口，那就是品牌的机会。品牌可以率先搭建一个本行业的线上信息平台，帮助用户完成围绕这个品牌或者这个品类的决策过程。机会属于所有有创新意识的个人和企业。

拓展思维

目前还有哪个行业有机会为消费者建立一个帮助其进行决策的信息平台？其中或许就有新的创业机会。

- 电影
- 新闻
- 医疗
- 美发
- 心理咨询
- 农业肥料
- 餐饮
- 房屋出租
- 幼儿教育
- 宠物餐厅
- 老年服务
- ……

五、向平台学习用户旅程思维、社群思维和跨界思维

受传统思维的影响,那些未进行数字化转型的品牌只掌握了消费者决策过程中的"PO"部分,仅关注线下店面的运营。它们未能捕捉到新技术所带来的商业机会,忽视了"RO"和"SO"这两个决策阶段。结果,它们失去了与消费者在决策的前端和后端的接触机会,被第三方平台抢占了先机。随后,这些品牌甚至在销售环节也遇到了来自平台的竞争压力。这使得品牌只能依赖于提供"RO"和"SO"服务的第三方平台,获取潜在用户的线索,这也从侧面反映了为何品牌营销成本在持续上升。

正如我们在第二章中所探讨的,建立私域,就是为了让品牌从对平台的依赖中解脱出来,重新掌握定价权和品牌形象。在数字时代,消费者经常采用线上研究、线下购买的方式进行购物,其中线上研究对线下购买决策有决定性的影响。因此,品牌需要在消费者的决策过程中与竞争对手展开激烈的竞争。只有在线上占据了足够的关注度和好评率,品牌才能赢得线下的市场份额。这意味着,除了继续强化传统的品牌建设增强产品竞争力外,品牌还需要提升其在线上的受关注度和形象。对很多类型的品牌来说,数字化转型终会成为其在新时代长期生存和发展的"必选项",而非"可选项"。数字化转型的核心目标是利用数字技术来强化品牌与用户之间、线上与线下的联系,以及用户与用户、内容、服务和生活方式之间的关系,从而在消费者的每一个决策步骤和与品牌的每一个触点上提升品牌体验。数字体验已成为用户旅程的核心部分,并且是品牌建设的一个关键要素。

(一)平台的用户旅程思维

服务用户旅程,需要把用户看成一位寻求更好生活方式的鲜活个体、一位使用产品来解决问题的用户、一位喜欢参与到社群活动当中为其他用户献计献策的社区贡献者、一位出于对品牌的喜爱而自愿为品牌的建设添砖加瓦的合伙人。用户和品牌的关系不再是交易型的(transactional),而是关系型的

（relational）。服务用户旅程，旨在追随和服务用户完整的数字生命周期，从而实现用户对品牌经济价值、社会价值和数据价值贡献的最大化。

需要明确的是，为服务用户旅程构建信息平台，并不等同于建立一个类似大众点评或亚马逊的复杂多边平台。建数字平台是一个战略理念，其目的是利用数字技术协助消费者在决策过程的早期和后期，即通过服务 RO 和 SO 来赋能 PO。

某美妆品牌推出的一款应用程序，就是一个典型的例子。设想一个每个女生都会遇到的场景：今天小美买了一套新衣服，她穿上后不知道应该画什么妆。基于这个场景，美妆品牌通过手机链接社群，并在云端的数据中台整合、分析数据。用户打开这个应用程序后，可以自拍着装照片，确认好想要的造型。接着，这个应用程序就会向用户推荐与其着装相搭配的化妆品，帮助其完成整个装扮。

小美打开手机自拍后，将照片传至云端的线上社群，让社群成员为她"支招"。于是，成员们纷纷出谋划策，其中既有普通用户（UGC），也有化妆师和网红博主（PGC）。品牌随即在云端的数字中台，根据社群成员的建议做了一个排名，并发送到小美的手机上。其中排名最高的是烟熏妆，于是小美得到了烟熏妆的推荐。随后，小美的手机上又收到了来自社群的建议，以及几个烟熏妆视频链接。等她开始化妆了，她发现需要一只眼线笔，于是又来到平台上咨询哪款眼线笔好用，而后她根据平台的推荐买了几款新的化妆工具。以后小美每次穿上这套服装，都会给自己化一个烟熏妆再漂漂亮亮地出门。

注意，以上场景中的产品推荐是自然发生的，而不是硬广告。同时，品牌推荐的有可能是竞争品牌的产品。这个美妆品牌所搭建的私域，展示了用户旅程思维。

（二）平台的社群思维

服务用户旅程的核心，在于运营活跃的社群，以"网"式的连接结构，囊括所有品牌的老用户、潜在用户及相关产品领域的用户，让他们在决策过程中相互影响、相互协助。一个健康运转的社群就像一个持续旋转的"轮"，不断地吸纳新的内容和新的用户。数字化转型旨在全方位服务用户决策过程，尤其是过程的前后两端。

品牌必须创设并维护一个持续活跃的线上社群，鼓励用户在其中讨论生活方式并寻求解决方案，激励他们生产 UGC，以吸引更多有共同兴趣的潜在用户。为使社群成员持续活跃，品牌需要向平台学习，掌握 UGC 和众包的运营要点，引导用户生成有价值的内容。用户间的互助与共赢，不仅能降低品牌管理客户关系的成本，还能帮助品牌拉新。

社交媒体的核心商业价值在于 UGC 和众包。品牌若能充分利用这两大特性，则运营私域将变得富有效率，且无需品牌投入过多资源。吸引和维护用户需要成本，善用社交技术与算法的品牌，能通过众包和自动化降低用户运营的成本，并实现规模化。同时，在线上社群累积数据，有助于品牌提高营销的准确度。

（三）平台的跨界思维

服务用户旅程的核心在于以用户为中心，重视社会互助与信息服务，并以提供卓越的品牌体验为目标。这种方式与传统的以生产和销售为核心的思维有着本质的不同。将关注点从产品转移到用户，意味着品牌应当更多地关心用户的生活习惯和需求，而不仅仅是着眼于竞争对手。一个真正服务用户的平台，应当不受品牌界限的约束。例如，耐克创建的线上社群旨在强化其品牌定位，鼓励用户通过运动践行更好的生活方式。但这个社区并不排斥阿迪达斯的忠实用户。同样，第二章提到的采取了平台策略的 e 袋洗将原本的竞争对手视为平台的合作伙伴。

再回到上文烟熏妆的场景。信息平台是由品牌创建的，旨在为用户提供关于彩妆产品的信息服务。但如果这个平台仅仅是为了宣传和销售自己品牌的产品，像小美这样的用户可能就不会下载和使用这个应用了。具备信息服务理念的品牌，能够在帮助用户实现 RO（线上研究）和 SO（线上展示和分享）的同时，增强自家品牌的 PO（线上/线上购买）。这不仅不会妨碍品牌的销售，还能通过鼓励用户在社群分享内容（UGC）而发掘新的商业机会。同时，社群中的数据和流量还可以为第三方提供增值服务，创造新的盈利渠道。

从消费者视角出发，品牌应建立一个超越竞争对手，甚至超越行业界限的综合信息平台，以减轻消费者在决策时的搜索和比较成本。只有当品牌能够突破自身对于竞品和品类的传统观念，以数字时代用户的信息需求为核心，建立数字生态系统，为用户提供更多的价值、便利和全方位的服务，才能成功创建一个可以吸引用户和消费者参与的信息平台。这种全面的战略可以帮助品牌在竞争激烈的市场中脱颖而出，并与用户建立更加深入的关系。

小　结

在数字时代，为用户建立私域并助力其 ROPOSO 决策过程，是品牌摆脱对第三方平台依赖并降低营销成本的关键。越来越多的传统品牌正探索如何创建自己的私域空间，目的是完整掌控用户的决策过程，从而有效应对营销成本不断上升的挑战。

拥有和重塑用户决策过程、服务用户旅程，为品牌数字化转型提供了理论支撑。接下来的章节，我们将深入探讨如何融合数字技术与多种思维，建立品牌的私域空间，以服务用户旅程，也即品牌数字化转型的路径图。

04 品牌数字化转型

第四章

主题

品牌数字化转型的路径图及解析
品牌数字化转型的三个层级
品牌数字化转型的战略意义

示例

丝芙兰（美国），肯德基（中国）

品牌数智化由数字化转型和智能化运营两大阶段构成。数字化转型主要是指创建用户旅程中的数字触点，而智能化运营则聚焦于多个触点上的智能营销，以优化用户的品牌体验，并最大化用户数字生命周期价值。

数字化转型过程建立基础设施，为后续的智能化运营打下坚实基础；智能化运营利用数据和算法技术，充分调动和整合每一个基础模块所起的营销作用，将其纳入品牌的日常营销策略，为用户的决策过程提供多步骤多触点协调一致的品牌体验。数字化转型和智能化运营是品牌数智化一静一动的两个方面，也可以理解为两个阶段。许多品牌已经拥有了本书所界定的基础设施，但如何使基础设施在品牌日常运营中发挥作用，改写数字时代品牌与用户的关系，是本书探讨的核心。

本章主要探讨品牌数智化的初级阶段：数字化转型。我们会界定品牌数字化转型的概念，描绘出基于用户旅程的数字化转型蓝图，并深入讨论数字化转型所需的八个基础模块、三个技术层面和三组信息流。随后，探究品牌数字化转型的不同实施路径和三个层级，并理解数字化转型在品牌战略上的重要性。

在第九章，我们将深入讨论品牌数智化的高级阶段，也就是智能化运营和智能营销的相关内容。

一、品牌数字化转型概述

广义来说，数字化转型强调"三个落点"：用户体验、业务流程，以及包括生产、物流与交付的运营管理流程。本书的重点是从营销的角度看数字化转型，探讨品牌如何运用新技术重塑用户体验，并与用户建立更深入、更长久的关系。

（一）数字化转型的定义

品牌数字化转型，是指品牌运用数字技术将传统资源进行数字化改造，并在此基础上创建新的数字资源，目的是构建或重塑用户旅程，以更低的成本和更高的效率为用户决策过程提供信息服务，提升用户的品牌体验。

数字化转型的核心是用户体验。数字化转型利用各种技术手段来增加业务实力、提高运营效率，最终落点是持续优化用户体验。数字化转型是一个持续性的旅程，可以从根本上改变企业的运营逻辑及其与用户的互动方式，使企业能够随时随地为用户提供一致且高品质的体验。

数字化转型所依托的核心技术包括移动技术、Web技术、社交平台、物联网、机器人技术、大数据、机器学习、人工智能、云计算、区块链等一系列前沿技术，它们都为企业提供了创新和实现差异化价值的机会。

数据是服务整个用户旅程的"润滑油"。通过整合来自网站、社交媒体、移动端及零售门店的数据，品牌能够拼凑出用户旅程的完整数字足迹，进一步深入了解每一个用户。基于数据的用户洞察，能够帮助品牌更好地辅助用户决策，并不断地完善用户旅程体验。

可以说，数字化转型是技术与商业策略的深度结合，其最终成果是商业模式的彻底创新。具体来说，品牌数字化转型的愿景是：利用技术建立私域，从而更好地掌控和优化用户旅程，以实现"降低营销成本，增强品牌体验，寻找业务增长点，开辟新的盈利模式"等四大战略目标。

（二）私域的重要性

品牌数字化转型的最优解，可以视为构建一个私域，品牌在该领域内拥有用户数据的所有权、使用权，以及进行直接与用户沟通，并进行个性化营销的能力。

私域的核心战略价值在于，品牌能够在私域内重新塑造用户旅程。品牌能够采用各种技术，包括大数据和人工智能，为用户提供更加个性化和精准的信息及服务，提高他们的品牌体验。通过智能化运营，品牌可以引导每一位用户贡献经济价值、社会价值和数据价值。

在私域内，数据能够得到更好的保护，这有助于保护用户的隐私权并增强信任感。私域也为品牌提供了与用户建立长期、稳固关系的机会，从而深化合作与互动，并持续创造社会价值。另外，在私域中，品牌更易于进行创新尝试，分享知识与思想。这种环境鼓励新思维和创意，有助于推动社会向前发展。

近年来，许多品牌已经认识到用户和数据的价值，并尝试构建私域。未来，更多品牌会强化对用户和数据的保护，并在品牌私域中存储这些数据，使之成为品牌的核心竞争力。

二、品牌数字化转型路径图及解析

用户旅程为品牌数字化转型提供了底层逻辑。由此出发，数字化转型的逻辑很清晰，即品牌应该在线上和线下追随用户，拥有用户决策过程的数字足迹，并且按照用户旅程的进程在各种触点提供全方位个性化的服务。基于用户旅程的逻辑，本书归纳了数字化转型的框架：品牌数字化转型路径图（见图4-1）。

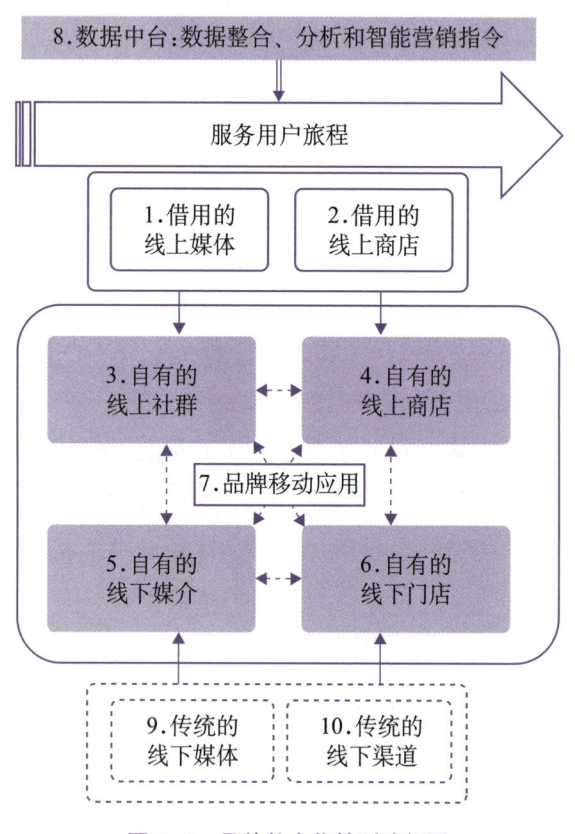

```
         ┌─────────────────────────────────────────┐
         │ 8.数据中台:数据整合、分析和智能营销指令 │
         └─────────────────────────────────────────┘
                            ↓
         ┌─────────────────────────────────────────┐
         │              服务用户旅程               ──→
         └─────────────────────────────────────────┘
              ┌──────────┐    ┌──────────┐
              │ 1.借用的 │    │ 2.借用的 │
              │ 线上媒体 │    │ 线上商店 │
              └──────────┘    └──────────┘

              ┌──────────┐    ┌──────────┐
              │ 3.自有的 │←→│ 4.自有的 │
              │ 线上社群 │    │ 线上商店 │
              └──────────┘    └──────────┘
                    ↕  7.品牌移动应用  ↕
              ┌──────────┐    ┌──────────┐
              │ 5.自有的 │←→│ 6.自有的 │
              │ 线下媒介 │    │ 线下门店 │
              └──────────┘    └──────────┘

              ┌ ─ ─ ─ ─ ┐    ┌ ─ ─ ─ ─ ┐
                9.传统的        10.传统的
                线下媒体        线下渠道
              └ ─ ─ ─ ─ ┘    └ ─ ─ ─ ─ ┘
```

图 4-1 品牌数字化转型路径图

需要注意的是，图 4-1 对应品牌数智化转型的数字化转型阶段，主要体现了以用户线上线下决策过程为基础的八个营销功能模块。也就是说，这一平面

静态图展示了品牌数字化转型需要布局的基础设施。相对应地，图 4-3 对应品牌数智化转型的智能化运营阶段。

在图 4-1 中，所有的营销模块都是品牌与用户的触点。模块 1 和模块 2 对应品牌在公域上借用的线上媒体和线上商店。品牌通常需要付费才能触达到公域上的用户。模块 9 和模块 10 是指品牌借用的传统线下媒体和传统线下渠道。这两个模块不属于数字转型的范畴，图 4-1 用虚线框进行标注，本书不对此展开讨论。模块 3 ～ 8 是自建的私域，品牌可以直接触达，也是本书讨论的重点。

下面将逐一介绍品牌数字化转型路径图中的八个基础模块、三个技术层面，并在"智能化运营"一节中介绍起到整合和联动所有模块作用的三组箭头。

（一）八个基础模块

图 4-1 标注了八个基础建设模块。其中，模块 1 ～ 6 代表用户与品牌线上线下交互的六大类触点。这六类触点的区隔，是基于用户旅程在时间和空间上的分离，也通常体现了品牌的组织架构及相应职能的划分。模块 7 是随时随地跟随用户的移动应用，能够将私域中的模块 3 ～ 6 整合到用户手中的智能手机上，是超级触点。模块 8 则代表品牌的数据管理中台。模块 8 收集、整合从七个模块沉淀下来的数据，通过分析和处理，产生即时的营销指令，再即时地发送到七个触点。

模块 1，借用的线上媒体，指品牌在第三方搜索或内容平台进行信息传播，比如品牌在百度、谷歌上投放广告，在微博、微信、推特、脸书、小红书上开设账号等。

模块 2，借用的线上商店，指品牌在第三方电商平台的商店，如品牌或经销商在亚马逊、淘宝、京东等平台开店。

模块 3，自有的线上社群，指品牌建立的线上社群。其目标在于，链接老客户和新客户的决策过程。理想情形是，老客户在社群中分享产品使用体验等 UGC 内容，帮助与促进新客户在意识和研究阶段的决策。

模块 4，自有的线上商店，指品牌自己的电商平台。对品牌来讲，如果能吸引用户到自己的电商平台上购买产品，不但可以节省营销及运营成本，而且可以收集宝贵的数据。

模块 5，自有的线下媒介，指的是产品本身、产品包装、产品目录、广告牌、触屏电视等实体媒介。这些实体媒介需要进行数字化改造，成为数字资产或者数字触点。

模块 6，自有的线下门店，指的是品牌自营的线下门店。经过数字化改造后，线下门店能够纳入数字化转型的蓝图中，与线上数字触点一起勾勒出完整的用户旅程。目前，线下门店的销售功能减弱，转而发挥着越来越重要的展示和服务的作用，对线上购物有着重要的辅助作用。

模块 7，品牌移动应用，是指品牌顺应移动互联网时代开发的自有 App。移动应用是超级触点，能够把线上线下的各个模块连接起来，在决定品牌体验方面具有独特的作用。

模块 8，数据中台：数据整合、分析和智能营销指令。所有触点的数据都会在品牌的内部数据中台上沉淀。品牌可以利用机器学习、人工智能等技术对数据进行整合与分析处理，产生营销指令，为用户决策的每个步骤提供支持。

（二）三个相互支持的技术层面

私域的六个基础模块又可以按技术区分出三个层面：业务中台、移动应用和数据中台。数据中台与移动应用、业务中台有联动的关系：用户按照自己的决策步骤和对不同触点的偏好，通过移动应用和业务中台中的六个触点与品牌接触。品牌将用户留下的数字足迹下沉到企业内部的数据平台，进行数据整合、数据分析，并产生最佳营销指令，再按照用户决策步骤和数字足迹即时地上传到相关的触点。数据中台是智能化运营的指挥台。

1. 业务中台

业务中台，包括用户线上线下决策过程中的四大类触点，即自有的线上社群、线上商店、线下媒介、线下门店（模块 3～6）。管理这四类数字触点，是品牌营销部门固有的营销职能。由于这些数字触点在空间和时间上是分离的，品牌通常分别搭建相应的营销模块，也将相应的营销职能及日常管理工作委任给不同的团队,以帮助用户完成ROPOSO决策过程。比如,用户可能因为不同的原因出现在线上社群和线下门店,而管理线上社群和线下门店也由不同的营销团队负责,他们有不同的营销技巧,也有相应的衡量工作绩效的指标。

2. 移动应用

移动应用(模块7)具有超越业务中台四大类数字触点的营销功能,是全天候(24×7)跟随用户的超级触点。通过移动应用,用户仅仅点几下智能手机就可以随时随地找到模块3～6所代表的物理触点。为了凸显移动应用在增强品牌体验上的特殊作用,本书将移动应用与其他四类触点分开,将移动应用称为超级触点。

本书第八章将详细介绍手机的独特作用,包括连接线上线下决策过程、上传数据和下达指令、直接决定用户的品牌体验等,并深入讨论如何搭建一个能够整合四类数字触点、具备完善的品牌体验功能的移动应用,为用户的线上线下旅程提供24×7全旅程的支持。

3. 数据中台

模块8即数据中台。数据中台是旅程营销的发力点,是智能营销的指挥部。

从支持用户旅程的角度来讲,数据中台的作用是,整合模块3～7收集的用户数字足迹,甄别其中涉及用户决策步骤的信息,利用机器学习、人工智能等技术工具进行数据分析,预测用户在决策过程中的进程,分析他们的偏好,为每一位用户产生程式化的和个性化的营销指令,再发送到各个触点,为用户的每个决策步骤和每个触点提供贴心服务,创造完美的品牌体验。

从技术上讲,数据中台对应于企业内部的信息管理系统,类似于客户数据平台(customer data platform,CDP)。数据中台至少具有数据整合、数据分析以及优化营销决策的功能。

（三）品牌数字化转型路径解析：两种视角

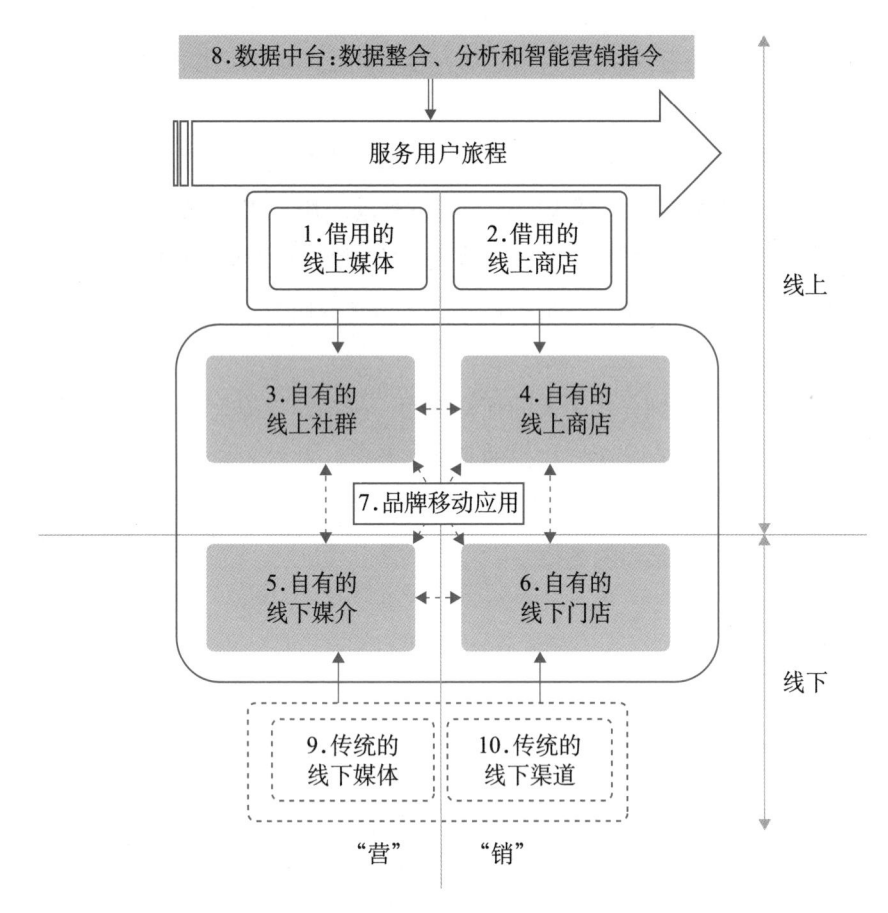

```
┌─────────────────────────────────────────────┐
│ 8.数据中台:数据整合、分析和智能营销指令      │
└─────────────────────────────────────────────┘
              ↓
    ═══════════════════════════════▶
           服务用户旅程

    ┌──────────┐  ┌──────────┐
    │ 1.借用的 │  │ 2.借用的 │
    │ 线上媒体 │  │ 线上商店 │            线上
    └──────────┘  └──────────┘

    ┌──────────┐  ┌──────────┐
    │ 3.自有的 │⇄│ 4.自有的  │
    │ 线上社群 │  │ 线上商店 │
    └──────────┘  └──────────┘
         ⇅   ┌─────────────┐  ⇅
             │7.品牌移动应用│
         ⇅   └─────────────┘  ⇅
    ┌──────────┐  ┌──────────┐
    │ 5.自有的 │⇄│ 6.自有的  │
    │ 线下媒介 │  │ 线下门店 │
    └──────────┘  └──────────┘
                                         线下
    ┌──────────┐  ┌──────────┐
    │ 9.传统的 │  │10.传统的 │
    │ 线下媒体 │  │ 线下渠道 │
    └──────────┘  └──────────┘
       "营"         "销"
```

图 4-2　品牌数字化转型路径解析

1. 数字触点解析：线上和线下

数字化转型帮助品牌建立和打通线上线下营销模块，从而可以追随用户线上线下的决策过程。图 4-2 中，模块 1～4 以线上形式存在，如果用户花费很多时间在线上做搜索、研究和分享，那么品牌也应当遵循用户的时间分配，把线上模块 1～4 的功能做扎实，为消费者在线上做研究或分享提供全面、精确和便捷的信息服务。这就需要品牌在搭建线上模块时，像平台一样用新技术把产品、内容和人连接在一起，收集、分析、呈现数据，从而为消费者提供信息服务，直接解决其在线上寻找和分享产品时的痛点。

模块 5 和模块 6 则是线下媒介和线下门店。产品和包装都可以通过数字化改造成为数字触点和数字媒介。目前，线下门店承担了更多产品展示和售后服务的作用，更像是成本中心而非销售中心。品牌在数字化转型中应当建立智慧门店，将其整合到用户旅程之中。

通过这样的线上线下布局，品牌可以拥有和重塑用户 ROPOSO 决策过程，通过拥有 RO 和 SO，从平台赢回营销的主动权。

2. 营销职能解析：营和销

图 4-2 中，整个模型的左半部分是"营"，而右半部分是"销"。在市场营销过程中，"营"涵盖了所有与产品、服务及品牌的推广和宣传相关的活动，目标是引导市场需求、传递与交流信息、创造品牌价值；而"销"则主要涵盖将产品或服务销售给客户，创造销售收入的过程。两者紧密相关，共同推动产品或服务在市场中的成功。

在品牌建设中，"营"比"销"更重要。教育用户的目的是使其体验到产品的价值，从而愿意为产品支付更高的价格。这样，品牌便有了更高的溢价能力和利润，进而反哺品牌建设，促进品牌推出更好的产品。经过长期的良性循环，品牌资产会得到有效的提升。这个逻辑在数字时代依旧成立。

模块 1、3、5 和 9 承担着"营"的职能，其中模块 3 是数字化转型所要搭建的重点基础模块，目的是利用社交媒体技术，搭建线上社群，重塑消费者决策过程。比如，老客户分享的信息可以引导潜在用户产生意识，启发潜在用户更好地比较研究；再如，新老客户在互娱互助的过程中产生对产品的需求。正如我们在第一章提及的，UGC 之所以可贵，原因在于二手经验比生硬的广告和促销更有说服力，而且直击用户研究比较的痛点。数字化转型使得品牌可以利用社交和移动技术带来的"营"的机会，以低廉的成本来更有效地教育用户。

随后，品牌可以把用户在线上社群自然产生的需求引导到线上商店或者线下门店，从而完成以"营"助"销"的动作。

三、智能化运营：让数字化基础设施动起来

需要指出的是，数字化转型只是改造和建设了基础设施。智能化运营，即如何充分利用数字化基础设施来实现第三章所提到的营销自动化、超级个性化和智能化，才是本书强调的重点。数字化转型本身并不能改变品牌与用户的关系，品牌的日常智能化运营才能实现增进用户体验的目的。本节简单概述智能化运营如何让数字化基础设施动起来，第九章将详细讨论智能化运营的技术层面。

（一）品牌智能化运营的动态图

智能化运营是数字化转型的最终目的。智能化运营是指品牌在日常营销活动中，整合来自不同触点的用户数据，利用机器学习、人工智能等技术工具分析用户数据，理解用户的行为与需求，产生富有洞见的、程式化的、个性化的营销指令，并最终提升客户体验和满意度，从而建立长期的稳定关系，增加用户对品牌数字生命周期价值的贡献。

我们用图 4-1 表示品牌数字化转型所需搭建的基础模块，用图 4-3 来表述品牌日常智能化运营的动态过程。动态图 4-3 更能展示八个模块在技术层面上的联动关系。需要强调的两组箭头是，图左侧标注"数据"的两个箭头，以及图右侧标注"指令"的两个箭头。这两组箭头能够使三个技术层面（移动应用、业务中台、数据中台）产生联动，背后的驱动力是数据和算法技术。这些技术不但可以实现第三章总结的用户体验提升的六个特点（服务性、阶段性、多触点的一致性和协调性、个性化、社群性、即时性），而且可以使品牌日常运营规模化、自动化和智能化。

（二）三组数据驱动力（三组箭头）

数据是服务整个用户旅程的"润滑油"。数字化转型中最重要的工作是建立数据采集和数据驱动的营销决策系统；智能化运营就是让这个系统良好地运

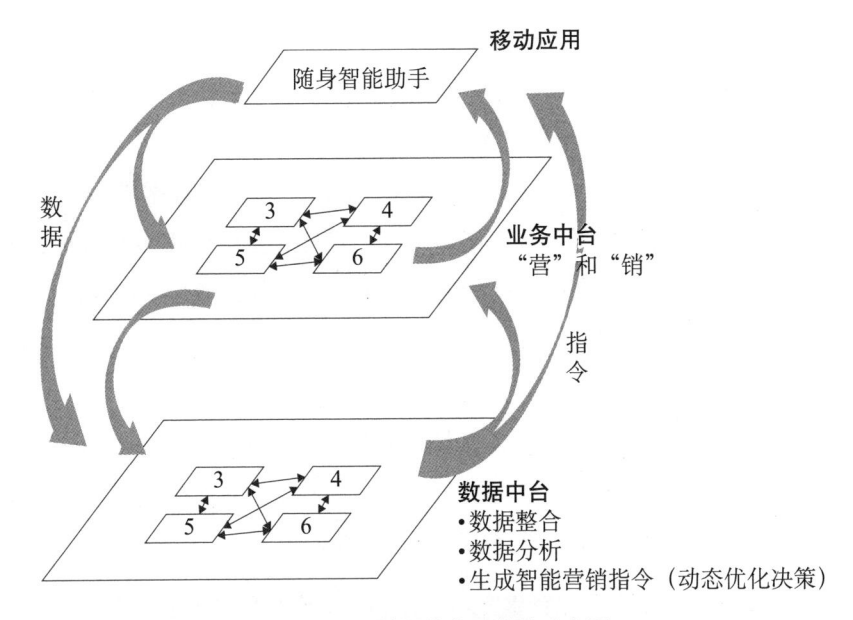

图 4-3　品牌智能化运营的动态图

注：业务中台层的数字 3～6 对应的是品牌数字化转型路径图中的模块 3～6；数据中台层的数字 3～6 对应的是业务中台各营销模块沉淀下来的相应的数据。

行起来。图 4-3 较为形象地展示了数据和指令在三个技术层面流动的过程。为方便更为具体的展示，我们回溯至图 4-2 解释三组表示数据和信息流动的箭头。

1. 从借用的媒体和借用电商导流（实线箭头）

图 4-2 中的实线箭头代表将消费者从第三方平台或传统渠道引流至私域。品牌需要与第三方媒体或电商平台进行广泛的合作。然而，第三方平台流量的所有权属于平台，品牌向它们付费购买的流量也往往是一次性的，下次用还得再付费。品牌需要把从第三方平台吸引或购买的流量沉淀到自有平台上，变成留量和存量。在私域里，品牌可以利用老客户贡献的 UGC，源源不断地吸引新客户，留存更多的用户和数据。

2. 线上线下链路和数据打通，拼出用户旅程（虚线箭头）

图 4-2 中的虚线箭头代表在品牌将用户散落在七个不同触点的数字足迹进行整合，拼凑出用户的决策步骤。品牌应当鼓励用户使用唯一的用户账号（如

手机号），从而能够在不同触点识别出同一位用户的光临，全链路追踪用户的数字足迹，以便高效率地拼凑出完整的用户画像以及用户决策过程的全景。

3. 用大数据机器学习和人工智能为用户旅程赋能（双线箭头）

图 4-2 中的双线箭头指下沉数据，上传指令，代表了数据中台（模块 8）与其他七个模块的联动关系。双线箭头体现了智能化运营的逻辑和目的，即拥有用户线上线下全触点的决策过程，为其提供贴心服务，增强品牌体验。

（三）智能化运营如何支持用户旅程

智能化运营可以通过数字化品牌营销生态改善品牌体验，使得用户数字生命周期价值最大化。表 4-1 简单总结了智能化运营中的各个营销模块所支持的用户决策过程的步骤，以及需要完成哪些营销功能。

表 4-1 营销功能模块支持的步骤和所需要的营销功能

营销功能模块	所支持的用户决策过程步骤	所需要的营销功能
1. 借用的线上媒体 5. 自有的线下媒介	意识	广告，内容营销等
3. 自有的线上社群	研究，分享	UGC，众包，社群
2. 借用的线上商店 4. 自有的线上商店 6. 自有的线下门店	购买，使用	电商，线下展示厅，服务
7. 品牌移动应用	24×7 整合品牌体验	连接旅程，界面设计
8. 数据中台	程式化和个性化信息服务及产品推荐	数据整合，机器学习，人工智能，商业决策支持系统

要完成表 4-1 中的营销功能，还需要理解以下几点。

第一，传统的营销模块（模块 5～6）进行数字化改造后，才能纳入数字化转型的动态体系。

第二，理解各模块在用户决策过程中的作用。模块 1、3、5 帮助品牌抓住用户旅程的前端和后端，也就是在数字时代才更方便追踪的意识、研究和分享这三个决策阶段。模块 7 作为超级触点时时刻刻连接品牌和用户。模块 3 和 8 使品牌能够使用社交和信息技术，以更低廉的成本来更好地帮助用户完成决策过程。模块 8 使得品牌能够通过数据纵观用户旅程，按需产生营销指令，起到了指挥台的作用。

第三，从数据的角度看，模块 1～7 代表用户和品牌的触点，每个触点都会产生用户与品牌交互的数据。所有的营销模块都服务于用户决策过程，进而，每一个用户在每一个营销模块中留下的数字足迹都以数据的形式沉淀到数据中台。这是智能化运营的基础。模块 8 即数据中台，是智能化运营的指挥部。在这里，用户散落在各个营销模块中的数字足迹得以链接、打通和整合。接着，大数据和机器学习的技术拼凑出用户旅程的进程；自动化的决策系统和人工智能等工具产生与其决策过程和个性化相符的营销指令，并将营销指令即时地送回到用户所处的触点，根据用户的需求为其提供增值的信息服务。

模块 8 也是私域日常运营的指挥台。私域的日常运营包括按照三组箭头建立数据流和信息流，使数字化转型的路径图变成一个动态的系统，不断地在用户程式化的决策过程中为用户提供及时的增值服务。

线上线下数据打通并且有了自动决策系统以后，就会出现第一章中描述的情景——玛丽的神奇经历：她几个月前在线上商店搜索或者线上社群跟朋友提到了某款口红，她路过丝芙兰线下店时收到相应的优惠券。此外，她进店以后，在丝芙兰线下店魔镜上所选择的 10 号色的粉底液也被数据中台记录下来。未来，她在电商搜索产品的时候，商家推荐的其他彩妆产品（口红和眼影等）会与 10 号色粉底液相匹配。

拓展阅读　　　　　　　　**品牌建设、价格与市场份额**

品牌建设不是仅仅为了拉动短期的销售额，而是提高长期的利润率。而要想提升利润率，需要提高消费者愿意支付的价格（willingness to pay，WTP）。WTP 指的是消费者根据对一个产品及其竞品的了解和感受，所愿意支付的价格。为了提高 WTP，品牌需要在开发产品的差异化的同时把产品的优势告诉消费者，让其切实感受到产品所带来的价值。教育消费者，可提高他们的 WTP。

WTP＝参考价值＋差别价值

式中，参考价值指消费者认识到的最接近的替代品的价格；差别价值指消费者感受到的产品和最接近的替代品之间的功能差异所导致的价值差别（正或负），差别价值可以由很多元素引起。

消费者剩余＝WTP－价格

消费者是否购买一个产品，取决于经济学中所谓的消费者剩余（consumer surplus），也就是WTP与实际价格之差，相当于我们所熟知的"性价比"。当WTP提高，性价比越高，消费者越觉得物有所值，就会越愿意购买；而且倾向于付出越高的价格。这就相当于可能同时带来利润率和销量的增加。产品所占市场份额的多少，也取决于品牌留给消费者的剩余价值与竞品所提供的剩余价值的大小。

新技术的出现，为教育消费者和提高WTP提供了创新的方法。传统的广告方式不是增加WTP最有效的方法。如今有了UGC，品牌与消费者的沟通与教育有了更多、更创新的可能性。如果小陆说特斯拉汽车好，小吴大概率会相信，因为他的朋友小陆用自己的经验为特斯拉做了背书。这种来自小陆的二手经验可信性比较强。通过UGC、KOC（key opinion consumer，关键意见消费者）和KOL（key opinion leader，关键意见领袖）告诉消费者某款产品好，就是通过消费者互助进行消费者教育，目的是利用消费者之间的分享来为新消费者提供产品信息，使其更加了解产品的优势，提升消费者的WTP。这样消费者自然觉得性价比高了，购买意愿也就更强了。而移动技术可以让二手经验变得更真实生动、即时、可信，贴近一手经验，更有效地降低营销成本。在提高WTP方面，一手经验比二手经验更有效，而二手经验也比广告更有效，也就是亲身体验高于平台上的UGC，UGC又高于PGC。

总之，数字技术和数字化转型为品牌建设增加了新维度，更容易被消费者感知，提高WTP，实现高利润、高销量和低成本。所以本书从品牌建设的角度讨论数字化转型，可以兼顾利润和市场份额的增加。

四、品牌数字化转型的实施

（一）数字化转型的要点和实施进度

不同的企业有不同的数字化转型的路径，数字化转型的程度也有差异。此处简单预告一下八个基本模块的建设与本书章节之间的对应关系：

- 几乎所有的品牌都已经借用线上媒体（模块 1）和线上商店（模块 2）来推广和销售产品，第十章我们将深入讨论如何将公域的流量转化成私域的存量。

- 线下媒介（模块 5）和线下商店（模块 6）是用来服务用户旅程的线下部分，大部分品牌都已经在新技术出现之前建立了这些营销模块。第七章我们将讨论如何用数字技术改造实体店，建立智慧门店，将其纳入数字化转型的体系。

- 大部分品牌已设立了电商（模块 4）和功能简单的品牌移动应用（模块 7），只是没有被用户广泛采用，第六章和第八章我们将梳理创新思路，改进电商和移动应用的设计。

- 相比较而言，大部分品牌还没有系统地投入线上社群（模块 3）和数字中台（模块 8）。这两个模块非常重要但投资相对不足，是品牌在数字化转型过程中需要大力投资和建设的基础设施，我们将在第五章和第九章进行更为详尽的阐述。

（二）数字化转型的多种实施路径

品牌数字化转型路径图是依据用户旅程推演出来的，是品牌追寻用户决策足迹，追求降本增效以及营销创新的必经之路。一个品牌不论从哪里开始数字化转型之旅，通常都会建立路径图中的 8 个基础模块 。由于行业特点不同，品牌的数字化转型通常会有不同的起点、不同的途径。如图 4-4 所示，图中的方框代表私域中的四个基础模块，起点和箭头描述了品牌数字化转型的不同路径。

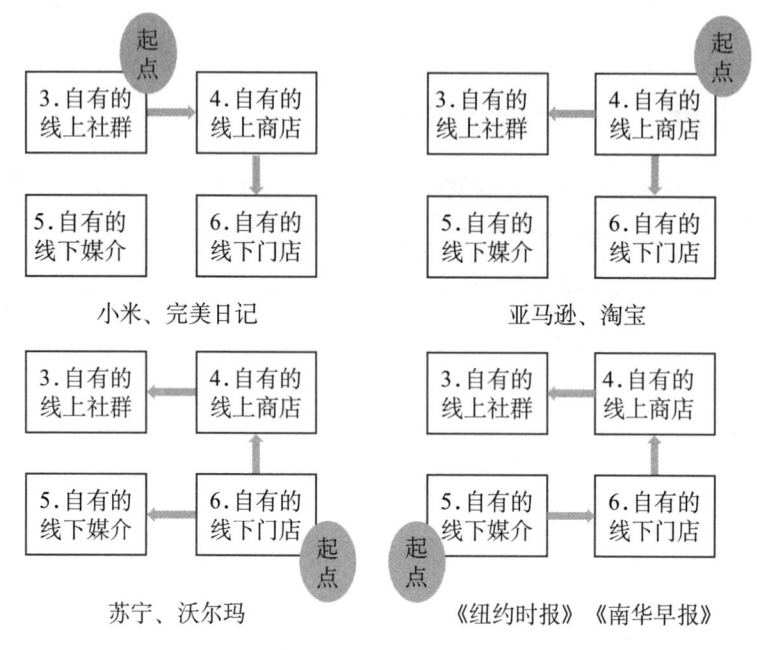

```
[3.自有的        [4.自有的           [3.自有的        [4.自有的
 线上社群] ←───  线上商店](起点)      线上社群] ←───  线上商店](起点)
                    │                                  │
                    ↓                                  ↓
[5.自有的        [6.自有的           [5.自有的        [6.自有的
 线下媒介]        线下门店]           线下媒介]        线下门店]

       小米、完美日记                        亚马逊、淘宝

[3.自有的    ←── [4.自有的           [3.自有的    ←── [4.自有的
 线上社群]        线上商店]           线上社群]        线上商店]
                    ↑                                  ↑
[5.自有的    ←── [6.自有的           [5.自有的    ←── [6.自有的
 线下媒介]        线下门店](起点)     线下媒介](起点)    线下门店]

       苏宁、沃尔玛                      《纽约时报》《南华早报》
```

图 4-4　数字化转型的不同路径

小米公司的起点是自有的线上社群。通过搭建社交媒体平台，小米引导用户共同设计与开发新的手机，随后建立电商销售手机，后来铺设线下门店。发展至今，小米已经拥有了图 4-4 中的所有业务模块和数据中台。完美日记利用社交媒体平台进行产品推广和品牌营销，从最早的小红书"种草"，到后来的抖音、快手、微博等平台，而且还鼓励用户生成内容，分享使用产品的照片和评论，进而构建社群，增加品牌的社交互动。通过借用第三方平台建立起品牌知名度后，完美日记经营的电商和实体店迅速崛起。

苏宁和沃尔玛本身是线下零售商品牌，追随用户而开启了线上商店。苏宁的数字化转型偏重于"销"的模块（模块 4 和 6），没有深耕侧重于"营"的模块（模块 3 和 5）。沃尔玛的数字化转型更加彻底，搭建了"营"的模块（模块 3 和 5）。同时，沃尔玛大力开发数据分析系统（模块 8），为用户旅程的每一步提供数字驱动的智能服务。值得一提的是，沃尔玛的数字化转型不但更加彻底，而且形成了自主研发的数字化能力。其数字转型过程中所开发的数据和信息工具也被用来帮助小型企业进行数字化转型。今天的沃尔玛不但在电商的发展中独领风骚，而且逐步成为演变成科技公司。我们将在第九章通过案例进行更加详细的分析。

淘宝和亚马逊并没有止步在电商平台，而是跟随用户的旅程走到线下开启了线下零售店，同时引入社交功能和视频导购。基于平台商业模式的双边特征，淘宝和亚马逊致力于数据收集和人工智能工具的开发，以向中小企业提供信息服务而盈利。

作为传统纸媒，《纽约时报》和《南华早报》都进行了数字化转型。它们的数字化战略包括建立强大的在线新闻平台，通过移动应用程序和社交媒体与受众互动。它们提供了付费订阅模式，允许读者订阅高质量的新闻内容，并投资于数据新闻、多媒体报道和虚拟现实等新技术，以丰富的内容形式提供更好的用户体验。这种数字化转型路径强调了内容的质量和多样性，以及建立订阅模式的可持续性。

当然有一些数字原生品牌会选择寄居在第三方的媒体（模块1）和电商（模块2），比如淘品牌和抖品牌，它们保持轻资产的商业模式，不会轻易选线下经营。但这些品牌也经常需要通过快闪店或其他形式为用户提供线下体验。所以，数字化转型的方式和路径可以多样化，但遵循的底层逻辑（拥有、重塑和服务用户旅程）是不变的。

（三）数字化转型的三个层级

目前，很多企业都在做数字化转型。那么，不同企业是否可以选择不同的层级呢？选择依据又是什么？我们结合不同企业的实例展开讨论。

数字化转型的第一层级主要考虑产品和销售，依托第三方媒体和电商陈列、销售产品；第二层级主要考虑品牌和用户体验，依靠自有媒体和电商，服务用户旅程，创造整合的品牌体验；第三层级是在第二层级的基础上，开拓新的利润来源，依托自建的媒体和电商，创新商业模式，用数据探索新的增长和利润机会（见图4-5）。

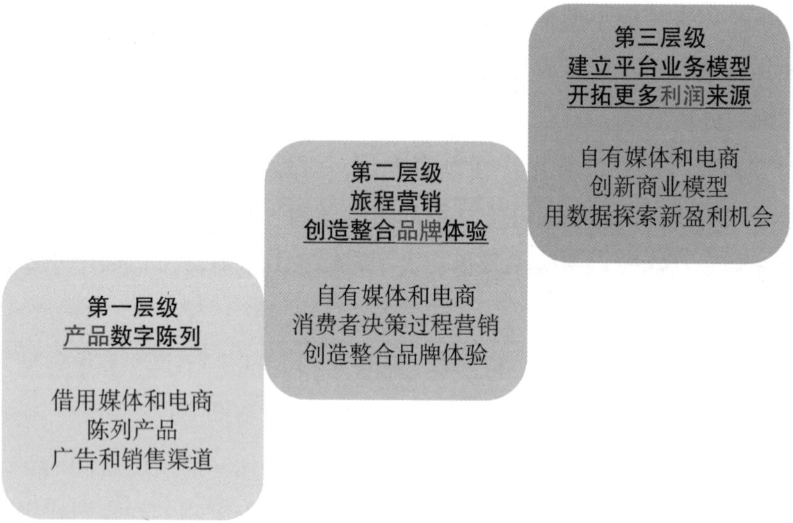

第三层级
建立平台业务模型
开拓更多利润**来源**

自有媒体和电商
创新商业模型
用数据探索新盈利机会

第二层级
旅程营销
创造整合品牌**体验**

自有媒体和电商
消费者决策过程营销
创造整合品牌体验

第一层级
产品数字陈列

借用媒体和电商
陈列产品
广告和销售渠道

图 4-5　数字化转型的三个层级

第一层级：产品数字陈列

在第一层级，品牌主要把产品陈列于第三方线上商店，在第三方线上平台发布广告，目的是做宣传和扩大产品销售。也就是说，品牌只致力于搭建和经营模块 1 和模块 2，并不建立私域。

该层级的转型策略尤其适合已经比较知名的快消品品牌，如高露洁、蒙牛、青岛啤酒等。这些品牌因为品类特质和较好的用户基础，用户旅程非常短暂，因此仅借用第三方媒体和电商就能基本满足需求。这类品牌不需要搭建线上社群，而需要聚焦在营销模块 2、4、6 和 8。在日常运营中，这些品牌需要在众多第三方媒体上进行产品推广与销售（即在公域进行数字营销），同时加强多个销售渠道的管理。

另外，新兴品牌在发展初期，利用第三方平台进行品牌宣传和产品销售效率比较高，试错成本也可能较低。第一层级的数字化转型符合其发展阶段的需要。

第二层级：旅程营销，创造整合品牌体验

在第二层级中，商家更看重用户体验而非产品销售。这些品牌通常会搭建路径图中的所有八个基础模块。品牌可以在私域里拥有并服务用户旅程，增

强用户的品牌体验，目的是提高品牌资产和溢价能力。在这个层级，品牌不但把用户与品牌的所有触点进行了数字化改造，而且强调搭建和运营模块3、5、7。营销路径不再是从自上而下的广告推销，而是自下而上的社群运营。更重要的是，达到第二层级的品牌会大力开发模块8（数据中台：数据整合、分析和智能营销指令）和三组箭头的运营，更好地利用数字和信息技术为用户增强体验。

该层级的数字化转型一般适用于品类丰富的生产厂商和零售商。成功转型的传统品牌包括丝芙兰、沃尔玛等。品牌零售商经营的品类多，更贴近生活方式，容易在用户群体中产生话题，比较容易完成第二层级的数字化转型。

这一层级也适用于话题性强的产品类别。耐克作为一个品牌生产商，以积极健康的生活方式为切入点，创造了话题性和社交性，成功建立了活跃的私域，是传统品牌数字化转型和智能化运营的先驱和表率。第五章将对耐克的线上社群展开讨论。

本章末的两个案例，丝芙兰（美国）和肯德基（中国），代表第二个层级的数字化转型。其中，丝芙兰（美国）以八个模块为主要框架展开讨论，肯德基（中国）以三个技术层面为主要框架展开讨论。

第三层级：建立平台业务模型，开拓更多利润来源

第三层级强调数据意识和商业模式创新。冲刺数字化转型第三层级的品牌，将用户体验的思维上升到了平台思维和数据思维。这些品牌把用户产生的数据视为品牌资产和未来生产力，会战略性地收集用户方方面面的数据，特别是对其他品牌甚至其他行业有商业价值的数据。品牌可以将基于数据的信息服务出售给第三方，像平台一样使用数据和信息服务创造利润。

第二章中列举的四个例子都到达了数字化转型的第三层级。苹果搭建了iTune，CNET创办了数字化媒体平台，e袋洗创办了洗衣服务平台，酒仙网则是酒类交易平台。这些传统企业搭建的数字平台，吸引了大量的用户，获取了大量行业数据。这种战略使得传统品牌也可以像平台一样整合用户ROPOSO决策全过程，利用技术和数据来经营用户并战略性地收集数据。平台思维和数据思维帮助品牌发现新的业务空间，使它们也可以按照平台的七种模式来盈利。

所以，第三层级的数字化转型意味着，企业脱胎换骨，取得商业模式的突破。

数字化转型的层级没有标准答案，取决于行业性质（功能性还是话题性），品牌发展阶段（推广还是建设）、战略目标（品牌建设还是扩大销量），以及资源（财力和人力等）。数字化转型的层级可以是逐步积累的，品牌从第一层级起步，逐步达到第二层级和第三层级。在数字化转型升级的过程中，品牌建设的理念也需要从产品销售发展到用户体验，再进一步拓宽到数据以及数据商业化。

五、品牌数字化转型的战略意义

很多品牌对数字化转型还存在一些误解，认为数字化转型的目标是把用户圈在私域里，然后在私域免费做广告和销售。这还是产品和销售主导的传统思维，秉持这种思维，数字化转型只做到了第一层级，私域难以长久发展。

本书认为，数字化转型是企业为了从根本上改变用户体验而做的战略改变。建立私域是为了拥有用户旅程并优化用户体验。以此为基础，品牌可以实现"降低营销成本，增强品牌体验，寻找业务增长点，开辟新的盈利模式"的战略目标。

（一）降低营销成本

经过成功的数字化转型后，品牌可以在私域直接触达用户和反复使用数据，不仅不再需要从第三方购买流量、支付交易佣金等，还可以自定义营销功能。品牌可以开展各种营销活动，比如做产品调研、众包产品研发和广告。与之相反，不进行数字化转型的品牌将会远离用户，日益依赖第三方平台，从而面临越来越昂贵的营销成本，同时失去对价格和品牌的掌控，最终出现品牌沦落到为平台"打工"的局面。

另外，数字化转型强调调动用户社交参与、基于信息技术的自动解决方案，本身就是可以降低营销成本的长期解决方案。

（二）增强品牌体验

线上社群（模块 3）和数据中台（模块 8）要求品牌采用社交媒体，引入用户互帮互助的机制，开发数据技术和算法驱动的智能决策系统，为用户旅程提供高度个性化的贴心服务，避免过多无关广告和推销对用户的打扰，提升用户体验。随着大数据、机器学习和人工智能的迅速发展和大量技术工具的涌现，品牌更有可能采用各种技术解决方案，在降低成本的同时提升用户体验，帮助品牌增加长期竞争力。

（三）寻找业务增长点

数字化转型是掌握用户的 RO 和 SO，即决策过程的前端和后端，并将这两个决策阶段数据化、可视化。用户决策前端的 UGC，可被视为一个免费的聚焦小组，隐藏着有关用户需求偏好、生活方式，乃至竞品的信息等。通过分析这些数据，品牌可以发现开发新产品和新品类的商机。

当品牌聚焦用户决策后端的使用和倡导过程，更有可能发展与用户的长期关系，采集更有价值的数据。通过分析这些数据，品牌可以开拓周边产品。比如，丝芙兰依据用户在品牌论坛中贡献的信息，了解尚未被满足的潜在消费需求，进而用这些信息来孵化一些新锐品牌，最终扩大了自己经营的品类。

（四）开辟新的盈利模式

品牌可以引导用户贡献超越品牌、品类，更接近于他们生活方式的数据，战略性地收集对其他品牌或品类有商业价值的数据。拥有这些数据的公司可以为第三方品牌或品类提供数据和信息服务，利用七种平台商业模式的盈利，以开拓新的盈利空间。完成第三层级数字化转型的品牌，除了从销售产品中获利之外，还可以像平台一样获取利润。

六、数字化转型的八种思维

数字化转型的目的就是把用户决策的足迹留存到自有的、可以掌控的私域，方便随时触达用户，反复调用数据和自定义营销功能。数字化转型为智能化运营提供了基础设施，品牌可以在私域接入机器学习和人工智能工具，为用户的决策过程提供信息服务。拥有和服务整个用户旅程，让用户觉得品牌时时刻刻都在陪伴自己、服务自己，通过持续不断地提升用户的品牌体验来提升品牌的竞争力，是数字化转型和智能化运营的根本目的。

相比于战术和战略，思维的转变最有挑战性。只有突破传统思维，品牌才能探索数字革命催生的新商业模式所带来的业务增长和新的利润来源。本部分将列举品牌进行数字化转型时需要具备的八种思维。品牌只有突破传统的思维，才能认清数字技术所带来的机会和挑战，制定正确的战略，实施有效的战术。本书第二章解释了平台思维和数据思维，第三章描述了用户旅程思维、社群思维和跨界思维，第五章将解读体验思维和共创共建思维，第九章将分析机器思维。

（一）平台思维

平台专注于构建双边或多边市场，将多个用户群体聚集在一起，例如买家和卖家、内容创作者和消费者，或服务提供商和客户。平台通常是基于数字或技术的。作为连接不同用户或参与者群体的中介或生态系统，平台开发和使用工具来帮助平台的两边进行更好的交互。平台享受用户和数据两层网络效应，网络效应可以推动平台获得指数级增长。

平台思维是一种战略方法，目标是促进两边用户在平台上互动、交易来创造价值，同时贡献数据，从而通过数据分析产生信息服务，以提供数据和信息服务盈利。对于希望在数字时代利用网络和生态系统的力量创建可扩展和可持续业务的组织来说，平台思维可以成为一项强有力的战略指南。

（二）数据思维

数据是智能营销的基础，也是未来的生产力。数据可以用于深入了解用户行为、偏好和趋势，从而为决策和改进提供信息。数据也可以在推动业务战略、创新和解决问题方面发挥核心作用。数据思维非常强调根据数据和证据做出决策，而不仅仅依靠直觉。它涉及使用数据来验证假设并指导战略选择。

拥有数据思维的品牌，会优先考虑数据的收集、分析、解释和利用，作为其决策过程和运营的基本要素。品牌的新职责是，战略性地收集数据，开发数据资源，生成以数据为驱动的营销指令，通过为用户提供超级个性化的服务，改善用户体验。

（三）用户旅程思维

用户旅程思维，指追随和服务用户完整的数字生命周期，从而实现用户对品牌经济价值、社会价值和数据价值贡献的最大化。建立和运营私域不应以销售产品为目的，而是顺应数字时代用户的新需求，利用新技术为用户决策过程提供信息，为其生活方式提供增值服务，通过提高其体验以巩固用户与品牌的长期忠诚关系。

在这种思维下，用户和品牌的关系不再是交易型的，而是关系型的。这需要把用户看成寻求更好的生活方式的鲜活个体、使用产品来解决问题的用户、喜欢参与到社群活动中为其他用户献计献策的社区贡献者、由于喜爱品牌而自愿为品牌建设添砖加瓦的合伙人，等等。

在用户旅程思维的指导下，首先，品牌会利用"线"的概念来连接用户在每个阶段的所有触点，遵循统一的进程，使用同一种声音，来帮助用户在不同触点无缝切换以及完成消费决策过程。其次，品牌还需要将新老用户旅程进行连接、闭合，并使其转动起来。最重要的是，品牌对用户的服务不会在购买完成后就结束，而是会延续到产品使用和分享阶段，鼓励用户分享使用体验和心得，贡献各种形式的数据。因此，可以说数字化转型的思路是以用户为中心,以社群和数据运营为策略,以用户数字生命周期价值的最大化为目标的。

(四)社群思维

旅程营销的目标,不仅在于将每个用户的数字足迹整合起来,还要求品牌拥有社群思维。社群思维,是指品牌使用社交和移动的技术链接新老用户的决策过程,进行社群的搭建和运营,从而让用户互相影响、互相帮助来完成用户旅程。

所以,品牌需要用"网"的概念来连接所有购买者、潜在用户和相关产品类别的用户,并且让社群这张网像"轮"一样转起来,源源不断地涌入新用户和新内容。应用社群思维,品牌需要建立和运营一个全天候活跃的数字社区,使用户可以就生活方式和解决方案向同伴征求意见,并鼓励社区产生UGC,从而吸引更多潜在志趣相投的用户。

(五)跨界思维

跨界思维,指传统品牌需要超越自己对竞品和行业的传统认知局限,以用户为中心、以社会互助和信息服务为导向,以品牌体验为目标来组建营销生态,提供信息、产品和服务以满足用户在数字时代的需求和体验。

一个为用户服务的数字平台,应该超越品牌自身。耐克的线上社群欢迎阿迪达斯的忠诚客户,e袋洗也将传统的竞争者定义成了平台的合作伙伴。品牌只有以用户的需求为出发点,超越传统的行业认知局限,才有可能搭建出吸引用户的数字营销生态。强大的生态系统有助于平台的长期成功。

(六)体验思维

体验思维是指,整合和协调用户与品牌的所有触点,以达到高度统一的品牌体验。第三章提到的品牌体验的六个特点(服务性、阶段性、多触点的一致性和协调性、个性化、社群化和即时性),都需要品牌在私域运营中体现出来。在体验思维里,用户在整个旅程中的需求和期望是至关重要的,满意和忠诚的用户是成功业务的基础。

在今天竞争激烈的商业环境中，用户体验至关重要，是品牌脱颖而出的重要策略。体验思维旨在深刻理解用户的需求、偏好和行为，为用户提供卓越的品牌体验，从而提高用户的满意度、忠诚度和支持度，增加用户数字生命周期价值，建立积极的品牌声誉。

（七）共创共建思维

共创共建，也就是众包，是线上社群运营的一个重要概念。随着数字技术和社交媒体的兴起，如何利用技术链接用户，促成其沟通和合作，实现更多形式的众包是品牌数字化转型重要的一步。共创共建思维意味着，品牌与用户共同参与、共同创新和制定策略，用户从被动地接收信息和规则转变为主动地贡献信息和参与规则制定。这种策略能够加强品牌与消费者之间的联系，并提高品牌忠诚度。共创共建也使品牌能够更好地了解其消费者的需求和期望。第五章在讨论线上社群时，将详细讲述这一思维。

（八）机器思维

机器思维是指采纳大数据、机器学习和动态优化等营销科技工具将数据生产力转化成为信息服务的解决方案，从一定程度上实现营销指令的智能化和自动化。随着人工智能等信息技术的飞速发展，很多硬件和软件的解决方案应运而生。数字化转型要求品牌像科技公司一样，时刻关注蓬勃发展的数字化转型的技术解决方案，利用营销科技为用户的线上线下决策过程提供增值服务。比如，品牌可以像亚马逊一样采纳或者是开发自动的产品推荐工具。品牌应当在用户旅程思维的指导之下，加强对技术解决方案的投资，用技术来实现智能化的自动化。

小 结

品牌数智化提倡品牌像平台公司一样抓住用户旅程的前端和后端，提高吸引用户线上关注度和口碑的竞争力，从而将实体企业做得更好。这就要求品牌除了要把产品和销售做好，还要学习科技公司的理念，向用户提供到位的信息服务，帮助用户以最小的搜索成本完成他们的 ROPOSO 决策过程。

品牌数智化倡导用科技的手段管理用户旅程，为用户的生活方式提供信息服务，同时也为企业业务量和利润来源提供增长空间。做好数字化转型是品牌数智化的第一步，为后续的智能化运营打下坚实的基础。

本书接下来的第五至八章，将分别就建立线上社群、电商、智慧门店、品牌移动应用等几个重要模块展开具体介绍，更具体地探讨私域中每一个营销模块的创新点。第九章将讨论数据中台和智能化运营。

案例　丝芙兰（美国）：现代零售商数字化转型的典范

作为 LVMH 集团精品零售部门的优等生，丝芙兰一直表现出色：2020 年在美国的营收达 50.1 亿美元，占 LVMH 在美营收的 44.8%。得益于其门店的强劲反弹和在线销售的持续势头，丝芙兰 2021 年业绩超过了 2019 年的新冠疫情前水平。

作为一个以线下门店起家的零售品牌，丝芙兰取得这样的成绩尤其可贵。要知道，2010 年之后，线上零售业逐步蚕食线下门店的生存空间。丝芙兰观察到，实体门店里的顾客在犹豫是否购买某产品时，经常打开智能手机搜索相关评论、推荐与价格信息。意识、研究、购买、使用、分享，是消费者决策过程的五个步骤。移动手机的流行，使得消费者的注意力不再集中在报纸、电视广告、线下门店等传统渠道，而是广泛受到搜索引擎、社交网络、网络广告推送、电商平台促销等线上信息的影响。考虑到美妆潮流丰富多变的行业特征，丝芙兰的客户群体更是深受线上影响。丝芙兰直面挑战，充分利用技术手段进行数字化转型，正是其能在数字化时代持续领先的原因。

如今，丝芙兰以用户为核心，全面升级用户档案数据库，融合线上线下数据（如用户线上线下的购买数据、与店内导购的互动、在线浏览商品的信息等），打通线上线下用户触点，并适时发送营销信息促进交易和提升用户体验。我们可以看一下，丝芙兰是如何搭建数字化转型的八个模块并重塑用户旅程的（见图4–6）。

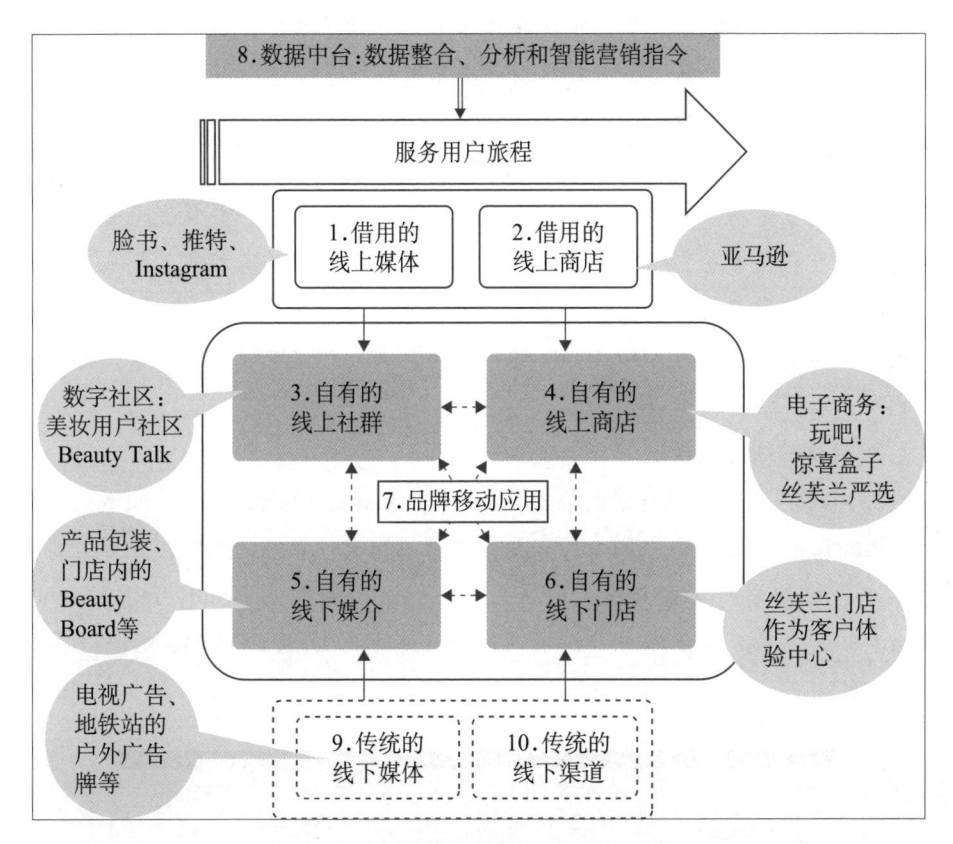

图 4–6　丝芙兰的品牌数字化转型路径图

1. 借用的线上媒体

借用的线上媒体能够起到一定的宣传和沟通作用。比如，当丝芙兰在YouTube发布一条彩妆视频后，会有很多用户在评论区交流如何使用相关产品；而在脸书上，人们也会就美妆、护肤产品以及相关生活方式展开讨论。但是，脸书的数据结构并不是为丝芙兰实现商业目标所搭建的：用户玛丽可能并不希望脸书上的朋友得知她存在长痘痘等皮肤问题；而且，玛丽提出的问题可能是另外一些网友感兴趣的问题，但是玛丽提问的数据过几天就淹没在社交媒体的信息流里了，还可能因为隐私设置等原因无法被搜索到。

进入到 2010 年以来的"整合营销"阶段后，丝芙兰充分利用第三方线上媒体平台，吸引用户到自有的线上社群和线上商店。比如，丝芙兰在脸书、Instagram、YouTube 等主要的社交媒体平台都开设了账号，目的在于在更大的流量池吸引用户的注意力，并最终引导用户到品牌私域中。

2. 借用的线上商店

借用的线上商店是指在亚马逊等平台开设的店铺。值得注意的是，亚马逊等平台完全掌握用户在丝芙兰线上商店的消费行为数据，并且完全可能利用这些数据产生更多价值，比如推出平台自有品牌的新产品与丝芙兰形成直接竞争。品牌商往往只关注直接交给平台的营销费用，而忽视了平台利用品牌和用户数据获取的价值。作为传统零售商，丝芙兰需要建立自营电商平台，与亚马逊竞争，以防经营数据流失。

3. 自有的线上社群

2014 年，丝芙兰自建了美妆社区 Beauty Board，可以看作美妆领域的品趣志（Pinterest），还创建了 Beauty Talk，可以看作美妆领域的推特，并努力将各个渠道获得的用户集中到线上社区。2017 年，丝芙兰在 Beauty Talk、Beauty Board 的基础上，整合形成了线上社区 Beauty INSIDER COMMUNITY（见图 4-7 和表 4-2）。

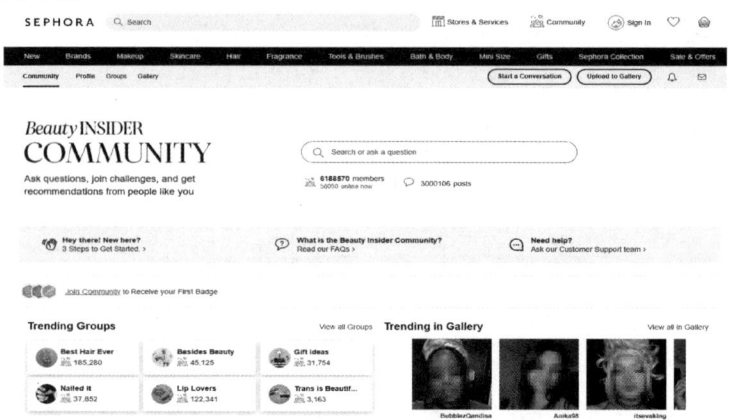

图 4-7　丝芙兰官网的社区 Beauty INSIDER COMMUNITY 页面

注：丝芙兰品牌社区成员近 62 万人，在一个普通的工作日的上午，有 5.6 万人在线。

表 4-2　线上用户社区 Beauty INSIDER COMMUNITY 的主要板块

板块	简介
Posts 板块（原 Beauty Talk）	可以看作美妆领域的推特，对应社交出版功能。社区主页展示了来自用户分享的内容，即 UGC，主要包括美妆产品及生活方式相关的信息。其中，丝芙兰精心挑选了品牌大使（包括品牌意见领袖与关键意见消费者）发布的帖子，并将这部分 PGC 进行特别展示。这里主要是内容营销，而不是直接打广告。在这一板块，老用户分享的内容将会作用于新用户的意识和研究阶段。
Gallery 板块（原 Beauty Board）	类似于品趣志，主要以照片形式展示美妆潮流，内容主要属于 UGC。丝芙兰鼓励用户上传原创照片或在全网收集到的美妆图片并打标签。这一过程应用了众包理念。用户可以用标签或特定关键词筛选内容，筛选选项包括内容来源、用户个体特征（肤色、肤质、发色、虹膜颜色）等。这部分内容也设置了专用搜索引擎，可以在全网被搜索到。正如品趣志所做到的，这一板块鼓励用户萌生意识，充分研究，基于兴趣产生购物意愿。
Groups 板块	典型的线上品牌乐园，对应社群功能。用户可以与有同样兴趣的用户形成链接，这些用户既包括消费者，也包括品牌意见领袖与关键意见消费者。群组里的内容主要属于 UGC，包括美妆问答，美妆产品相关的评级、排名，用户的评论与点赞等。这些内容也支持被搜索，可以帮助用户研究产品。以 Skincare Aware 群组为例，其中有 49 万多名成员，1.4 万多个讨论，涵盖了丰富的美妆话题，是很好的用户兴趣网络实例。
Profile 板块	用户注册后才能使用。注册用户包括已经消费的用户，也包括潜在的新顾客。对已消费用户的管理即 CRM。对潜在的新顾客，丝芙兰也可以引导他们从意识、研究阶段逐步进入到购买及之后的阶段。

这个专注于美妆解决方案和生活方式的线上社区，聚集了大量丝芙兰现有和潜在的用户和数据，对丝芙兰具有多层次的意义。其作用主要体现在以下几个方面：

第一是能够持续吸引新用户。优质的内容平台可以为用户解决痛点。美妆消费者最常见的痛点之一，就是买到不合适的美妆产品，闲置或丢弃它们会给消费者带来沮丧的感受。丝芙兰线上社区可以为消费者提供充分的信息，以帮助他们做出最好的决策。丝芙兰线上社区拥有多种线上媒体形式，内容丰富有趣，且支持搜索，能够持续地吸引新用户。

第二，能够提升销售收入、降低营销成本。线下门店有营业时间，线上媒体却可以全天候（24×7）地传播品牌和产品信息，以及促进用户购买行为。比如，由于线上社区的内容丰富有趣，用户闲来无事就愿意在线上社区查看其他用户贡献的内容，遇到自己喜欢的美妆风格或护肤方式，就可以直接购买其他用户推荐的同款产品。而且，丝芙兰可以在社区主页巧妙地做广告，降低营销成本。

第三，作为一个全面的美妆类数据平台，丝芙兰可以利用这些数据创造更多价值。线上社区的大量UGC，相当于免费的用户兴趣调研。通过对这些数据进行分析，丝芙兰可以对用户的兴趣偏好、用户眼中的竞品信息形成清晰的认识，能够形成用户兴趣图谱。丝芙兰可以将数据出售给品牌商，或凭借这些数据为品牌商提供增值服务，也可以用于自有品牌及新品的孵化。

4. 自有的线上商店

独特的品牌与产品资源，使得丝芙兰有机会成为美妆领域的亚马逊。如何吸引用户到自己的线上商店购物呢？丝芙兰对以下方法可谓得心应手。

首先，丝芙兰自有电商为线上社区的用户提供独家销售的产品。丝芙兰与很多品牌建立了密切的合作关系，经常争取到新品的独家首发权，为用户带来惊喜体验。丝芙兰于2016年对自有产品线Sephora Collection进行了升级改造，以价格亲民、使用简单、种类丰富等特点吸引美妆新手。

再如，丝芙兰用户只需要付出10美元的会员费，即可得到每季度的"Play!"惊喜盒子、每年2天的免费送货服务，以及新品尝鲜、美妆指南、视频教程，还有参与店铺活动的机会。其中，新品尝鲜活动对用户意味着新鲜的体验，对品牌商则是一次很好的推广，是一个三方共赢的行动。而当用户对惊喜盒子里的产品小样感兴趣时，他们只能到丝芙兰平台上才能买到这些产品。

5. 自有的线下媒介

丝芙兰仍然重视线下广告，包括传统媒体与店内展示的Beauty Board（见图4-8）。而且，丝芙兰会通过二维码等方式吸引受众关注自己的社交平台账号、自有App等。如此一来，一部分广告受众就能有效转化为私域流量。店内的Beauty Board可展示线上社区中的美妆潮流内容，结合基于位置信息的产品推荐、优惠信息和攻略,可以吸引顾客进店参观,进而促进购买行为。

图 4–8　The Beauty Board 页面(左)和 The Beauty Board 在丝芙兰门店展示中的作用(右)

6. 自有的线下门店

如今购物者更偏爱"体验事物"。服务于用户决策过程的线下门店,应该具有这些功能:品牌体验、服务、社区活动、娱乐,当然也可以包括最传统的交易功能(见表 4–3)。实体门店的布局是丝芙兰的独特优势。在利用零售科技全面改造门店,并全面打通用户在线上和线下产生的行为数据后,丝芙兰线下门店成为提升顾客体验的重要环节,其价值绝不止每平方米的营业额。品牌甚至可以将门店视为成本中心,只要门店能为用户提供良好的产品体验即可。当用户在线上商店下单后,公司可以以收件人地址判断销售成绩,给相应地区的门店工作人员发放更多奖金。

表 4–3　门店作为体验中心的作用

消费者体验	举例
品牌体验	魔镜(AR 化妆镜)、肤质分析、香味分析
服务	免费化妆、提货和交货
社区活动	与脸书的交流、与 KOL 和专家交谈
娱乐	样品和试妆
交易	支付

丝芙兰美国总部位于旧金山，靠近硅谷便于其了解和获取新技术。2015年，丝芙兰设立创新实验室，持续寻找与研究帮助消费者决策的零售科技。从早期接受苹果支付，到引入谷歌语音助手功能，丝芙兰紧跟技术潮流，将AR、VR、NFC、蓝牙、iBeacon等技术不断地运用到运营实践之中。

运用零售科技手段再造后的门店，也使得丝芙兰更能抵抗风险。2020年初新冠疫情大爆发期间，丝芙兰于2020年3月关闭所有门店，"买前试用"的销售惯例也无法进行，基于虚拟现实的试妆成为拉动销售的主要手段。在2020年8月重新开放门店后，丝芙兰依然把虚拟试妆体验当作重点。

7. 品牌移动应用

丝芙兰线上线下平台能够发挥协同效应，移动手机应用是其中的关键。品牌移动应用充分利用了智能手机的技术特征，能够收集时间、位置、用户身份信息，将线上线下商店链接起来，为营销模式的变革提供了硬件基础。表4-4中列举的种种零售科技，都被集成到丝芙兰App中，用以重塑用户决策过程。

表4-4 丝芙兰数字化转型中采用的零售科技手段

技术	具体应用
iBeacon技术	在获得顾客允许的情况下，iBeacon技术可以根据其位置信息为其推送店内导航、促销信息等，也可以让店内导购了解顾客需求，从而打造更加个性化的购物与互动体验。
预约机器人	丝芙兰是最早采用聊天机器人的美妆零售商之一。丝芙兰预约机器人（Sephora Reservation Assistant）的转化率比其他店内预约渠道高11%。
AR技术	顾客可以在丝芙兰手机应用或实体店体验虚拟化妆师（Sephora Virtual Artist）功能。
Color IQ	该工具会扫描顾客面部皮肤，并给出一个数值，帮助顾客找到与其肤色匹配的底妆产品，并同步更新到顾客的丝芙兰用户信息和电子邮箱。这一工具能激发用户购买相关产品和提升用户忠诚度。
Skincare IQ	智能硬件可以检索护肤品的成分和配方，为用户匹配合适的产品。该硬件未来可能会增加Color IQ中应用的面部扫描技术，为顾客提供更个性化的服务。
Fragrance IQ和InstaScent	Fragrance IQ系统会根据用户填写的问卷推荐与其生活方式相匹配的香水。InstaScent利用干空气输送系统，可以让用户无须试用香水就能闻到多达18种香味。

品牌移动应用关乎用户体验。用户仅仅点几下智能手机里的丝芙兰 App，就能够触达丝芙兰搭建的前六个模块：他们可以在线上社群查看其他用户的动态，随时发现美妆灵感，由此产生消费意识；也可以通过 App 中的搜索功能、App 导航至线下门店了解更多产品信息，进行细致的研究；还可以通过 App 中的 AR 功能进行虚拟化妆，满意的情况下可以直接通过线上商店完成购买行为；购买完成后，用户还可以在 App 中的社群板块上传"买家秀"和使用感受，为社区贡献 UGC 内容，为其他用户的意识和研究阶段提供灵感。

8. 数据中台：数据整合、分析和智能营销指令

前文已经提及，丝芙兰广泛运用了新兴的零售科技，完成了数字化转型的模块搭建，并以丝芙兰 App 为核心重塑用户旅程，提升用户体验。那么，是什么使一切得以顺滑运行呢？答案是数据中台（数据整合、分析和智能营销指令）。

丝芙兰使用人工智能和数据分析来全面了解消费者行为，使用客户数据和基于数据驱动的人工智能所指示的内容来增强美容体验。比如，根据客户的偏好预测客户的需求，基于客户行为的个性化产品推荐，解决客户最关心和最常见的美容问题。

丝芙兰掌握的用户数据是全面的、实时的，同时利用机器学习与商业智能（business intelligence，BI）做出基于数据的整合营销决策，比如，何时何地给哪一位用户推送何种商品信息及优惠券。我们可以看一下，品牌实现数字化转型和智能化运营之后，玛丽会遇到什么样的神奇场景。

玛丽正在商场里漫无目的地逛着，无意间路过一家丝芙兰的门店。一开始，她并没有打算进去，但门店入口的屏幕上突然出现了一段信息："你好，玛丽！两星期前你浏览过的那款新品口红现在正打八折，优惠券已经发送到你的手机小程序上。你是否愿意进店看看？"

这个消息引起了玛丽的兴趣，她走进了丝芙兰的店铺，试用了那款口红后，她决定购买。她拿出手机完成了支付，并使用了那张优惠券。离开丝芙兰后，她举起手机自拍了一张照片，分享到朋友圈，并附上了文字："试了一下新款口红，颜色不错。"

这个神奇场景包涵了哪些数字化流程？首先需要玛丽是丝芙兰会员，其在

线上线下产生的用户数据都存储在丝芙兰数据系统中。第二，iBeacon 技术能够识别玛丽的手机定位，将其位置和身份信息传到线上。第三，人工智能会自动给消费者推送一个营销信息，比如一张优惠券。第四，人脸识别技术可以认出玛丽，并对她发出邀请。一连串的技术应用，使消费者旅程营销得以实现。

9. 丝芙兰数字化转型的启示

回顾一下丝芙兰的数字化转型历程，可以看出，尽管品牌初期依靠第三方平台完全可以建立一个营销数据库，但随着企业规模发展，往往需要搭建一个新的数据结构，以便与消费者进行更好的交互，进而实现商业价值（见表 4-5）。丝芙兰在第二层级的成功转型，也为进入第三层级打下了良好的基础：进入第三层级，丝芙兰可以培育新品牌，开拓新的业务增长空间和利润来源。比如，丝芙兰加速计划帮助女性创业，也有机会发现潜力品牌，增加丝芙兰的上架产品种类；Kendo 项目孵化了很多著名品牌，像 Fenty Beauty、Kat Von D、Marc Jacobs、Bite Beauty 等等。

表 4-5　丝芙兰数字化转型的三个层级

层级	具体内容
第一层级 借用媒体与线上商店	2010 年之前，主要是借用第三方线上媒体（脸书、推特、YouTube 等）进行宣传，借用第三方线上渠道（亚马逊）进行销售。
第二层级 整合营销	从 2010 年开始，逐步建立自己的数字社区、网站、移动应用，成为更有实力的零售商，美妆界的亚马逊。
第三层级 平台商业模式	采用平台商业模式理念，探索新的利润来源（丝芙兰加速计划），比如，通过 Kendo 项目培育自主品牌，培育了丝芙兰自有品牌线 Sephora Collection，以及个性化的护肤品牌 Proven。

案例　　肯德基（中国）：利用数字化转型构筑竞争优势

2022 年，肯德基（中国）收入达 486 亿元，占母公司百胜（中国）总收入的近 72%。同时，肯德基（中国）的门店数达到了 9 094 家，规模显著超越同期麦当劳中国门店数（4 978 家）。肯德基（中国）是如何进行数字化转型，构筑竞争优势的？本文以品牌转型路径图为核心对其进行分析。

2013—2014 年，肯德基（中国）发现，老一代顾客已经步入中年，对肯德基的热情逐渐减退；新一代消费者觉得肯德基是老一套；新快餐品牌的不断涌现，使得市场竞争越来越激烈。更糟糕的是，肯德基单店营收在下降。在这种情况下，肯德基（中国）开始重新思考自己的方向，并最终确定了两个转变方向，一是巩固肯德基的核心优势，优化店面、产品、服务与沟通；二是利用数字化转型为肯德基业务赋能。

在巩固核心优势方面，肯德基（中国）强调通过更多方式与顾客建立链接。在店面方面，注重餐厅的设计，创造温馨、休闲、时尚的氛围，使餐厅不仅适合西式快餐，也适合下午茶等场景。在产品方面，坚守"炸鸡专家"定位，同时开发更多适合中国人口味的快餐品种，定期更新菜单，以避免老顾客感到菜品单调。在服务与沟通方面，追踪年轻人的兴趣点，充分利用与游戏、体育、娱乐、文化等行业的合作机会，来创造令人惊喜的顾客体验。

在数字化转型方面，肯德基（中国）充分运用数字技术来改善顾客决策过程，着力提升品牌体验，并且创建了强大的会员数据库，形成了私域流量。通过数字化转型，肯德基（中国）应用自有 App 及其他在线媒体与电商平台，构建私域，将线下顾客转变为在线用户，并应用一系列人工智能算法，分析用户行为、产品评价等相关数据，智能地分析顾客喜好，提高了客户消费的决策效率，也为自身产品创新并开拓新利润空间提供了更多的可能性。

品牌私域包括三个技术层面：业务中台、移动应用和数据中台（见图 4-9）。具体来说，建立业务中台，即企业通过自有 App、官网、微信公众号、微博、电商等平台，为私域营销提供基础与支持；管理数据中台，包括收集与分析用户的行为、兴趣、需求等数据，建立用户画像，开发大数据与人工智能技术等，目标是为消费者决策过程提供增值服务；在此基础上，品牌可以创造以自有 App 为主体的全域品牌体验，能够向消费者提供全天候（24×7）互动的能力，也能够支持消费者发送个性化的营销指令，从而实现智能营销，服务消费者决策过程。

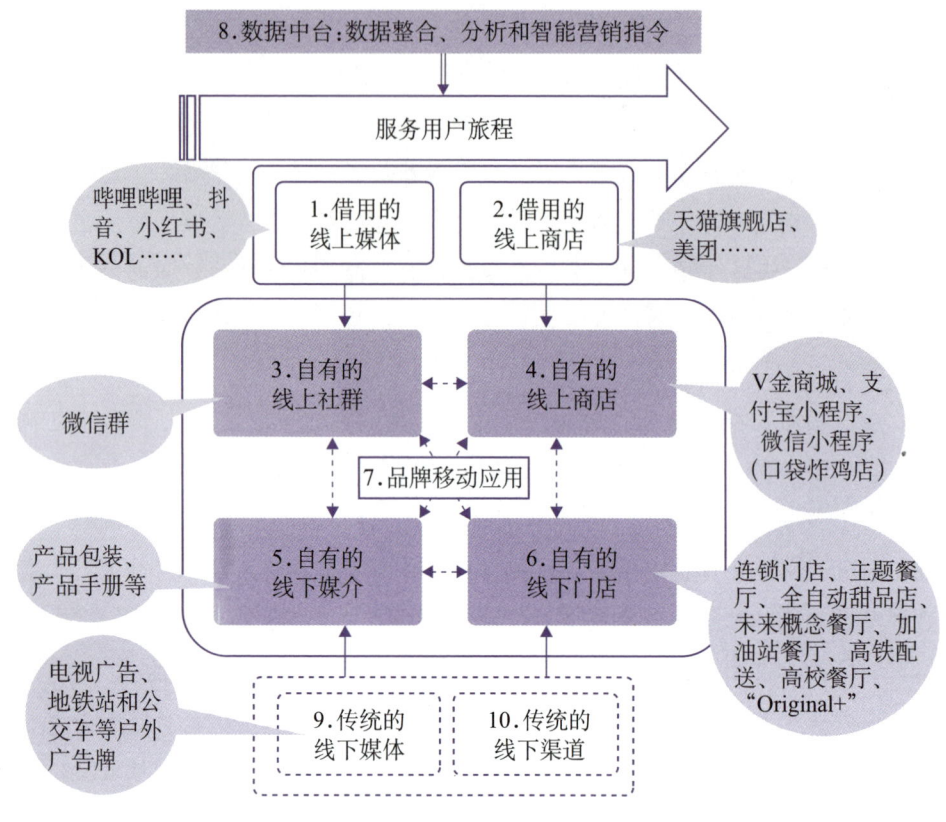

图 4-9 肯德基（中国）的品牌数字化转型路径图

1. 业务中台：品牌私域的四个功能模块

消费者的注意力总是在公域、私域中游走。品牌数字化转型的重要目标，即是将消费者从公域吸引到私域中来，并将消费者留在私域。以打广告为代表的公域营销，目的是扩大宣传和增加销售；而以维护与顾客的长期关系为目标的私域营销，营销费用体现为直接为顾客提供优惠券、积分奖励等，增加了会员福利。业务中台关注的就是运营好品牌私域的四个功能模块——线上社群、线上商店、线下媒介和线下门店。

对肯德基（中国）来说，公域是通过付费广告、KOL 等形式吸引消费者的重要途径（见图 4-10）。比如，借用的线上媒体，肯德基（中国）充分利用社交媒体，包括年轻人常用的哔哩哔哩、抖音、小红书，还邀请了多位明星代

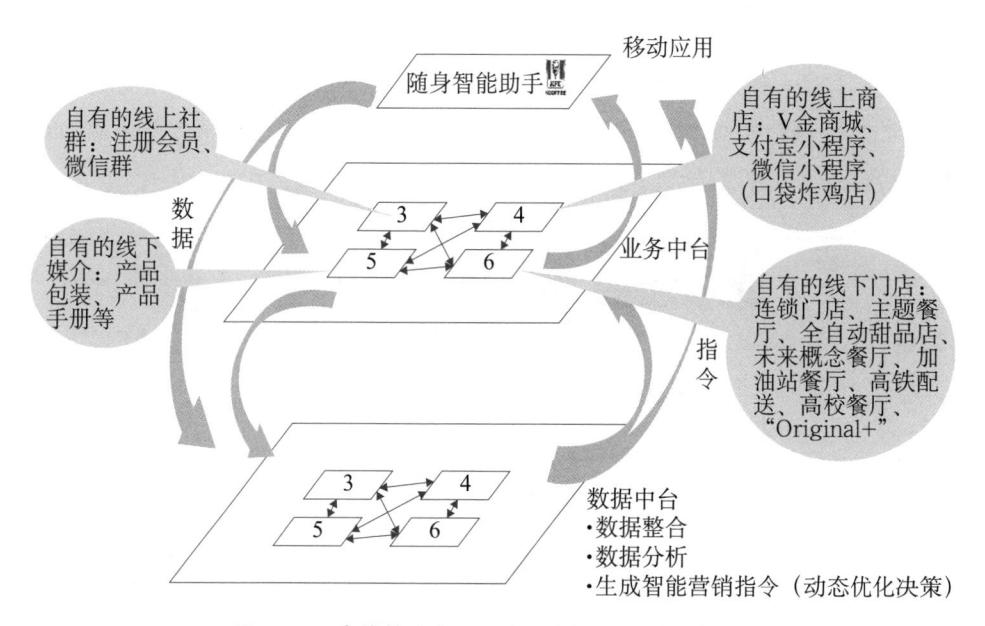

图 4-10　肯德基（中国）的品牌数智化运营动态图

注：业务中台层的数字 3～6 对应的是品牌数字化转型路径图中的模块 3～6；数据中台层的数字 3～6 对应的是业务中台各营销模块沉淀下来的相应数据。

言；借用的线上商店，肯德基（中国）几乎在所有的第三方平台都建立了线上商店，比如天猫旗舰店、美团等。在发力数字化营销的同时，肯德基并没有放弃传统广告渠道，例如，在电视、地铁、公交车等传统渠道投放户外广告。

在品牌私域方面，自有的线上媒体与自有电商，肯德基拥有自己的官网、官微，同时还在微信、支付宝平台开设了与自有 App 功能类似的小程序；线下门店，肯德基除了普通连锁门店之外，还有音乐主题餐厅、电影主题餐厅、未来概念店等，同时还会在加油站、高铁、高校搭建专门的配送渠道；线下媒体，肯德基充分利用自有产品目录、线下商店内的触屏广告等形式与顾客互动。

值得一提的是，小程序能够帮助品牌实现更广泛的覆盖范围，并在一定程度上实现私域运营（见图 4-11）。肯德基（中国）充分利用了"数字营销基础设施"——拥有 13 亿月活跃用户的微信和超过 7 亿月活跃用户的支付宝，利用微信小程序、支付宝小程序激活更多用户，利用微信群运营私域流量。在微信中搜索肯德基，就可以进入它的公众号、小程序、视频号；点击进入到"肯德基+"小程序后，在会员板块里选择"加入社群"，会显示肯德基店长的企业微信二维码，顾客可以扫码添加店长为好友，然后通过微信消息添加社群，获得门店的单品优惠及线下活动信息等。

图 4-11　肯德基（中国）基于微信生态的"私域流量"

微信社群为顾客提供了沟通与购买的新途径，而且可以拉近与顾客的距离。或许一线城市的忙碌白领缺少时间关注微信群信息，但对于肯德基（中国）正在推行的"千镇计划"策略（该计划的目标是将肯德基的经营下沉到三四线城市）来说，这样的微信社群服务是有价值的。因为对于小城镇居民来讲，有温度的社群服务要胜过在线的标准化数字化服务。基于微信社群的营销是肯德基（中国）线上营销的最新探索，能否取得明显成效还需要继续观察。

2. 移动应用：顾客的掌上助手

品牌移动应用的定位，应当是消费者掌上决策和购物的助手。一方面，顾客通过品牌移动应用随时可以接触品牌的私域营销模块——自有的线上媒体与线上商店、线下门店等；另一方面，品牌移动应用随时向顾客提供个性化的信息服务，吸引顾客关注，服务于顾客决策旅程，提高顾客忠诚度与转化率。

肯德基 App 的页面与功能设计，就充分支持了上述目标（见图 4-12）。首先，通过赠送新用户福利与优惠券，鼓励顾客通过门店扫码、微信、支付宝或者在天猫等多渠道注册会员，尤其鼓励下载肯德基 App 并注册会员，吸引线下顾客转变为线上用户。顾客成为会员后，立刻收到积分和专属优惠券，点餐消费后也会获得较多积分，会给顾客一种"小确幸"的感觉。当用户打开肯德基 App，首页里的显眼区域展示了 App 新用户超级福利与优惠券，核心位置提供了"外送到家""到店自取""点 K 咖啡"入口，可以满足顾客订餐的诉求。App 中的"卡包"板块，集合了会员个人资产中的会员码、优惠券、会员权益、礼品卡四项内容，增强用户的圈层专属感与满足感；除了肯德基赠送，用户还可以购买不同类型的省钱卡。V 金商城里的商品类目丰富，包含快餐、生鲜、玩具、数码产品等，不仅开拓了电商业务，还为用户提供了非常丰富的积分兑换选项。另外，肯德基创造了更多的互动与合作推广场景，如签到、点赞、转发返积分活动，提升用户活跃度以及 App 使用时长。

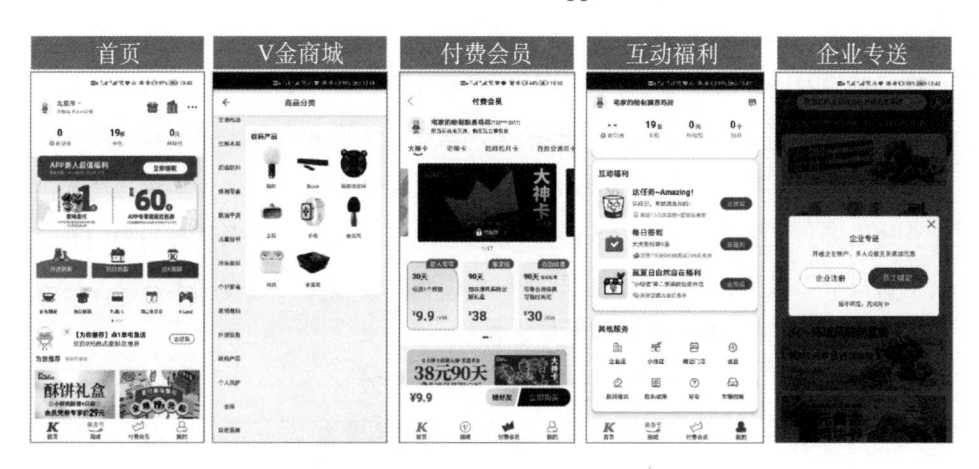

图 4-12 肯德基 App 页面与功能

3、数据中台与智能营销

数字化时代，"用户就是资产"以及"数据就是生产力"的概念在百胜（中国）的数字化团队中可谓深入人心，百胜（中国）将海量的线上注册会员视为一笔巨大的财富。肯德基（中国）截至 2022 年底积累了 3.8 亿注册会员。这个数字意味着肯德基（中国）在品牌数字化转型上的成功——将顾客留在了品牌私域，通过业务中台获取用户数据，通过数据中台描绘出用户画像及其决策过程，并进行个性化的智能营销服务，这些服务又通过以自有 App 为主的渠道传递给用户，形成好的品牌体验。

同时，百胜（中国）通过多个子品牌下积累了超 4.1 亿会员，并打通了各个子品牌的会员体系，比如肯德基跟必胜客之间的会员体系。这样做的好处在于：第一，顾客可以在百胜（中国）旗下不同品牌之间自由切换，享受更多的优惠和服务。第二，品牌有机会吸引其他品牌的会员来消费，能够提升品牌影响力和市场份额。第三，百胜（中国）可以通过会员体系的打通收集和分析更多会员数据，了解会员的喜好和需求，为会员提供更个性化和差异化的产品和服务，提升营销效果和转化率。

基于数据中台的作用，肯德基（中国）可以实现智能营销的目标：第一，通过智能广告推送、优惠券派发等方法，最大范围地吸引顾客关注品牌，提升顾客复购率。第二，通过智能派发优惠券提高客单价，比如，优惠券设有一定的最低消费门槛，引导顾客实现一定金额的"最低消费"。第三，通过数据分析进行精准推送、精准营销，能够降低营销成本，提升营销效率。第四，可以拓展业务范围，开拓新的利润增长来源，比如，消费者在线上下单时，不仅购买餐食本身，同时还会购买肯德基的服务，例如付费购买会员卡以便获得更加专业的服务；再如，肯德基 App 可以做直播电商，直播间曾经取得单场销售破千万的成绩。第五，有了平台、社群、数据和机器的理念，肯德基甚至可以为开展 Web3.0 时代的数字化转型做好准备。

4. 肯德基（中国）数字化转型运营的财务收效

从财务表现情况可以看出，新冠疫情造成大量餐饮企业的收入和利润都在下滑，但百胜（中国）受到的冲击不大，在疫情中表现出了很强的韧性。其中，数字化转型的贡献是明显的：2022 年，肯德基与必胜客餐厅 **89%** 的收入都是数字点餐带来的；而且，肯德基（中国）3.8 亿会员贡献的销售额占其总销售额的比例，达到了 62% 左右。

由于数字化投入较高，尝试的新科技玩法多，肯德基甚至被称为是一家"卖炸鸡的科技公司"。本文主要探讨了顾客能够感知的数字化，而在顾客看不见的地方，如供应链、物流、库存管理等方面，肯德基也充分利用数字化技术，实现高效管理。2021 年，百胜（中国）在上海、南京、西安三地开设了数字化研发中心，利用大数据、人工智能、中台及数字化餐饮云服务等技术，开发新的解决方案及服务，推动公司端到端数字化建设，以增强数字化能力。

对于百胜（中国）来说，数字化转型是管理层非常看重的提升企业竞争力的方法。百胜（中国）CEO 屈翠容（Joey Wat）女士说："我们用数字化不断强化公司的核心竞争力，加宽加深我们的'护城河'，来锻造更强韧的商业模式，以驱动长期增长。"事实证明，百胜（中国）对数字化的投入得到了很好的回报。

05 线上社群
第五章

主题

线上社群在品牌数字化转型中的作用
线上社群在消费者决策过程中的作用
如何搭建与运营线上社群
众包理念在品牌建设中的应用

示例

蔚来汽车，耐克，大疆，丝芙兰，平安好医生，小米手机

── // 引例 // ──────────────

"600万人社区"：蔚来汽车建立私域，经营用户体验

小陆和他的朋友小吴购买了特斯拉，但他们的共同好友小林买了蔚来汽车。在购买汽车之后，小陆、小吴和小林就体会到了两家车企经营理念的不同。

"对用户好，我们不会死"，蔚来汽车创始人李斌这样说。蔚来汽车，自2014年创立起就注定是一个具有互联网思维的企业。蔚来将汽车的购买者定义成用户，提出经营用户终身体验的概念，将用户体验、社群连接和生活方式这

三个维度进行有机的动态组合，构建了完整的用户运营系统。这样的理念使得蔚来自然地切入用户购买后的各个使用场景，给用户提供了源源不断的体验和惊喜，几乎所有用户都能感受到蔚来对用户发自内心的用心。小林经常跟小陆和小吴分享自己作为蔚来车主的美妙体验和归属感：

- 蔚来通过不断更新的软件和硬件组件来提升汽车的性能和体验，每个月都感觉自己在开一辆新车；
- 无论驾车到哪里，都可以轻松通过手机应用找到充电桩，满足充电需求；
- 在外地出差时，可以通过蔚来官方网站或移动应用租用一台蔚来汽车；
- 当有建议要向蔚来反馈时，可以通过手机应用直接与专属服务经理沟通，甚至有机会得到李斌的亲自回复；
- 作为核心用户，被邀请参与管理蔚来基金；
- 与其他蔚来用户自发组织驾车出游，激发了自己对生活方式更多的美好向往；
- 可以在 NIO Life 购买蔚来为用户精挑细选的 200 多万件品牌衍生品，体会到用车过程中的全方位呵护，让自己感到购买的不仅是一辆车，而且是一种全新的生活方式，幸福感大增。

因此，当蔚来的股价快要跌破 1 美元时，小林自掏腰包为其包下出租车广告，逢人就推销蔚来汽车。

蔚来与用户的这种相互依存的关系是如何形成的？蔚来的用户社群发挥了很大作用。蔚来设置了服务用户的多个部门，比如蔚来移动应用（NIO APP）、蔚来中心（NIO House）、蔚来生活（NIO Life）、蔚来能源（NIO Power）和蔚来服务（NIO Service）等等。其中，蔚来移动应用能够将每个用户与蔚来线上社群连接起来，持续吸引新用户和精细化运营用户体验，是蔚来搭建社区的重要途径；蔚来中心则举办了大量的线下社群活动，对于增强用户黏性、提升用户归属感发挥了较大作用。

2016 年 11 月，蔚来 App 上线。最初，这款 App 只有简单的发帖、用户积分签到、礼品兑换的功能。为了打造深度社交圈，蔚来在私域 App 里做起社群运营，鼓励用户建立社交关系。并且，这个社区不设身份门槛，无论车主还是非车主都可以加入。新的App由"发现""朋友""购车""惊喜""我的"五个部分构成，是微信、微博和网上商城的结合体。蔚来线上社区采用了两套激励体系——蔚来积分和蔚来值，激发用户活跃在线上社群，为品牌贡献自己的力量。经过七年左右的积累，截至2023年秋季，蔚来App已有600多万注册用户，周活跃用户近70万。

2017，第一家蔚来中心在北京长安街开业。区别于传统汽车品牌4S店，蔚来中心作为蔚来汽车的线下体验店，除了汽车展厅功能之外，还为用户提供了专属空间，可以供用户办公、阅读、休闲、聚会、举办活动等。蔚来中心是品牌价值向线下服务的延伸，是属于蔚来用户和朋友们的生活空间，即"第二个家"或"第三空间"，是蔚来用户分享欢乐、共同成长的生活方式社区，体现了蔚来对汽车行业用户体验的思考和重塑。

虽然蔚来在社群运营上花了很多钱，但是相比于把同样的钱投入到广告或者其他营销渠道来说，投入在用户社群上的价值要大得多。美好的用户体验培养了一大批核心用户，他们对品牌有较高忠诚度，能够给品牌带来很多好处：首先，他们有可能复购蔚来汽车；其次，他们还可能帮蔚来做推广，老客户现身说法的影响力要远远大于广撒网漫天做广告；再次，他们很可能会购买蔚来生活产品给品牌带来直接收入，这些产品上并不明显的蔚来标志都可能引起更多潜在消费者的关注；最后，丰富的线上线下社群活动，给车主提供了大量可以分享到社交媒体的素材，起到吸引新用户的作用。

相比之下，特斯拉的营销策略是流量为王，通过不断地对同款车型进行降价来吸引新用户。然而，便宜的价格虽然能够吸引潜在客户，却会伤害老顾客的用户体验。

本章最后提供案例分析，更加详尽描述蔚来的私域用户运营体系以及积分激励机制。

在品牌数字化转型路径图中，线上社群（模块3）的搭建目标是，连接新老用户决策过程，利用老用户的线上分享过程（share online，SO）引领新用户的线上研究过程（research online，RO），从而拥有用户决策全过程。因此，搭建线上社群是数字时代营销创新的起点。本章将探讨品牌应如何搭建线上社群，并列举几个典型例子来展示品牌如何通过建立和运营社群来提升营销效果，最后再就线上社群在服务用户旅程以及品牌数字化转型中的重要作用进行总结。

需要特别指出的是，社群是一个概念，社群活动并不局限于线上或线下。本章使用"线上"作为修饰词，主要是因为社交媒体的崛起使品牌利用数字技术链接用户成为可能，同时用户也可以通过数字技术随时找到线上社群。换句话说，私域用户在线下受到时空的约束，而在虚拟世界的社交空间更有可能保持持续的活跃度，线上社群可以视为对私域用户 24×7 全天候开放的社交空间，所以本章将社群称为线上社群。事实上，社群的活动在线上或线下、公域或私域都可以开展。

一、线上社群：概念与举例

社群指某一特定区域或边界内，基于共同兴趣、职业、文化、地理位置等因素聚集在一起的群体。数字媒体出现之后，社群逐渐突破线下时空的限制，线上社群变得普遍，并被品牌应用在商业领域。本章对线上社群作出如下定义。

线上社群（online community）是指在基于互联网和数字技术建立的社交平台上，因共同信仰凝聚、共同兴趣吸引、共同利益追求等原因而聚合在一起的人群，旨在通过互联网实现人与人之间的交流、分享、合作和互动。线上社群为人们提供了方便的社交和信息交流平台，可以帮助人们扩大社交圈、获取信息和资源、分享知识和经验、解决问题和开展合作等。线上社群不受地理位置和时间限制，可以汇聚来自全球各地的人，具有很强的互动性和创造性。

如图 5-1 所示，从消费者决策过程的视角看，搭建线上社群的目标是，链接新老顾客的决策过程，让老顾客的使用和分享阶段引领新顾客的意识和研究阶段。品牌可以通过开发社交媒体的功能，把新老消费者的决策过程链接在一起，为消费者自助或者互助地完成决策过程创造条件，帮助消费者实现"一站式"决策过程（详见第三章"重塑消费者决策过程"提及的形成"线"和"网"的过程）。图5-1展示了从链接消费者决策过程引出的线上社群的概念。

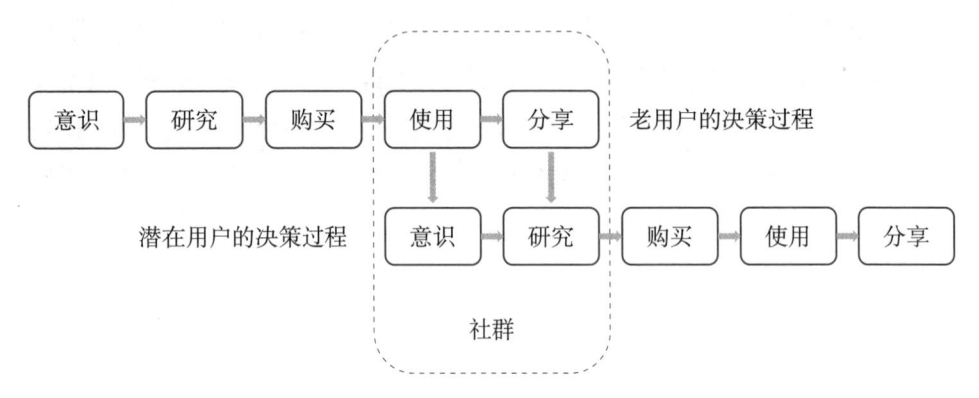

图5-1　线上社群链接新老客户的决策过程

品牌线上社群通常围绕品牌提供的产品或服务而形成，汇聚了品牌的忠实客户，粉丝，倡导者，参与讨论、分享经验并提供品牌相关反馈的品牌员工，甚至仅仅是认同品牌相关的生活方式的潜在消费者。线上社群可以提高消费者的参与度与品牌忠诚度，并创造归属感。线上社群的概念在营销中变得越来越重要，因为它能帮助品牌与消费者建立牢固的关系，获得关于消费者偏好和行为的宝贵信息。

值得注意的是，目前很多品牌还停留在搭建品牌社区的阶段。品牌社区主要是指在借用的第三方媒介，比如推特、脸书、微博和微信等，以品牌为中心聚集的人群，社群成员局限在品牌已有消费者，社区内容局限在品牌自身及自有产品。

本书所倡导的线上社群，是以生活方式聚集起来的用户群体。这意味着，线上社群虽然是由品牌组织和搭建，范围和内容包含但并不局限于品牌社区，而是完全以消费者生活方式为出发点的。作为数字化的信息服务平台，线上社群所汇聚的社群成员以及内容，通常是超越品牌自身，甚至是超越品类的。而且，越是能够超越品牌和品类的社群，越有活力，黏性也越强，能够形成旋转的"轮"。

以下是两个线上社群的例子。

（一）耐克：较早建立线上社群的品牌

耐克是较早提出和建立线上社群的品牌之一。早在 2006 年，耐克就推出了一款内置芯片的鞋。这款鞋可以清晰地记录使用者的运动数据，并通过手机 App 把数据传至云端。使用者初步形成了线上社群。作为一家销售运动鞋的企业，耐克为何要在鞋内安装芯片？又为何搭建线上社群？付出这样的成本值得吗？

耐克线上社群的建立，并不是以销售产品为出发点，而是用来支持品牌定位的。作为品牌商，耐克的品牌定位不再是一家简单的运动鞋生产商与销售商，而是"放手去做（Just do it）"的生活方式的捍卫者。这一定位超越了产品意义，更关注消费者的生活方式与价值内涵。在这个品牌定位下，耐克突破传统思维，投入大量成本，积极使用新技术，为所有热爱运动、支持"Just do it"理念的人搭建起线上社群。这些人既包括已经购买耐克鞋的消费者，也包括有可能购买耐克鞋的人，甚至包括耐克的竞争对手的用户，以及其他热爱运动的消费者。所有社群成员都能够通过耐克线上社群，享受互联网、社交媒体、移动技术和物联网在内的数字技术的辅助，更好地运动和生活。耐克欢迎他们使用社群上的教程、社交功能和数据服务，参加线下组织的跑步活动，强化热爱运动的生活习惯。

以成员的共同价值观为基础，线上社群就更容易形成强大的品牌亲和力与感召力。以消费者及其生活方式为定位的线上社群，内容可以超越品牌和品类，成员们具有共同的价值观、兴趣与生活方式，方便消费者实现互助互利、提升生活品质的目标。当这个社群把群体、UGC 和众包的潜力释放出来以后，新客户与老客户的决策过程可以聚合在一起，消费者的品牌忠诚度也会更高。在线上社群运营过程中，耐克逐渐收获了很多意料之外的好处，譬如提升了客户黏性，积累了宝贵的用户数据。取得这些进展后，产品的销售不过是水到渠成的结果。

> **拓展思维**
> 耐克线上社群的运营与微信群一样吗？

（二）大疆：为用户搭建线上乐园

大疆科技是一家以无人机和云计算为主要业务的中国科技企业，在国内外拥有庞大的用户群体和品牌社区。大疆同时运营多种语言的线上社区，旨在为无人机爱好者、专业飞行员和技术爱好者提供一个互动和交流的平台（见图5-2）。

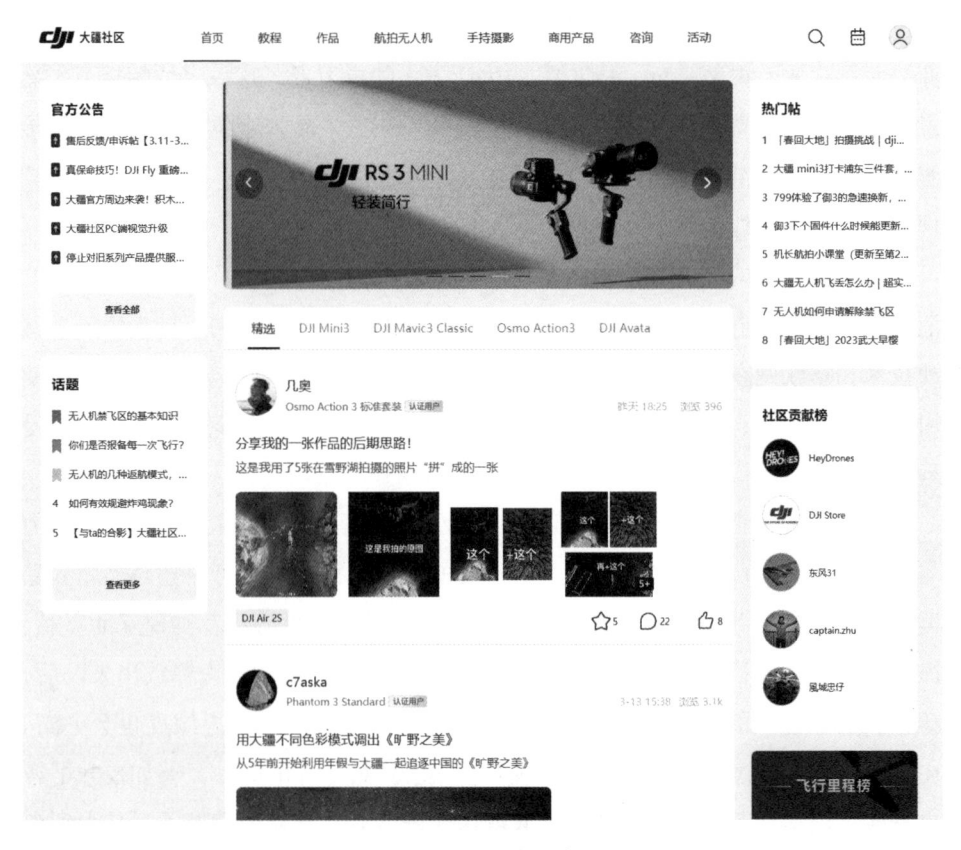

图5-2 大疆社区首页

通过该社区，大疆建立了一个忠实的用户群体和品牌社交网络。大疆线上社群的主要功能包括：(1)交流互动：用户可以在社区内进行交流、提问和讨论，与其他用户分享经验、技巧和知识。(2)教程资源：社区提供大量的教程、视频和文章，帮助用户学习和掌握无人机飞行技能、拍摄技巧和维修知识。(3)活动推广：大疆品牌社区定期举办各种线上和线下活动，包括比赛、培训、研讨会等，提高用户参与度和品牌知名度。(4)产品反馈：用户可以在社区内对大疆产品进行反馈和建议，帮助大疆改善产品和服务。(5)社交互动：社区内提供私信和好友功能，用户可以与其他用户建立联系，分享经验，建立社交关系。

经过精心打造，大疆的线上社群为其消费者和粉丝提供了一个互动的平台，使其可以分享飞行经验、技巧和创意，同时也可以获得大疆的最新产品信息和技术支持。大疆还经常邀请线上社群的成员定期参加各种各样的活动，比如"春回大地"摄影挑战赛，大疆设置了限量奖品邀请消费者使用大疆设备拍照并上传到线上社群，并且要求标明拍摄所使用的设备，用文字说明拍摄内容。与网页版类似，首页展示作品，可点赞互动。

耐克和大疆品牌社群都是品牌为消费者搭建的信息交流平台，以增进其互帮互助，更好地享用产品，提高生活品质。在这类信息平台上，很多内容是用户自主产生的，通常兼具娱乐性，因此可以将其视为品牌为消费者搭建的"线上乐园"。

设想一下，如果搭建社群只是为了给自家品牌做广告和销售，消费者会加入或久留吗？很多品牌在出售产品之后，会引导客户注册成微信小程序里的品牌会员，再派销售人员通过广告和新产品推广的形式进行二次营销。这种做法只是单纯地看到可以利用社交媒体联系用户，就利用新途径去做曝光、推广、购买转化，实际上还是传统营销的思路。在这一模式下，品牌在自己搭建的"戏台子"上对着消费者"唱戏"，而消费者并没有动力与机会去贡献UGC，也缺少品牌建设的"参与感"，他们甚至会选择离开——这与建立线上社群的初衷是相悖的。所以，建立社群的目的不是把消费者聚集到线上，然后就开始打广告、做销售。这种思路下建立的线上社群是无法长久运作下去的。

总之，运营线上社群应当采用用户旅程思维，以生活方式或者价值观聚集新老客户，同时源源不断吸引更多的新成员加入，贡献 UGC，并参与品牌建设。品牌有机会建立和培养一个活跃的、对品牌充满热情和忠诚的线上社群。社群管理人员应该努力创造一个积极的、支持性的环境，增进社区成员之间有意义的互动和关系，并最终推动自身品牌业务增长。

（三）线上社群对重塑消费者决策过程的意义

> **拓展思维**
>
> 回头看品牌数字化转型的路径图的八个基础模块，哪个模块最重要？为什么？
>
> 答案：模块 3 是数字化转型要搭建的最重要的模块，模块 8 在智能化运营中起到最重要的作用。线上社群对品牌拥有和重塑消费者决策过程的重要性体现在以下几点：
>
> 第一，当消费者聚到一起时，他们会讨论产品，以及与产品、品牌相关的生活方式，即贡献相关 UGC。UGC 是极具价值的数据资产，相当于免费的聚焦小组，包含了有关消费者要求、期望、未被满足的需求等丰富信息。
>
> 第二，老顾客与新顾客通过 UGC 连接在一起。换言之，老顾客的分享阶段影响新顾客的意识及研究阶段。在新老顾客的互动当中，老顾客贡献的 UGC 可被视为二手经验，其在教育消费者方面的作用比 PGC 更可信，也因此更有效，因为 PGC 只能算是通用信息。而且 UGC 是免费的，效果却好于付费的广告。
>
> 第三，众包可以通过线上社群实现。第二章提到的营销十步均可采取众包的方式。小米和拼多多的创新型商业模式都是通过类似的线上社群实现的，品牌完全可以按照小米和拼多多的思路，把 UGC 和众包变成营销资源。
>
> 第四，线上社群包含了现有的客户、潜在的客户、竞争者的客户，还有喜爱类似生活方式的更多潜在客户。如果品牌可以建成这样一个活跃的社

群，就可以离消费者更近，倾听、了解、帮助他们，甚至邀请其参与到品牌的建设当中。数字技术给品牌带来新的营销方式，使品牌得以更好地教育与影响消费者。

可见，品牌应该投入资源建设模块3，通过线上社群介入用户决策过程的前端，影响其需求和偏好；还可以利用社交媒体的独特营销功能，即网络、UGC和众包，使消费者互相影响、互相教育，从而以低成本高效率的方式达到"营"的目的。

线上社群的搭建，对于品牌重塑和介入消费者决策过程具有非常重要的战略意义。

第一，线上社群是具有长期性和关系属性的私域。品牌可以通过私域反复触达消费者，积累多源数据，并且自定义多种营销功能来增加品牌体验，有助于增强用户与品牌的互动和忠诚度。相对而言，私域中的其他模块（线上商店、线下门店、线下媒体）所代表的触点是短暂的或交易性的，而线上社群是 24×7 活跃的品牌私域，其代表的触点具有长期性和关系性。

第二，通过私域可以提前介入消费者决策过程。没有社群，品牌通常需要等到消费者进入决策过程中的购买阶段，才能开始与消费者直接沟通。而如果品牌能够建立活跃的线上社群，已经购买的消费者和潜在的消费者都可以实时地"生活"在品牌身边，品牌可以随时触达消费者，从决策过程早期介入和影响用户决策过程，而不是被动地等待消费者进入门店或电商。

第三，线上社群鼓励UGC，而UGC既能完成新老链接，又能积累数据。线上社群是互帮互助的消费者群体。活跃在线上社群的用户会产生大量UGC，可以起到教育新顾客、影响新顾客决策过程的作用，释放了老顾客的社交价值。而且，UGC是富含商业价值的数据，可以帮助品牌积累未来的生产力。

第四，也是最重要的一点，摆脱对平台的过分依赖。线上社群的建立，能够帮助品牌像平台一样拥有和重塑用户决策过程，从而摆脱对平台的依赖。成功运营线上社群的品牌，不需要像传统营销一样在第三方平台花费大量资金引流。

二、线上社群对品牌数字化转型的战略意义

如前所述,从消费者决策过程的视角看,线上社群是私域里最活跃、最具凝聚力的板块,是品牌 24×7 的营销基地,不但可以让品牌直接触达潜在消费者,还可以邀请社群成员为品牌建设献策献力。在服务社群的同时,品牌还可以引导社群完成一些互利的功能,比如:

- 将消费者变成品牌大使,利用 UGC 起到教育消费者的作用;
- 发现与引导消费者对新品类和品牌的需求和偏好;
- 观察用户的使用过程,开发新产品和周边产品;
- 以数据变现,开拓新的利润空间。

建立线上社群是品牌数字化转型最重要的战略投资。从品牌建设的整体视角看,线上社群具有以下四个战略意义。

(一)在私域进行旅程营销,降低成本,提升效果

线上社群的本质,是把消费者的旅程营销做到私域。一个成功的线上社群,可以通过老用户自发产生的 UGC,源源不断地吸引有类似生活方式的新用户加入。有了以兴趣爱好和生活方式聚集起来的线上社群,品牌营销可以更精准、更高效。

UGC 最大的魔力就在于真实,影响和教育消费者的效率高。当其他用户用亲身体验为产品体验做佐证,品牌就有效地完成了营销中的"营"。另外,UGC 营销带有病毒式传播的优势,一个用户的影响力可能是微弱的,但成千上万用户共同创作形成的力量是不可抵挡的。

比如,施华洛世奇搭建社群平台后,其移动端销量增长了 150% 以上,在线销售增长了 50%。而且,有 44% 的线下消费者在购买商品的前七天内浏览了其线上社群平台——该线上社群的价值比谷歌搜索广告回报率高 6.4 倍。

耐克通过精准的社交媒体广告和线上社群管理来提高品牌曝光和用户参与

度，从而帮助耐克节省传统广告开支。此外，耐克越来越注重 UGC，以减少对代言人的依赖。现在，耐克不再依赖于通过巨额广告费聘请迈克尔·乔丹等这类巨星来做代言，耐克线上社群里的每个人都有可能成为"明星"。线上社群里的 KOC 和 KOL，让耐克节省了可观的广告开支和代言人费用。

（二）摆脱对平台的依赖，重新掌握定价权

线上社群可以帮助品牌直接触达和引导消费者的决策过程。品牌基本的营销功能可以在品牌私域内完成，就不再需要花高额成本从第三方平台上购买流量广告和服务。如果把在线上社群培育好的需求直接链接到自营电商，品牌就可以获得可观的销量，而不再依赖于第三方电商。所以，品牌可以摆脱对第三方平台的依赖，重新掌握品牌建设和定价的主动权。

以耐克为例，为什么通过私域能够自主掌控品牌内涵和定价呢？首先要看到在亚马逊这类第三方平台卖鞋的缺点。当用户在亚马逊搜索"耐克运动鞋"时，除了耐克运动鞋，用户还能看到其他竞争品牌的相关推荐，甚至是显眼的其他竞争品牌的付费广告（这正是第三方平台的盈利模式之一）。从平台模式分析，平台甚至可以通过各个品牌运动鞋的售卖数据获得对消费者偏好的洞察，开发自有品牌的运动鞋，与品牌形成竞争关系。当各品牌的运动鞋展示在一个页面时，价格对比可能成为用户的主要考虑因素之一，此时品牌定价权的地位不言而喻。而当品牌通过私域进行营销时，品牌拥有消费者全部的注意力，也更能掌握产品的定价权。

作为国产电动汽车，蔚来汽车可以在品牌和价格上跟特斯拉一争高下，也是因为蔚来从一开始搭建了线上社群，进行私域营销。这不但帮助蔚来摆脱了对第三方平台的依赖，还可直接邀请用户参与到品牌建设之中，从而使用户成为品牌策略和产品定价权的拥护者。

（三）洞察消费者生活方式，开发新业务

消费者在线上平台贡献的 UGC，反映了消费者的生活方式，隐含着大量的关于消费者需求和个人偏好的信息。品牌可以战略性地采集和应用这类

信息，并通过数据挖掘，发现很多有营销价值的洞察，如消费者的生活方式、尚未满足的需求、偏好和爱好、产品使用过程中的痛点、对产品的反馈等等。解码这些信息可以帮助品牌自己开发新产品和新品牌，探索业务增长空间。

比如，丝芙兰（美国）通过观察线上社群消费者对各种美妆用品的讨论，了解到新的需求趋势、哪些产品销量好及其受欢迎的原因、哪些产品需要改进等等。这就帮助丝芙兰找到可以孵化的小众品牌，从而扩展业务量。

同样地，蔚来汽车把消费者定义成用户，借助线上社群聚合他们，在协助他们实现向往的生活方式的同时，开发了汽车周边的服务和产品。另外，用户自发参与各种各样的线上线下活动，也帮助蔚来开发了汽车之外的产品品类，比如与露营相关的产品等。

（四）战略性地收集数据，按照平台商业模式盈利

如果品牌意识到了用户数据与用户价值的意义，他们将会想方设法鼓励消费者贡献 UGC，源源不断地产生数据资源。这些数据对同行及其他的相关产业都会有商业价值。品牌可以像平台一样通过数据和信息服务来盈利，即通过社群上沉淀的数据和流量，为第三方（包括竞争对手）提供增值服务，从而开发新的利润来源。

比如，丝芙兰搭建的 Beauty Board，相当于发动消费者为丝芙兰做了免费的全网调研，可以让其知道竞品的情况、行业的发展动向、消费者的需求偏好等。丝芙兰可以凭借这些数据为竞品或其他品类提供信息服务，像平台一样利用 7 种方式盈利。

肯德基（中国）也同样可以以更大力度引导数据资源的开发，收集线上消费者对其他竞品，甚至其他品类的需求和偏好，以及在寻求其他简化生活的解决方案上的需求——这些信息对其他数字化转型缓慢的企业也有价值。由此，肯德基（中国）甚至可以与竞争者商家、其他品类商家形成互助的同盟关系。在这种关系中，肯德基（中国）提供的是线上信息服务，就像 e 袋洗一样，帮助尚未转型的传统企业发现新的商机。此外，肯德基（中国）还可以考虑把

自己的线下店铺变成其他线上品牌的展示中心，以此链接其他品牌的线上消费者。

总之，线上社群具有重要的社会价值和数据价值，是数字化转型模块当中最重要但投资最不足的一个模块。形象地说，线上社群是私域中的社交空间。线上社群是培养、教育消费者的地方，是智能化营销的基地。线上社群不光让品牌可以 24×7 贴近消费者，而且可以拥有消费者意识、研究和分享阶段的 UGC 数据，这些数据能够揭示消费者的生活方式，可以说是免费的市场调查数据。挖掘这些数据背后的意义，不仅可以为营销十步的各个步骤提供消费者洞察，还可以发动消费者参与到营销步骤中。这样就能够形成一个正向循环的过程，帮助品牌以较低的成本更有效地完成营销功能，进行品牌建设。

三、如何建立和运营线上社群

（一）吸引谁进入线上社群

截至 2023 年秋，蔚来汽车的线上社群注册用户有 600 万，周活跃用户接近 70 万，而只有近 40 万人购买了蔚来汽车。品牌线上社群的人数远远多于车主人数。

蔚来的线上社群为何会出现这种现象？这种看似出人意料的反差，是否合理呢？这就涉及一个问题：品牌应该请谁进入线上社群？

如图 5-3 所示，首先是买过产品的老用户，因为品牌需要老用户分享其使用经验。如果品牌不搭建自有的线上社群，热心的老用户就会跑到许多其他的第三方平台上去分享他们使用产品的心得。对品牌来讲，这是数据与 UGC 资源的流失。

其次是对品牌感兴趣的潜在新用户，因为他们需要老用户的引导和帮助，尽快完成决策过程。当老用户的评分、评论被引导到品牌自有的线上社区后，就会自然而然地吸引研究阶段的新用户到线上社区来寻求老用户的帮助，以完成他们的研究决策步骤。

第三是竞争对手的用户。竞争对手的用户也可以成为品牌的资源。通过了解这些消费者为什么对竞品感兴趣以及他们的生活方式，品牌有可能从竞争对手那里争取到这些消费者——这是品牌增加市场份额的一种惯用方式。在数字时代，赢得目标用户的线上关注度，就是赢得目标用户的第一步；而且，即使一个消费者永远不会购买某品牌，他的反馈也可以帮助该品牌改进产品和服务，贡献数据价值。

第四是有相似生活目标的更广泛的潜在用户，因为消费者通过购买特定商品来实现他们追求的生活方式，反映了一种对生活的诉求，比如买运动鞋是追求健康的生活方式。如果明白了每个产品所代表的生活方式，线上社群就可以吸引到其他品类的消费者，比如滑雪和健康饮食，同时这些话题能够超越产品、品牌和品类，直接触达一种生活方式。这样的社群会更有话题性和社会性——有相似生活目标的用户聚合在一起，会迸发出极大的热情和能量。

综上，如图5-3所示，品牌搭建线上社群，需要依靠老用户的分享来吸引品牌甚至品类的潜在新用户。线上社群需要突破传统的产品、品牌和品类的局限，欢迎竞争对手的用户，因为他们的加入会给品牌提供很好的反馈，同时品牌也有机会把他们转化成自己的用户。如果能够吸引到有类似生活目标的用户，品牌则有机会开发周边产品、拓展品类和提供附加服务。线上社群所聚焦的生活方式领域越有深度，用户分布越广泛，对品牌的商业价值越大。

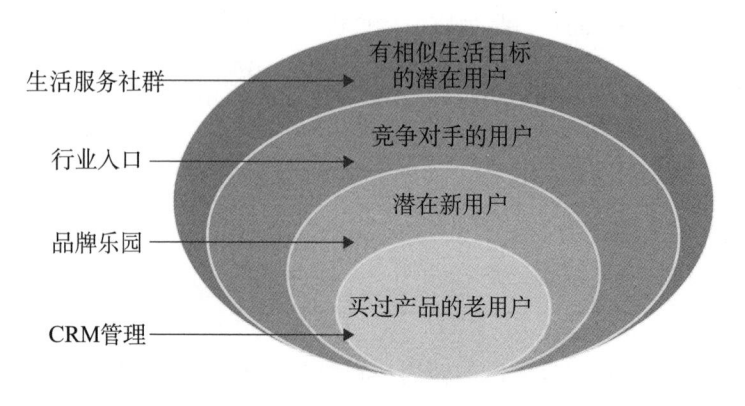

图 5-3 线上社群的用户

（二）选择合理的线上社群平台架构

品牌在建立社群时就要思考：如何选择社群架构，鼓励用户在何种板块分享何种信息，如何设计商业活动才能更有效地促进交流和互助合作。

在设计线上社群的架构时，品牌要提前布局好每个模块的营销功能，比如哪个模块激发消费者产生意识、哪个模块帮助消费者进行研究、哪个模块为购买者提供产品使用的信息、哪个模块促进消费者分享等。品牌要把消费者决策过程中的各个步骤全部纳入进来，按照决策步骤组织好，以帮助消费者进行决策；同时也要预留入口，以便品牌介入消费者每一步决策过程，影响甚至加快消费者的转化，并为智能营销做准备。也就是说，通过模块设计，品牌/商家可以串联并且闭合消费者决策过程，以便进一步实现销售转化。

此处以丝芙兰和平安好医生两个品牌线上社群为例，探讨品牌如何设计线上社群的架构来支持旅程营销。

1. 丝芙兰美妆社群的平台架构（见图5-4）

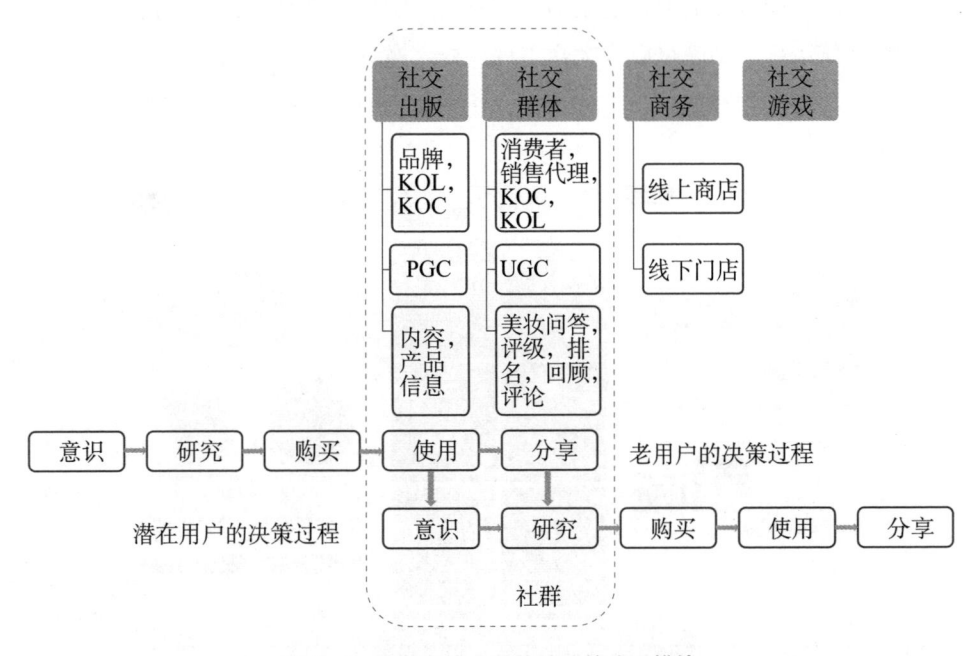

图5-4 丝芙兰线上美妆社群的建设模块

丝芙兰经营多种品牌的化妆品，包括许多小众和新锐品牌。化妆品是社交属性、话题性、娱乐性都非常强的品类，围绕美妆主题的线上社群比较容易吸引用户加入。

首先，线上社群设置社交出版板块（见图5-5），主要功能是帮助消费者产生意识。丝芙兰的社区 Posts（原 Beauty Talk）板块，可以看作美妆领域的推特。社区主页展示了来自用户的 UGC，也邀请了诸多品牌注册与经营官方账户，产出 PGC。这个板块非常适合品牌在官方账户上发布产品信息和进行内容营销，帮助消费者产生对新品类或新品牌的兴趣。

其次，线上社区还设置了社交群体版块，这里的内容对消费者的研究步骤最有价值。用户需要可信的信息来甄别各个品牌发布的广告和产品信息。老用户对产品的评分和评论、对潜在消费者提出的问题的解答，均属于可信的二手经验。丝芙兰的 Gallery（原 Beauty Board）板块和 Groups 板块都属于社交群体形式，是鼓励产生 UGC 的。社交群体板块的设计，需要方便消费者进行一对一或一对多的直接交流，建立信任和友谊，形成互助小组，最大化地鼓励老用户帮助新用户。品牌可以像大众点评一样，邀请老用户到线上社群来评分和评论，并且把这些数据组织整理起来，让新的用户能够很快地按照他们的偏好

图 5-5　丝芙兰线上社群中的 Posts、Gallery 和 Groups 板块

来对多种产品进行排序；也可以采用Q&A等形式，搭建类似知乎的社群平台架构，让用户在上面有问有答，并允许用户之间建立一对一的联系。

总之，丝芙兰线上社区搭建了社交出版和社交群体这两个功能，有效地把老用户的分享和新用户的意识与研究整合在一起。新用户可以从品牌的产品发布和老用户的使用分享中产生渴望，再通过评分评论以及与老用户的问答进行研究。完成意识和研究阶段后，消费者自然而然地进入到购买阶段。此时，品牌再把电商入口接进来，消费者可以直接点进去完成购买，也就是把在线上社群（模块3）形成的对产品的需求，引入到自营的线上商店，这就是线上社群以"营"（模块3）带"销"（模块4）的作用。

> **拓展思维**
>
> 如果丝芙兰代理的品牌花钱请KOL产出内容，应该将其放在PGC版面还是UGC版面？
>
> 建议：最好将其放在PGC版面以引导用户。
>
> 只有PGC的平台是广告和内容信息平台，与传统的黄页并无本质差别。社交群体上最有价值的信息是UGC，因为UGC是真实的，真实性是赢得消费者信任的关键。
>
> 比如，大众点评的价值就在于为消费者提供真实的排名和评价。试想一下，如果去掉UGC，或者把UGC的真实性降低，用户不再信任大众点评上的评论，大众点评也就失去了价值。从这个角度看，品牌需要明确告知消费者哪些是UGC，哪些是PGC——只要是品牌付费聘请的，从本质上讲都是广告，应当将其放在PGC页面；如果品牌没有付费，内容是消费者自发发布的，则可以放在UGC页面。
>
> 只有确保UGC的真实性，消费者才愿意将这个线上社群作为辅助决策的信息服务平台。即使是发生真实购买行为的KOC，如果是品牌付费换来的内容，品牌也应该将其明确标记出来是付费内容，不要将其伪装成自发的UGC。

2. 平安好医生的社群平台架构

平安好医生是中国平安集团旗下的互联网医疗平台，成立于 2014 年。平安好医生通过数字化医疗技术，对医疗资源进行整合和优化，打造了一个全方位的在线医疗服务平台（见图 5-6），旨在为用户提供一站式的在线医疗服务，包括在线问诊、预约挂号、药品配送、健康管理等功能的医疗服务。用户可以通过平安好医生网站或 App 进行在线咨询和预约挂号，也可以通过智能医疗设备享受远程医疗服务。

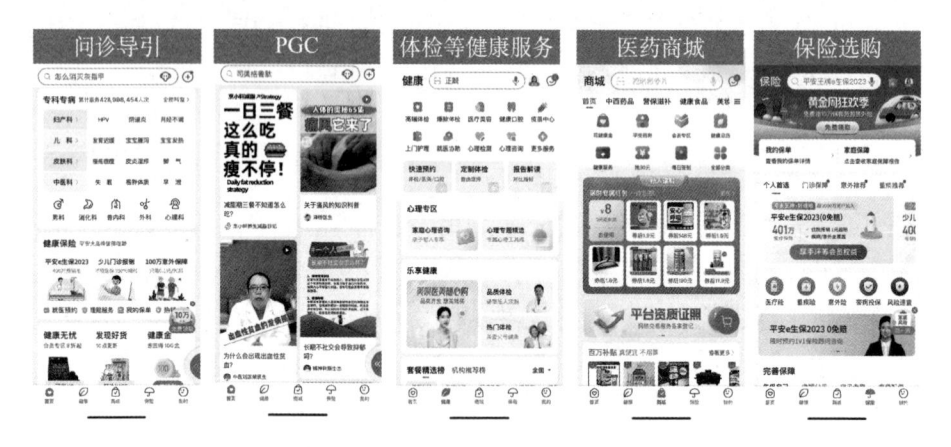

图 5-6　平安好医生集成医疗服务、购药及保险等业务和内容

与丝芙兰经营品牌不同，平安好医生的商业模式深刻地体现了长尾概念：平台起到了匹配医生看诊资源和患者需求的中间撮合作用。通过好医生平台，地域限制被打破了，内蒙古的患者可以找到上海的医生。该商业模式需要平台对信息进行科学整合，才能帮患者找到长尾的医生。消费者（患者）要想知道哪个医生适合自己，不能只考虑医生的名气，还要知道医生的专长。那么，平安好医生的社群架构是如何服务于这一目标的呢？

图 5-7 展示了平安好医生的数据结构。其中，社交出版为医生搭建了一个类似微博的平台，每个医生都可以在个人页面发表自己的观点、研究成果、所获奖项等。医生贡献的专业知识，因为没有来自平台或者品牌的商业动机，相当于 UGC，为平台带来了最基本的元素；同时，医生可以通过 UGC 向消费者展示自己的专业知识，也是对自我品牌的营销。

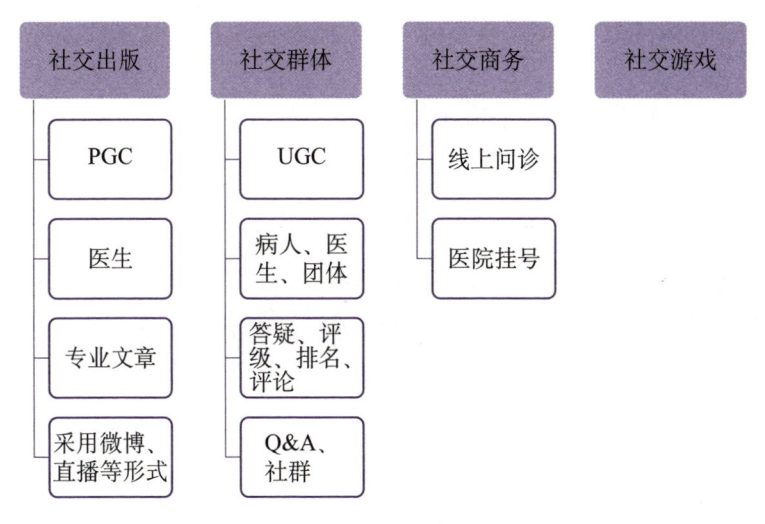

```
社交出版        社交群体        社交商务        社交游戏

  PGC            UGC          线上问诊

  医生        病人、医生、团体   医院挂号

 专业文章    答疑、评级、排名、评论

采用微博、    Q&A、
直播等形式    社群
```

图 5-7　平安好医生的数字平台建设模块

再看社交群体板块，其中活跃的是患者、患者家属和医生。平台允许他们之间相互询问，互通有无，譬如讨论如何预约手术、哪里可以找到停车位、哪里取药等等。同时，针对患者和家属提出的疑问，医生也可以与患者和家属直接沟通，从而帮助病人找到合适的医生。

平安好医生是信息服务平台，帮助匹配患者和医生。作为信息服务平台，策略性地收集消费者的评论和评价特别重要。新的患者在好医生信息平台找医生时，至少有三个信息来源：（1）可以看到医生及其发表的专业文章；（2）与医生直接进行线上问答；（3）看到其他患者对就医过程的评分和评价。通过这样鼓励收集、分析和呈现 UGC 的形式，好医生在一定程度上解决了长尾商业模式中患者对医师信息了解不足的问题。

此外，平安好医生由平安集团创办。平安集团的主营业务之一是保险，其穿越品类，打造数字品牌生态，对其主营业务的拓展也大有裨益。

综上，线上社群的平台结构设计，应当符合消费者的决策过程，在意识阶段应当引入社交出版形式（类似于微博和抖音等），在研究阶段应当引入社交群体形式（类似于大众点评和小红书等）。本书中提到的品牌私域或线上社群，并不意味着品牌需要建立微博、小红书和淘宝的平台商业模式，而是建议品牌利用类似的技术或数据结构,来服务用户决策过程。

(三)如何增加线上社群的活跃度

> **拓展思维**
>
> 如何构建社群的平台架构,鼓励什么样的行为,才能让小陆和小吴这样的新老客户,即使在买车行为结束以后,还愿意留在这个数字社群,不断产生UGC,参与线上线下的各种活动?

一个线上社群搭建完成以后,还需要日常运营。如何设计出符合消费者心理需求与行为习惯的社群运营机制,保留成员并调动其热情是品牌接下来应该思考的问题。具体而言,我们可以从社群成员、运行机制、内容策略、激励机制几个方向着手。

第一,线上社群建成的初期,引导成员加入是第一步。社群搭建者需要通过全渠道的广告和内容运营,吸引消费者加入线上社群。在日常运营中,品牌需要将在借用的线上媒体、线上商店、线下媒介和线下门店所积累的消费者或潜在消费者邀请到线上社群。

第二,用内容持续吸引消费者。线上社群中的内容最好是超越本产品、本品牌的,涉及范围越广越好,要上升到行业层面或消费者生活方式层面。而且,品牌要更多地鼓励社群成员产出UGC而非自己产出PGC,让消费者在社群内畅所欲言,从而吸引更多潜在志趣相同的用户。这样的社群更有可能"转"起来。

根据观察,一些全天候活跃的社群,比如耐克、丝芙兰和大疆所搭建的线上社群,有如下一些共性:

- 以内容和信息服务为主,而不是出售产品;
- 开放性的平台和社群;
- 重视UGC,弱化PGC;
- 突出消费者的生活方式,弱化产品和品牌的信息;

- 覆盖品类或者是超越品类的范围，而不局限于品牌范围；
- 提供解决方案、生活方式指导、品牌体验、情感和联系。

第三，作为线上社群的搭建者，品牌可以鼓励消费者提供各种形式的UGC，包括文字、图片、声音、视频等，让消费者更好地展现个人风采。此外，社群的运营不一定局限于线上，还可以鼓励社群自发组织线下活动，以辅助线上社群的建设。比如，邀请爱旅游的社群出门旅行，并提供方便的工具让他们记录精彩的线下活动，再放到线上吸引更多爱旅游、爱记录的用户。线下的聚合会巩固线上的凝聚。这样的线上群体可成为品牌未来巨大的营销资源。

第四，品牌需要了解消费者愿意为社群做出贡献的心理因素，按照消费者心理设计出一套有效的激励机制，鼓励消费者连续不断地为社群贡献内容，并且参与到品牌建设当中，从而有效地运营线上社群，保持其长盛不衰。

在数字时代，消费者已经渐渐习惯了在线上自发地聚成互利互助的社群。消费者从群体中得到帮助，又会无私地进行反馈。人们为数字社区做出贡献的原因有很多：（1）许多人在数字社群分享他们的知识、技能或专业知识，以帮助他人学习或解决问题，赢得尊重或赞扬。（2）建立自己的声誉或个人品牌，比如成为公认的某领域的专家。（3）通过与他人互动，获得新的见解和观点，成为学习和成长的一种方式。（4）建立关系并扩大自己所在领域的社交网络。（5）过去得到了社群的帮助或支持，希望做出贡献以回馈数字社群。

面向未来，人们为社群贡献内容、参与品牌建设的原因还有更多可能，Web3.0所带来的创作者经济就是品牌未来需要探索的一个方向。比如，线上社群搭建者可以设计游戏化的激励机制，可以建立用户评分系统和社交信用，以及可兑换实物或货币的积分系统，以奖励消费者对社区的贡献。某些品牌如蔚来汽车，使用了基于品牌的社交代币，让产生UGC和参加品牌建设的消费者获得社交代币，用来换取周边产品或其他会员福利。

（四）社群运营的漩涡模式

品牌在搭建线上社群之后，其营销模式变成了漩涡式的，通过链接所有与品牌、产品相关的生活方式的关注者，新老客户之间形成互动互助的社交关系，鼓励他们自发地产生有趣的话题和活动，以源源不断地吸引新客户的加入。这样一来，品牌想找的潜在的目标客户，不是越来越少，而是通过以老带新的漩涡效应把越来越多的潜在消费者聚集在自己的线上社群里。

品牌要做的，只是搭建好社群平台，进行幕后的社群运营。经营用户需要持续关注用户需求，提供优质的产品或服务，建立良好的沟通渠道和忠诚度，运用数据分析和持续创新等，以满足用户需求，改善用户体验，进而获得用户的信任和忠诚度。

蔚来汽车搭建了成熟的线上社群，制定了有效的激励措施。在蔚来汽车的线上社群成员中，富有热情、相对专业的用户能够更深入地参与社群文化体验，在经历从潜在消费者转化为普通车主的场景体验后，往往主动成为社群中的关键人物，将自己看成与蔚来品牌密切联结的一部分，使命感增强，进而通过 App 或线下渠道传播有影响力的意见，在新的潜在消费者需要抉择时成为其购买蔚来汽车的关键因素，如此迭代复制，保持社群的温度，不断壮大社群规模。

四、众包：邀请社群成员参与品牌建设

社交媒体发展的初期，品牌对社交媒体的应用主要集中在对社群上"人多"的概念——看到社群上聚集了众多潜在消费者，品牌开始利用社群的概念打广告做促销。近年来，品牌意识到 UGC 在说服消费者产生购买意愿和进行品牌选择上的独特重要性，又开始进行内容营销，找 KOL 和 KOC 进行产品代言；但其实，众包功能才是社交媒体为品牌带来的最重要的红利，而这一功能尚未被充分利用。

众包可以最大限度地释放线上社群的潜力。正如本书第一章提到的，众包是指品牌通过人与人之间的联系来发动用户共同完成某项营销任务，如团购等。在传统模式中，品牌营销是企业员工的工作，用户购买由专家构想、设计

的产品；在众包模式中，品牌营销是用户可以参与的工作，用户可以从产品构想阶段就参与其中。这一过程看似占用了用户的更多时间，在实践中却常常受到用户的欢迎，因为他们可能获得了参与感、归属感、获得感、被理解与尊重等美好的心理体验。

那么，品牌可以如何充分利用众包功能呢？我们以营销十步为主线，探索用户参与品牌的众包思路。

（一）众包市场研究

数字技术出现之前，品牌很难直接接触到消费者，往往需要通过第三方调研，粗略地完成消费者洞察，然后进行其他的营销动作。如今，线上社群沉淀了大量的UGC，成为品牌免费的消费者和市场研究渠道。

奥地利珠宝品牌施华洛世奇（Swarovski）一直以来颇受年轻人的追捧。该品牌打造了一个以寻找个人风格为主题的线上社群，其目的不是为了做广告或者让商品曝光，而是给消费者提供沟通互助的信息平台——年轻的消费者在此平台上"晒"出自己的漂亮珠宝，也可以告诉网友珠宝的搭配技巧。消费者在这个平台上不仅可以晒首饰，还可以晒搭配、讨论搭配技巧，甚至可以做一些搭配的排名。品牌通过对平台上UGC的观察和整理，了解消费者对饰品需求的新动向，以及其他消费者相关信息，比如，如果消费者不戴施华洛世奇的珠宝，原因是什么？款式不漂亮，还是搭配不容易？等等。

（二）众包STP（细分市场、目标市场选择和确定产品定位）

STP也可以众包。新技术的出现，允许品牌在线上按照生活方式聚拢消费者，用更低的成本更精准地完成STP步骤。社群平台架构做好后，消费者在线上自然而然按照兴趣聚集起来，品牌便可按照每个社群的兴趣偏好精准定位，在线下打造相应的产品或服务满足其需求偏好——这就是品牌利用线上社群，完成线下产品STP步骤的创新做法。

亚朵酒店的发展就运用了社群的概念——通过线上活动，亚朵鼓励消费者按兴趣聚集起来，形成兴趣小组，比如读书小组、创业小组、旅行小组、等等。亚朵了解了每个兴趣小组的规模、成员的地理位置分布。接下来，亚朵按照这些线上信息设计线下的主题酒店，比如为热衷于创业的消费者开设一家以创业为主题的酒店。这家酒店内会设计和搭建类似硅谷咖啡馆的创意空间，方便大家聚在一起讨论；书架上则会摆放创业类主题书籍。这样就顺利地把线上兴趣小组转移到了线下实体店。此时，营销十步中最重要的发现价值的四个动作，也就是研究和 STP 就完成了。

（三）众包开发产品

众包开发产品指将产品研发的某些阶段或任务分配给外部的众包平台或团队进行完成。这种方法可以帮助企业加快产品研发进度，减少成本，并且利用全球范围内的专业技能和经验来提高产品质量。消费者给自己设计出的产品往往是最好的。

现实中，这样的例子并不鲜见，比如星巴克邀请消费者提供产品改进建议，小米在新产品开发过程中也实施了众包。

营销实践

小米独特的众包手机开发模式

对于连续创业者雷军而言，小米科技是他最成功的一次创业。在创业初期，小米通过 MIUI 系统积累了可观的用户群；小米自建的手机论坛拥有大量用户以及丰富的内容，形成了具有典范意义的线上社群；从研发手机开始，小米就邀请用户参与产品设计、研发、软件升级、销售等整个流程，鲜明地体现了众包的作用。

MIUI 系统与论坛

小米推出的第一款产品并非手机，而是基于安卓系统的 MIUI 手机操作系统。MIUI 系统做了符合中国用户使用习惯的改进，让用户操作更容易、更贴心。在 MIUI 系统的优化过程中，小米早期营销负责人黎万强带领团队在知名安卓论坛里发帖交流，努力吸引对开发新系统有热情的用户，并从中选出 100 位超级用户，让他们参与 MIUI 系统的设计、研发、反馈等。这 100 位超级用户是小米粉丝文化的源头，小米会随时响应他们在小米论坛上的反馈，再将精选的新功能更新到每周发布的新版本 MIUI 系统。由此开始，小米逐渐积累起一批忠实粉丝——"米粉"（MI fans）。截至 2011 年 7 月底，MIUI 拥有大约 50 万论坛粉丝，其中活跃用户超过 30 万，总共有 24 个国家的粉丝自发地把 MIUI 升级为当地语言版本，自主刷机量达到 100 万。

自建小米手机论坛

2011 年的 5 月底，小米开始筹备小米手机 1 的发布。在雷军提出的"0 预算"的前提下，黎万强借鉴 MIUI 论坛的经验，建立了小米手机论坛。在小米论坛上，有几个核心的技术板块：资源下载、新手入门、小米学院。在小米手机论坛上，用户可以发帖讨论和分享各种与小米手机相关的话题，还可以通过论坛提出问题和寻求帮助，其他用户或小米公司工作人员会提供解答和支持。此外，小米手机论坛还提供了丰富的软件资源，用户可以在其中下载小米手机的 ROM、驱动程序、主题等。

截至 2013 年 7 月，小米手机论坛总用户数达 707 万，日发帖量 12 万，总发帖量 1.1 亿，规模不可小觑。同时，小米论坛有一个强大的线下活动平台"同城会"，覆盖 31 个省市，各地同城会由粉丝自发组成，他们经常会在小米的支持下，组织线下活动。

尝到用户参与的"甜头"

在黎万强看来，小米是要跟用户做朋友，让用户能够参与到产品设计、研发、软件升级、销售等整个流程里，将用户变成自己的合作伙伴，实质是和用户一起创作产品。黎万强谈到，"我们发现，如果你善待用户，他带给你的好处是超出想象的，他对你的宽容度也是超出想象的。"

在每一代小米手机产品发布之后、正式发售之前，小米都会推出工程测试机，在小米 Logo 的右上角用星号标注区分，让资深米粉试用两个月。小米论坛专门开辟出一个版块收集米粉对测试机提出的建议。比如，容易松动的电池后盖、太软的音量控制键、过短的 USB 线等等。所有问题汇总后，工程师都会在下一批订单中实现改进。这批工程试用机米粉可以选择个人收藏，也可以选择换一台新的量产机。

在这种情况下，一位典型用户分享了自己的参与感："我参与其中，我能够说出我的意见，你能尊重我，并且我的意见能得到相应的体现，我会觉得这个产品我参与了，我会很乐意推荐它，我也能够跟着它一起成长，这个感觉很重要。"

资料来源：长江商学院案例中心.

（四）众包建立渠道

销售渠道和促销渠道也可以众包。微商就是一个寄居在微信上的众包模式，有效承担了渠道、零售商、批发商的功能。

拼多多的成功即是利用了线上社群聚合消费者，吸引他们执行类似于传统的渠道商和销售人员的功能，充分调动其线上线下的社会关系，找到对某个产品或品牌有需求的消费者，他们往往是熟人、朋友或者邻近街区的居民，一起来批量购买某个产品。线上的购物团成员会收到品牌直接邮寄到家里的产品；线下购物团通常会有一个毛遂自荐的团长，帮助品牌进行产品的分发，把寄到社群的产品分发给社群里的其他团员。作为回报，所有参加团购的消费者会拿到非常吸引人的折扣，这个折扣激发了消费者更多地参与团购。用户的参与帮助品牌直接降低了以往在渠道和销售中的费用。品牌把这一部分费用拿出来跟参与团购的消费者共享，也是符合商业逻辑的（更详细的案例描述请见第六章）。

（五）众包广告和促销

众包广告是目前许多品牌都会采用的邀请消费者参与品牌建设的方式。2019年，多力多滋发起了"撞毁超级碗"活动，邀请消费者创建并提交自己的30秒多力多滋广告，有机会赢得100万美元的奖金，并在"超级碗"赛事期间播出广告。该活动收到了4 500多个参赛作品，并在社交媒体上引起了巨大的轰动。

奥利奥饼干在推向国际市场时，并不知道消费者的反应，也不清楚哪些人会爱吃。在此情况下，奥利奥选择向消费者征集品牌广告语和广告创意。结果，全球 20 多个国家的消费者给奥利奥提出了众多富有创意的建议。借助消费者的帮助，奥利奥能更有效地调整产品设计、口味、广告定位以及品牌形象，从而迎合不同市场的差异化需求，最后这款饼干卖得很好。同时，在众包的过程中，消费者对产品和品牌产生了认知，又为品牌节省了广告费用，一举多得。

（六）众包定价

定价是营销十个动作中最重要的一个，也是唯一可以帮助品牌收获价值的动作。那么，价格决策权可以众包吗？

下雨天打不到车怎么办？很多消费者自愿多支付一部分费用，以便优先打到车。这一支付机制如何发挥作用呢？网约车平台如滴滴采用了拍卖定价——在给出最低价格的基础上，允许所有当时需要约车的消费者进行加价"竞拍"。制定最低价是为了保护司机的利益，加价反映了当时消费者的支付意愿。而消费者提交加价意愿的过程，就体现了价格决策权的众包。

因为使用了竞价这一随着新技术的出现而得以实现和广泛应用的价格机制，滴滴在定价策略上更灵活地满足了消费者的需求。这与滴滴的美国同行优步产生了鲜明的对比。优步采用一种动态定价策略，即在供需不平衡的情况下，强制提高价格，以吸引更多的司机。这种定价方法看似尊重经济学规律，能够按照供给和需求产生即时价格，但由于缺少对消费者个人意愿的尊重，引起了消费者的反感。

（七）众包客户关系管理

客户关系管理指的是为消费者提供售后服务，传统的营销要么把对老客户的服务看作成本和责任，把客户关系管理外包，要么把老客户看作二次营销的目标对象，以便增加复购和交叉销售。

数字时代，当消费者在使用产品的时候，遇到问题时，除了找品牌的客服之外，他们还会在第三方线上媒体如百度、知乎或抖音上去寻找其他热心的老用户分享的使用经验。这些热衷于分享的老用户其实是给潜在用户提供问题的答案，帮助品牌客服完成了客户关系管理的一部分工作。

品牌如何最大化地辅助老用户发挥客户关系管理的作用呢？那就是，邀请这些热心的老用户到品牌的自有线上社群，鼓励他们在社群内贡献使用经验。比如，在大疆和丝芙兰的线上社群平台的设计当中，我们都看到了通过链接新老用户，利用老用户的分享来承担客户关系管理的功能。同时，品牌可以充分利用用户贡献的 UGC，比如，将老用户贡献的答案系统化地呈现给其他用户，并开发搜索功能，让新用户能够从所有的数据库中搜索答案。利用 CRM 众包的思路进一步思考，品牌还可以设计合理的平台架构以及有效的激励机制，吸引其他消费者"接单"回答潜在消费者的问题。

拓展阅读　　　　众包客户关系管理可以节省成本

设想一下，小卫买了一台索尼数码相机，他不知道如何使用，把问题贴到了索尼搭建的线上社群，一个活跃在社群上的热心用户小马贴出答案。小卫得到了满意的答案，也就不用再去呼叫索尼的客服中心了。采用在线解答的方式，不仅能使消费者 24×7 都可以搜索查询相关问题和答案，还能为品牌节约成本。

假设索尼客服中心回复消费者提问的成本为每次 10 元，如果 630 人查看了线上答疑板块，且其中 100 人认为小马的答案有帮助，那么小马就为索尼节约了 1 000 元成本。如果小马一年发布了 2 000 条信息，获得了 200 万个消费者的查看，且其中认为小马的解答有帮助的消费者占到 1/20，则小马每年就为索尼节约了 10 万元成本——数字很可观。要想节约这些成本，就要利用数字技术永久存储老用户留下的答案，并且进行编排，支持用户随时搜索。如此一来，索尼就不依赖传统客服中心的重复性劳动了，从而节约了运营客服中心的成本。

总之，品牌如果有众包的意识，市场营销中很多步骤都可以请消费者来帮忙，他们可能比品牌做得还要好。因为众包可以综合大众的智慧，从而避免个体决策的错误。更重要的是，原先所有的营销动作都是以说服消费者为目标的，如今品牌直接邀请他们参与到营销动作之中，这种更为平等的双向沟通更受消费者欢迎，品牌不仅可以做出更精准的决策，而且还节省了推广费用，一举两得。

五、向蔚来学习用户旅程思维、体验思维和共创共建思维

蔚来自定义为"用户企业",运营着一个以车为起点的用户社群,用户在这个神奇的社群里分享欢乐、共同成长,社群成员积极地为品牌建设贡献力量。对蔚来来说,这些用户是最重要的资产,也是作为用户企业的立足之本。这里我们借助蔚来汽车的案例,分析其日常用户运营,向其学习用户旅程思维、体验思维和共创共建思维。

用户旅程思维指的是追随和服务用户完整的数字生命周期,从而实现用户对品牌经济价值、社会价值和数据价值贡献的最大化。作为一个汽车生产厂商,蔚来汽车没有止步于交易,而是将汽车购买者定义为寻找更好生活方式的鲜活个体,通过汽车这个载体与品牌产生实时链接。蔚来汽车通过全面的用户旅程服务,为用户创造卓越的品牌体验,覆盖了购车前、中、后的各个用户旅程阶段。

• 意识阶段:培养品牌认知和兴趣。通过官网、社交媒体和线上广告,展示产品信息、品牌故事和用户体验视频,吸引潜在用户的兴趣。蔚来 App 提供车辆信息、用户社区、试驾预约等模块,让潜在用户方便地获取信息和参与互动。

• 研究阶段:转化潜在用户。提供线上预约试驾服务,让潜在用户亲身体验蔚来汽车的驾驶乐趣和科技感。在各大城市设立体验店和蔚来中心,提供线下车辆展示、试驾体验和品牌活动,增强用户的品牌认同感。

• 购买阶段:提供个性化购车服务。通过蔚来 App 或线下体验店,提供个性化的车辆配置选择,满足不同用户的需求。为用户配备专业的销售顾问,提供购车咨询、金融方案和购买流程指导,确保购车过程顺利愉快。为每位新车主提供独特的交车仪式,增强用户的仪式感和归属感。

• 使用阶段:增强使用体验,丰富生活方式。提供详细的车辆使用培训,帮助用户快速上手并熟悉各种功能和操作。建立蔚来能源(NIO Power),提供便捷的充电解决方案,包括换电站、移动充电车和家庭充电桩,确保用户的充电体验无忧。通过蔚来服务(NIO Service)提供定期保养、维修和紧急救援

服务，保障车辆的长期性能和用户安全。通过蔚来积分系统和会员计划，提供专属优惠、活动邀请和增值服务，提升用户忠诚度。推出生活方式品牌蔚来生活，提供丰富的生活方式产品和服务，增强用户的品牌黏性。

• 分享阶段：社区互动和共创。通过蔚来 App 和蔚来中心，打造活跃的用户社区，鼓励用户分享用车体验、参与品牌活动和提出建议。邀请用户参与产品设计和改进，收集用户反馈，不断优化产品和服务，体现用户共创理念。

蔚来汽车通过覆盖用户全旅程的服务，从品牌认知到购车体验，再到售后服务和社区互动，打造了一套完整的用户体验体系。通过个性化的服务和持续的用户关怀，蔚来不仅提升了用户的满意度和忠诚度，还建立了强大的品牌竞争力。

体验思维是指，整合和协调用户与品牌的所有触点，以达到高度统一的品牌体验。在今天竞争激烈的商业环境中，用户体验至关重要，是品牌脱颖而出的重要策略。品牌需要围绕人，打造一致且可感知的体验。如果一款产品本身触动人心，它的确会深受喜爱；但今天，依靠单一产品包打天下的时代已经一去不复返了。人们每一次与品牌的接触，都在给品牌进行加分或减分，也在形成对品牌体验的预期。蔚来的服务充满着这三个关键词：终身、免费、一键，类似终身免费质保、终身免费换电、一键呼叫服务无忧等等。所有的服务，都在帮助用户和人更好地与产品互动。通过服务，产品动态地陪伴用户经历各个生活场景的变化，用户则全周期多维度体验着蔚来这个品牌。

共创共建思维，也就是众包，是线上社群运营的一个重要概念。现今的数字化时代，如何利用技术链接用户，促成其沟通和合作，实现更多形式的众包是品牌数字化转型重要的一步。搭建线上社群的一个重要目的是邀请社群成员参与到品牌建设当中，这意味着品牌与其消费者或用户共同参与，共同创新和制定策略，从被动地接收信息和规则转变为主动地贡献信息和参与规则制定。这种策略能够加强品牌与消费者之间的联系，并提高品牌忠诚度。共创共建也使品牌能够更好地了解消费者的需求和期望。在蔚来，"用户共创"是通过适当的规则和引导，邀请产品的使用者参与从产品研发到广告推广，甚至规则制定等许多环节。用户提出自己的想法和反馈，让品牌更好地了解自己的同时，也能更好地传达自己的观点，从加入、融入到投入，实现自己的智慧价值，从而让企业与用户实现双赢的创造方式，打造以"人—车—企业"为核心的新生态共生。品牌与用户形成良好互动，协同共进，品牌声誉提升与用户精神增值就能形成正向循环。

小　结

线上社群的搭建是品牌利用社交媒体的技术，开发社交媒体的商业价值（UGC 和众包），从而拥有消费者 RO 和 SO 的决策过程。线上社群的搭建有着重要的营销战略意义——搭建一个互利互助的线上社群，组织消费者贡献一手经验和二手经验，教育潜在的消费者，在一定程度上众包营销的动作。用户沉淀的 UGC 是宝贵的数据资源，他们自发形成的社群隐含着目标客户和定位的密码，成功的社群成为品牌进行智慧营销的基地（见第九章），同时社群所爆发出的群策群力的特质和漩涡模式，又让线上社群成为品牌建设的发力点。

线上社群将成为数字时代品牌的新基因，也是营销创新的起点。线上社群的建立需要突破品牌对产品和竞争对手的传统定义，需要从消费者和他们的生活方式出发，满足他们在数字时代对线上信息服务的需求，不仅要吸引现有的消费者，还要吸引关注品牌或品类的潜在消费者，甚至竞争对手的用户。品牌可借用科技公司的思维，在建立和运营线上社群的过程当中，采用用户旅程思维、社群思维、跨界思维和共创共建思维，最大化地开发线上社群在业务增长和利润实现中的商机。

案　例　蔚来汽车：数字化时代，如何打造用户引擎

数字化，对老品牌来说是与时俱进的选项，对蔚来汽车来说则是与生俱来的特征。蔚来汽车于 2014 年底成立，2017 年 12 月推出首款量产智能电动车，2018 年 9 月在纽约证券交易所上市。2022 年，蔚来营业收入达到 492.69 亿元，当年

交付新车突破12万台。截至2023年8月底，蔚来汽车累计销量已超过38万台。

蔚来入局看似传统的汽车行业，却从一开始就瞄准了数字化运营生态，其倡导的"用户企业""品牌社群"等理念已经深入人心。蔚来汽车是如何践行用户旅程思维、体验思维与共创共建思维的呢？

1. 用户旅程思维

用户旅程思维，指追随和服务用户完整的数字生命周期，从而实现用户对品牌经济价值、社会价值和数据价值贡献的最大化。

这与蔚来汽车创始人、董事长、CEO李斌的思考不谋而合。长期在互联网行业从事创业、管理与投资活动的李斌，深切地认同用户价值，也对汽车品牌与用户的关系进行了系统思考。简单说来，以谷歌、腾讯等公司为代表的互联网平台企业，其估值与商业模式的基础是用户体验与用户价值；与此同时，传统汽车品牌比拼的仍然是汽车本身的竞争力，对用户体验与用户价值极度缺少关注。蔚来创始团队描绘了创业的愿景："我们要创造拥有感，要让相当部分用户觉得这个品牌是他的。"

蔚来公司内部设置了服务用户的多个部门，比如蔚来中心、蔚来生活、蔚来能源和蔚来服务，等等。各部门主要向总裁秦力洪汇报，而考虑问题主要的出发点则是服务用户，提升品牌体验。

用户与蔚来最长期最紧密的接触是使用产品的过程。蔚来能源部门从2017年开始就积极布局充电体系，是为了帮助用户解决"里程焦虑"。在创业初期，李斌就应用众包思维，通过网络论坛调研发现，大众对新能源汽车的主要顾虑之一是"里程焦虑"。如今，蔚来用户除了可以选择公共充电桩、第三方充电桩，更能享受到蔚来的自建充电桩、换电站服务。由于用户在长途旅行中的里程焦虑更明显，蔚来特别重视在高速上铺设换电站和充电桩。截至2022年12月，蔚来累计建成1 315座换电站，其中高速公路换电站346座，在中国完成"五纵三横八大城市群"高速换电网络布局；累计建成充电桩13 384根，成为中国市场建设充电桩数量最多的汽车品牌。这些充换电设施大都以免费或折扣价的方式提供给蔚来车主使用。蔚来首任车主自动享有终身免费质保、终身免费道路救援和终身免费车联网服务这三项终身免费权益，不限期、不限里程、不限距离。①

蔚来服务平台为用户提供贴心的助手服务。比如，当车主遇到交通事故时，只要拨打蔚来救援电话，很快就会有蔚来工作人员来处理，提供维修、纠纷处理等服务。这一贴心服务尤其能够让新手车主更安心地出行。

蔚来在线下为社群建立了社区场所。蔚来中心分布在全国各大城市的核心地带，占地甚至达到数千平米。它们不仅是展示和体验蔚来产品的场所，还为服务用户和举办品牌活动提供了一个有格调的场所。比如，蔚来中心经常面向蔚来车主举办讲座、论坛、儿童生日会等各种活动，车主也可以以十分优惠的价格预定蔚来中心里的会议室、放映厅等各种设施。截至2022年底，蔚来已累计建成蔚来中心99家、蔚来空间303家、服务中心288家、交付中心48家。

蔚来的社群以生活方式作为黏合剂。蔚来生活是蔚来品牌周边销售平台。蔚来推出一系列品牌周边来满足用户车生活之外的需求。蔚来生活包括美食研究所、微醺俱乐部、服装配饰、家居日用等八个板块，能够基本满足用户日常生活的购物需求。这一平台在新冠疫情期间也成为蔚来用户采购的重要渠道。

除了以上列举的种种从用户需求出发的举措，蔚来通过超级数字触点App在线上聚合用户，搭建了引领整个汽车行业变化的线上社群。该社群超越时间和空间的限制，不仅吸引和留住新用户，也源源不断地吸引潜在用户，是蔚来能够实现涟漪模式营销的基础（见图5-8）。从用户旅程的视角看，该社群是一个全天候活跃的数字社群，能够在"线—网—轮"三个层面实现高效的消费者旅程营销。

2. 体验思维

2015年，在创业之初的内部会议上，蔚来创始团队提出判断："汽车产品本身的差异化越来越小，甚至同质化竞争严重，用户体验将决定品牌的差异化定位。"李斌也曾多次表示："蔚来的商业模式是建立在极致的用户体验上的。"

---

① 2023年6月，蔚来全系新车起售价下调3万元，将换电权益和整车购买解绑——新购车用户不再享受过去的免费换电权益，而需付费换电。据蔚来透露，目前用户单次换电的平均成本约为80～100元。与此同时，蔚来推出包含终身免费换电（每月4次）在内的限时权益升级包，价格也是3万元。因此秦力洪对外否认蔚来降价一说，称"实际是从套餐变成单点"。此后，蔚来还推出了一些限时购车优惠，如换电体验券、家用充电桩价格优惠等。

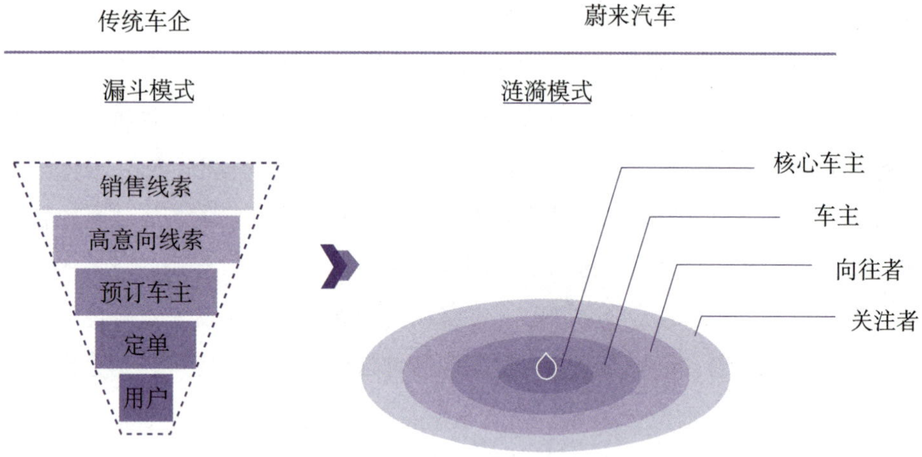

传统车企 vs. 蔚来汽车

传统车企 —— 漏斗模式
- 销售线索
- 高意向线索
- 预订车主
- 定单
- 用户

蔚来汽车 —— 涟漪模式
- 核心车主
- 车主
- 向往者
- 关注者

图 5-8　传统车企 vs. 蔚来汽车营销策略

蔚来与用户的数字触点，分布在车内空间、线下门店、线上社群等渠道。值得一提的是，智能汽车本身就提供了诸多数字触点。蔚来 NOMI 是全球首个真正投入使用的车载智能操作系统。基于车载本地计算能力和联网的云计算平台，NOMI 可以用语音或触控的方式与用户实现人车交互，通过持续记录并学习用户的操作和使用习惯，NOMI 可以根据不同场景适配不同用户的个性化需求。例如，车上的用户可以使用自然语言实现打电话、控制车上的各种设备，包括使用车载导航、调整空调、开关窗户、调整座椅、操作媒体播放器等众多功能。蔚来对 NOMI 系统进行不断的迭代更新，希望让车主能有更好的体验，形成自己的核心竞争力。据悉，为了进一步提升用户体验，蔚来还有自己生产手机的计划。

品牌 App 是决定用户体验的另一个关键。蔚来 App 由蔚来自己垂直运营，车主和粉丝都可以使用。包含五个界面：

- "发现"界面以社交出版为主，包括信息流形式的推荐内容，类似于微信朋友圈的"状态"，基于位置的信息分享"状态"，以及包括购车指南、用户无忧服务等蔚来相关的资讯信息。

- "朋友"界面又细分为"会话"（即时通信功能）、"社群"（线上社群的最新消息）和通讯录，属于社交群体功能。在好友对话框里，App 积分可以作为虚拟货币互相发红包使用，联络感情的同时也激励用户通过签到、做任务、购车及推荐购车等获得更多的积分。每一位正式车主都拥有自己的专属服务群，任何用车问题在任何时间提出都能得到专业解答，这对刚进入新能源汽车这个相对比较陌生的车型使用阶段的顾客来说，无疑提高了安全感。

•"购车"界面属于社交商务功能。用户可以看到在售车型，与蔚来顾问沟通或预约试驾，根据自己的需求选择配置并掌握统一售价。哪怕不是蔚来车主也可以使用工具箱中备受好评的充电地图，缓解"里程焦虑"。

•"惊喜"界面也属于社交商务功能，但售卖的不是汽车，是蔚来打造的原创设计生活方式品牌"NIO Life"相关产品，涵盖食品、运动、家居等日常生活中能创造幸福感的商品，而这些商品都可以用用户积累的积分获得。积分的主要来源有推荐他人或自己购买新车、签到、参加车主活动等为蔚来和社群做贡献的回报。

•"我的"则是属于用户个人的信息沉淀，包括记录自己的签到时长、参与的社群活动、收获的徽章等，增强用户的沉浸感。每一个界面内容在每个用户渐进的体验阶段发挥着不同的作用，增强用户在售前、售中以及售后过程与蔚来的联系，提高了信息的透明度，前置了体验触点，延续了体验过程。

事实上，蔚来在交付第一款量产车之前，真正的产品就是蔚来App，截至2023年秋季，该平台已有600多万注册用户，周活跃用户接近70万。

3. 共创共建思维

前文提到，蔚来通过蔚来值激励用户参与社群活动，并为社群做出贡献。这是众包思维的第一层体现，即激励用户组织与参与丰富的品牌社群活动，与用户共创品牌。当用户在蔚来App、微信朋友圈、微博等平台发布自己亲自参与组织或参与的活动内容，蔚来品牌就实现了高效传播。

NIO Day是每年年末蔚来举行的大型发布会，届时会邀请一些明星作为嘉宾现场演出，这些明星中也有蔚来的车主。除了明星表演外，蔚来每个城市的车主可以自行申办节目，排练好的节目将由组委会审核，通过后将会登上NIO Day的舞台。用户可以通过蔚来值来赢得NIO Day门票，也可用蔚来值为NIO Day的申办城市投票。NIO Day当天，车主可以作为志愿者参与蔚来的活动，也可以租赁摊位展示自己所经营的产品，这些便利使得参与用户越来越多。

NIO DAY 从 2017 年开始办。NIO Day 2019 从脚本创作、节目编排、视频拍摄，再到深圳机场与高铁站的接站工作、活动现场的组织工作，每一个环节都有都有蔚来车主顾问团的参与。

蔚来还会为用户组织各项体育赛事，如"蔚来杯"篮球赛、高尔夫球赛、足球赛、"王者荣耀"比赛等。在这些赛事中，参与机制、比赛规则、奖励机制都由用户成立的顾问团来决定，是一场完全由用户组织和参与的赛事。

蔚来也会举行一些专业性较强的活动，如用户展览馆和演说活动。用户展览馆中展出的都是蔚来用户的作品，蔚来还会邀请专业的用户嘉宾参与开展仪式，同时邀请用户来参观展览中的作品。演说活动类似于 Ted Talk，蔚来会邀请一些行业的大咖来进行演讲，和用户分享自己专业领域的见解。

蔚来还邀请用户参与公益活动，如 Clean Park 生态保护项目、大学生电竞工程师等。蔚来做公益不是简单地捐赠物资和资金，而是让用户能够花时间去陪伴、去体验，如为合作的流浪动物保护机构的动物打扫猫舍狗舍，陪伴残疾儿童的成长过程。这样的公益更多是为用户和被帮助对象提供情感连接，带来情感价值。

除了广泛奖励用户参与第一层次的众包之外，蔚来还发动活跃用户参与第二层次的众包：鼓励用户深度参与蔚来经营，成为一家与用户共享价值的公司。比如，在纽交所上市时的敲钟仪式，蔚来邀请了创始版车主代表参与。在公司经营与创新的过程中，以下项目有持续的用户参与。

• 心愿换电站：蔚来在 App 上发布问卷，每位用户可以选择三个自己希望建设换电站的地方，蔚来收集问卷后会选取幸运车主，在政策条件允许的情况下，在幸运用户选择的地方建设换电站。

• 锦鲤换电站：用户可以通过投票选择自己家附近换电站，可以通过自己设计或蔚来团队帮忙设计制作，在换电站绘制自己想要的图案。

• 用户志愿者：用户志愿者参与到蔚来的日常运维中，在收获新奇的体验的同时也能在社区内得到一定的奖励。这项活动深受用户喜爱，因为很多蔚来用户热衷于推荐他们认可的品牌，愿意作为志愿者来为新用户介绍蔚来产品和自己的体验。蔚来参与车展时，也请用户作为志愿者为参观者服务，蔚来为用户提供培训、统一的服装和志愿者证书。蔚来用日常方方面面的服务为用户带来满分体验和价值认可，因此用户愿意为蔚来背书，愿意向更多的人分享自己的使用体验。

• 生活商城模特：蔚来生活上面的所有模特基本都是蔚来车主，只要形象气质符合蔚来的理念，蔚来就会邀请车主拍摄广告片，投放到蔚来生活上。

• 用户信托理事会：蔚来创始人李斌于2018年底拿出5 000万股作为用户信托基金，成立了用户信托理事会，这笔基金完全用在蔚来用户身上。例如，2022年郑州水灾，许多车主被困车中无法逃生，蔚来在这之后便推出逃生锤，这为车主在可能发生的灾害中逃生增加了可能性。2023年北京门头沟地区大雨影响严重，蔚来也为受灾用户发放了救灾物资。

• 用户领航团：拥有蔚来值最高的5%的用户，以及蔚来值排在区域前三名、全国前100名的人，才可以参与到蔚来领航团中。对于蔚来的手机产品，届时会邀请用户来进行测试，用户可以提前使用蔚来的产品，从各类产品发布到运营决策，蔚来用户可以参与到蔚来整个经营过程中来，用户能决定公司的发展，这也是蔚来用户黏性高的原因之一。

4. 用户激励机制

蔚来富有创见性的举措还在于，通过蔚来积分、蔚来值、蔚来股权三个层面的激励制度，鼓励用户从消费者或潜在消费者成为社群参与者，从参与者成为利益共享者。

• 蔚来积分可用于在蔚来生活线上商城买东西，到蔚来中心兑换特饮、体验试驾等，可以广泛地发给线上社区的成员（见图5-9）。蔚来积分有一定的代币意义，体现了Web3.0的理念。

• 蔚来值影响用户在社区大事件中的投票权及获邀参加活动，如获取年度NIO Day 的门票。只有对社区做出贡献的用户才会获得一定的蔚来值，贡献包括自发组织活动、邀请好友首次试驾、成功推荐购车、当车主志愿者等（见图5-10）。

• 蔚来股权：前文提及，用户信托理事会拥有5 000万股蔚来股票的管理权限。这部分股票的收益如何使用由蔚来车主用户通过一定的机制来讨论和决定。蔚来与车主共享收益的方式，让车主一下子从"用户"成为"主人"。

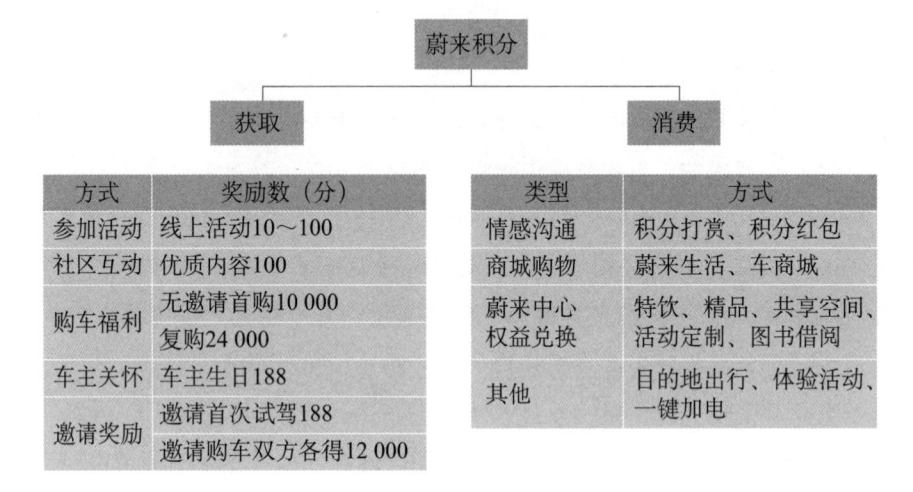

图 5-9 蔚来积分来源与用途

获取	
方式	奖励数（分）
参加活动	线上活动10～100
社区互动	优质内容100
购车福利	无邀请首购10 000 复购24 000
车主关怀	车主生日188
邀请奖励	邀请首次试驾188 邀请购车双方各得12 000

消费	
类型	方式
情感沟通	积分打赏、积分红包
商城购物	蔚来生活、车商城
蔚来中心权益兑换	特饮、精品、共享空间、活动定制、图书借阅
其他	目的地出行、体验活动、一键加电

图 5-9　蔚来积分来源与用途

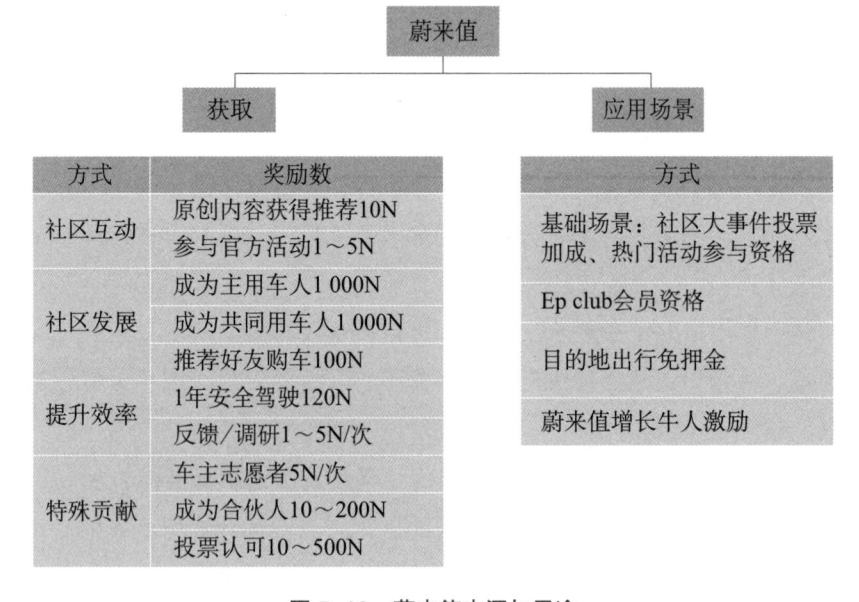

获取	
方式	奖励数
社区互动	原创内容获得推荐10N 参与官方活动1～5N
社区发展	成为主用车人1 000N 成为共同用车人1 000N 推荐好友购车100N
提升效率	1年安全驾驶120N 反馈/调研1～5N/次
特殊贡献	车主志愿者5N/次 成为合伙人10～200N 投票认可10～500N

应用场景
方式
基础场景：社区大事件投票加成、热门活动参与资格
Ep club会员资格
目的地出行免押金
蔚来值增长牛人激励

图 5-10　蔚来值来源与用途

数据说明了蔚来的用户运营是有成效的。在2020年一季度交付3 838辆新车中，老用户推荐的订单比例高达69%。可以说，蔚来坚持把用户放在第一位的原则，帮助蔚来吸引到了"最好的用户"，蔚来也被业界公认为"用户型"企业。目前，蔚来不再公布老用户推荐的订单比例，但在蔚来内部的用户运营蓝皮书中，团队将老用户引荐新用户第一次下载蔚来 App、注册成为 App 用户、第一次走进蔚来中心、第一次试驾等更为具体的行为纳入指标体系。借助数字化工具，蔚来完全可以更细致地考察用户旅程营销的效果。

案例　耐克：用数字技术赋能社群

耐克是一个全球著名的运动品牌，秉承"放手去做（Just do it）"的品牌理念，通过多种方式推广和倡导健康的生活方式和运动文化。为了加强与消费者之间的互动和沟通，耐克积极推动品牌社区建设，通过品牌社区来促进互通、组织比赛、倡导生活方式等。

1. 自建品牌社群

2004 年，耐克创新推出了名为"耐克+"的线上社交平台，为运动爱好者提供了一个交流和分享的平台，这成为耐克数字化战略的重要组成部分。耐克品牌社群将其品牌和消费者之间的互动提升到一个全新的水平。品牌社群提供了各种社交功能，如社交分享、评论、点赞等，使消费者可以与品牌和其他消费者进行交流和互动。耐克的社群不仅仅是一个简单的在线论坛或聊天室，还包括了一系列的社交媒体平台，如脸书、推特、Instagram 等。这些平台让消费者可以更方便地与品牌互动，分享其购物体验、意见和建议。

耐克的社群提供了一些独特的功能，如定制化的产品设计、虚拟试穿等，让消费者可以更加深入地了解品牌，同时也提高了其购物体验和忠诚度。耐克品牌社群能够为消费者提供更加个性化、便捷和有趣的购物体验，同时也能够帮助品牌更好地了解消费者的需求和反馈，从而不断提升产品和服务质量。

耐克的品牌社群还积极组织各种运动比赛和活动，如跑步比赛、篮球比赛等，以鼓励消费者积极参与运动和锻炼身体。这些比赛和活动通常会在品牌社区中发布，并由品牌社群提供报名、排名、奖励等功能，使消费者可以更好地参与其中，并享受运动带来的快乐和健康。

此外，耐克的品牌社群还致力于倡导健康的生活方式和运动文化，通过发布健康和运动相关的资讯、文章和视频等内容，以及邀请健身教练和运动员参与品牌社群的讨论和互动，来激励消费者积极参与运动，拥抱健康的生活方式。品牌社群还提供了健康跟踪、饮食建议、健康计划等工具，帮助消费者更好地管理和改善自己的生活方式。

耐克通过线上社群的建立和运营，成功地将品牌与消费者联系在一起，提高了品牌的知名度和影响力。

2. 内置芯片技术

耐克+芯片技术的背景可以追溯到智能手表、智能手环等智能运动设备并不普及的年代。彼时，运动员需要使用笨重的GPS设备或者跑步机上的计时器等设备来记录自己的运动数据，这些设备不仅不方便携带，还需要大量的操作和设置。

2006年，耐克推出了一项创新——耐克+芯片技术，旨在为运动爱好者提供更好的运动数据记录和分析服务。该技术将芯片嵌入耐克运动鞋，记录运动员的运动数据，如跑步距离、速度、步频、燃烧的卡路里等等。耐克+芯片技术一经推出就引起了广泛的关注和赞誉。

同时，耐克公司与苹果公司合作推出了一款名为iPod Sport Kit的产品，该产品由一个小型传感器和一个接收器组成，可以将运动员的运动数据传输到iPod设备上。运动员只需要将传感器固定在鞋底上，然后将接收器连接到iPod设备上，即可开始记录和分析运动数据。

随着时间的推移，耐克+芯片技术不断改进和升级。现在，用户可以通过将芯片与智能手机等设备配对来实现数据的传输和分析。通过该技术，用户可以更好地了解自己的运动状况，从而更好地制定和调整训练计划。

此外，耐克+技术还可以与社交媒体平台集成。用户可以通过耐克+应用程序将运动数据分享到社交媒体上，在朋友圈或其他社交媒体上分享其运动数据和成果，进一步提升了对运动健身的积极性和热情。

3. 共享前沿科技

如今，打开耐克的手机App——耐克Run Club: Running Coach，与跑鞋相关的生活方式应有尽有，多个板块涵盖了关于跑鞋的一切可能性。让消费者自然而然地聚集到一起。

耐克品牌社群使用的社交媒体技术、移动媒体技术、互联网技术和物联网技术在提高品牌影响力和用户参与度的同时，也与所有用户共享前沿科技带来的便捷。

• 社交媒体技术：耐克通过社交媒体平台如脸书、推特、Instagram 等来与消费者互动和交流，发布品牌宣传内容、推广新品、分享运动故事、与消费者进行互动等，从而扩大品牌影响力，提高用户参与度。耐克还会利用社交媒体平台进行市场调研和收集用户反馈，以更好地了解消费者需求。消费者亦可利用各种社交媒体技术进行社交分享、评论、点赞等功能，使消费者可以与品牌和其他消费者进行交流和互动。此外，品牌社群还支持在社交媒体平台上的分享和转发功能，以扩大品牌的影响力。

• 移动媒体技术：耐克通过移动应用程序来提供各种服务和功能，如在线商店、产品介绍、运动追踪、社交分享等。这些应用程序可以在智能手机和平板电脑上使用，方便消费者随时随地浏览商品、参加活动、购买商品和管理个人信息，增加了用户与品牌的互动和参与度，也提高了消费者的满意度和忠诚度。

• 互联网技术：耐克通过自己的网站提供各种服务和功能，如在线商店、产品介绍、运动资讯、社群交流等。此外，耐克还通过互联网平台开展各种数字营销活动，如搜索引擎营销、内容营销、电子邮件营销等，来吸引消费者的关注，并提高品牌知名度和销售额。

• 物联网技术：耐克通过物联网技术将智能传感器嵌入产品中，可以实时追踪用户的运动数据，如步数、跑步距离、卡路里消耗等。通过与智能手机等设备的无线连接，这些数据可以直接传输到运动员的移动设备上，方便他们进行实时监测和分析。这种技术不仅提高了产品的功能性和体验性，同时也让消费者更好地了解自己的运动状况，从而更好地制定训练计划。

随着人工智能技术的不断发展，耐克的品牌社群开始采用人工智能技术，以提供更好的服务和体验。例如，品牌社群使用自然语言处理技术，以理解和回答消费者的问题和反馈；使用机器学习技术，以改善个性化推荐和商品搜索功能。

这些技术与策略的结合，使得耐克能够在竞争激烈的市场中不断取得成功，也使消费者享受到前沿科技的好处。

另据公开报道，耐克在 2018 年宣布了一项名为"Consumer Direct Offense"的数字化战略，旨在通过数字化技术和线上社交媒体来加强与消费者的联系，提高销售和品牌影响力。在这个战略的推动下，耐克将其在电视和平面媒体上的广告支出降低了 30%，并将更多的资源投入到数字化营销和线上社交媒体上。这个数字化战略使得耐克在数字化领域取得了很大的成功，并成为数字化营销的典范之一。

案 例　大疆无人机：为全球航拍爱好者和软件开发者搭建平台

大疆拥有三大官方社区："天空之城"、"大疆社区"和 DJI 开发者平台，前两者更多的是面向消费者，后者则面向开发者。

"天空之城"旨在为全球航拍爱好者和专业摄影师提供作品展示平台，社区成员间可点赞、评论、分享彼此的作品。同时，该社区还提供热门航拍地点等信息，通过"热门活动"频道，成员可查询并报名参加大疆的新品体验、摄影比赛等活动。"天空之城"还设置了"摄影师"频道，展示热门成员（个人及公司）的作品，汇聚了全球数十个国家/地区的优秀航拍摄影师，在这里他们持续分享着自己独特视角下的世界，不断为大家呈现视觉盛宴。

"大疆社区"包含多个板块：官方公告、话题、热门帖、社区贡献榜、教程、作品、咨询、活动等。"大疆社区"一方面提供产品使用教程，汇集了许多关于挑选和使用产品的帖子，引发成员对使用经验、摄影技巧等的讨论；另一方面也展示成员的摄影作品，邀请其他成员点评互动。成员可根据产品类型（航拍无人机／手持摄影）和具体型号，找到相应机型的讨论帖及由相应机型拍摄的作品。在社区内，大疆还提供官方咨询等服务，以及品牌活动宣传。

DJI 开发者平台是大疆提供的一个开放式平台，为开发者提供了一个使用 DJI SDK（软件开发工具包）开发无人机相关应用程序的机会。在平台上，开发者可以获得 DJI 无人机的软件开发工具包、技术文档、示例代码以及其他相关资源。开发者可以使用这些 SDK 来控制无人机的飞行、拍照、录像、遥控等功能，以及获取无人机传感器和遥测数据。平台还提供了详细的技术文档和示例代码，帮助开发者理解和使用 SDK。这些文档和代码涵盖了各种主题，包括飞行控制、图像处理、导航、地图、人工智能、深度学习等，方便开发者开发自己的无人机应用程序和解决方案。这些应用程序和解决方案广泛应用于各种行业，如测绘、建筑、农业、消防、救援、安防等。DJI 开发者平台还提供了丰富的社区资源，包括论坛、博客、教程和培训课程，以帮助开发者更好地理解和应用 DJI SDK。

此外，DJI 开发者平台还有一个应用市场，为开发者提供了多种营销和销售工具，如应用程序展示页面、用户评价和反馈、销售统计和结算等。开发者可以在其中发布和销售自己的应用程序和解决方案。通过 DJI 开发者平台，开发者可以将他们的创意变成现实，并帮助推动无人机技术的发展。

除了自己打造的品牌社群，大疆的线上社群包括了多个平台，如微博、微信、脸书、推特等，这些平台让消费者可以更加方便地与大疆互动，分享他们的照片和视频，以及提出问题和建议。

此外，大疆有两款热门的手机应用帮助消费者随时随地接入线上社群。DJI Fly 是面向大众消费者的应用，帮助用户更轻松地操作和控制无人机，并捕捉精彩的空中照片和视频；DJI Mimo 是为手持稳定设备打造的专属应用，精准控制云台相机实时预览拍摄画面，提供编辑器以及丰富的模板和配乐，帮助云台使用者增加拍摄趣味，快速成片。这两个手机应用页面内都嵌入了论坛的模块可以导向大疆社区，成为方便消费者随时随地进入线上社群的入口。下载 App 时，大疆还会征询消费者是否加入"产品改进计划"，成为"合作伙伴"或"超级伙伴"。这为用户共创提供了基础。值得一提的是，从大多数页面上看，浏览者察觉不到有关大疆品牌、产品的信息。

06 电商

第六章

主题

技术发展与电商模式演变
互联网+电商，社交+电商，移动+电商，物联网+电商
品牌做自营电商的策略

示例

小红书，拼多多，Stitch Fix，品趣志，抖音电商

引例

沃尔玛——线下商超"上线"

沃尔玛作为一家全球知名的零售巨头，早在2000年就推出了自己的电商网站。但在最初的几年里，该电商网站仅仅是实体商店销售的一个补充渠道。随着互联网普及率的提高，沃尔玛开始意识到电商的潜力，逐渐增加了对在线业务的投资。

比如，沃尔玛对电商业务进行了一系列战略性的收购和合作。其中最值得一提的是，2016年收购在线零售商Jet.com，显著增强了沃尔玛在线业务的技

术和物流能力。此外，沃尔玛还与各种数字化平台和第三方卖家建立了合作关系，有效扩大了其在线商品的产品类目与库存数量。

沃尔玛不断投资，致力于提升顾客满意度和电商服务能力。如推出了"沃尔玛+"会员计划，提供快速配送服务和其他会员福利，以吸引更多在线购物者。为了优化数字化购物体验，沃尔玛推出了移动应用程序和网站，提供"在线下单，到店取货"的选项，使消费者的购物过程更便捷。该应用程序还发放优惠券，提供价格比较、商品搜索等功能。

沃尔玛积极投资于技术和数据分析，以改进用户体验、库存管理和供应链优化。它利用大数据捕捉消费者需求，提供个性化的购物建议。沃尔玛还积极引入数字支付和物联网等新兴技术领域的创新，为零售业的未来带来了新的可能性。利用无人机和自动化机器人等技术来改善配送流程，也是沃尔玛对营销科技的探索方向之一。

得益于诸多类似的举措，沃尔玛成功将大量消费者吸引到自家线上平台。根据2021年《美国连锁商报》发布的数据，截至2020年底，沃尔玛在美国的自营电商业务已经超过了许多竞争对手，排名第二，仅次于亚马逊。

本章将聚焦"品牌数字化转型路径图"的模块4——自有的线上商店，讨论品牌应如何运营自营电商。作为私域的重要组成部分，自营电商可以直接获得销售的利润，且不需要与第三方电商平台分成，从而提高利润率；可以为用户提供更好的品牌体验，从而保护品牌内涵和溢价能力；还拥有数据的自主权和控制权，帮助品牌获得客户的交易和行为数据，从而更好地了解客户需求和购买偏好，优化产品和服务。可见，成功建立自营电商的品牌企业有机会实现更多的营销创新，并借此扩大品牌影响力和销售渠道。

然而，过去的30年中，大多数电商是由平台科技公司搭建的，以综合电商平台和垂直电商平台为主。如今，已有不少品牌试图摆脱对第三方电商平台的依赖，陆续建立起自营电商，培养消费者习惯在自营电商购买品牌产品、在第三方电商平台购买长尾产品的消费方式。但总体来说，尽管有些品牌建立了自营电商，但销量尚不尽如人意。

本书之所以强调品牌建设，是为了提醒品牌在销售产品的同时，保护好品牌内涵和长期利润，这也是本章的意义所在。如引例中的沃尔玛，品牌在建立自营电商时，需要借用一些平台科技公司搭建电商的思路，用技术为消费者减少购物摩擦，丰富购物体验。以下将沿着技术演变的历程，通过对经典和原创案例的分析，对电商发展的逻辑和商业模式创新进行梳理和总结，旨在为有意搭建自营电商的传统品牌生产厂商和品牌零售商提供一些创新的思路。

一、科技发展催生新的电商模式

如表 6-1 所示，依托技术的发展，电商模式先后经历了四次演变和进化。总结起来，电商模式的发展有其内在规律，即不断地运用新技术解决消费者决策过程中的两个痛点。

表 6-1　科技发展与电商模式迭代

技术的变迁	电商模式的演变	消费者购物体验的提高
互联网 + 电商	与长尾产品相关联	独自购物体验
社交 + 电商	增加与他人的互动	互联式购物体验
移动 + 电商	增加了地理位置、时间和情境等因素	实时购物体验
物联网 + 电商	增加了产品所需的一切内容	按需购物体验

一方面，技术升级可降低消费者决策过程中的摩擦力，使购物更快更便捷。例如，在互联网 + 电商时期，消费者需要对自身需求有清晰的认识，通过搜索找到长尾产品，自主完成购物决策；而在社交 + 电商时期，消费者无须自己搜索，KOL 会进行产品演示，告诉消费者什么商品更好；到了移动 + 电商时期，LBS 营销会及时把产品和促销信息推送到消费者的移动终端，方便其随时随地做出最便捷的购物决策；再到物联网 + 电商时期，消费者甚至不再需要自己买东西，打印机监测到墨盒快用完了，就会自动通知消费者，或者直接在电商网站上自动下单。于是，消费摩擦越来越少，消费者体验越来越好（见图 6-1）。

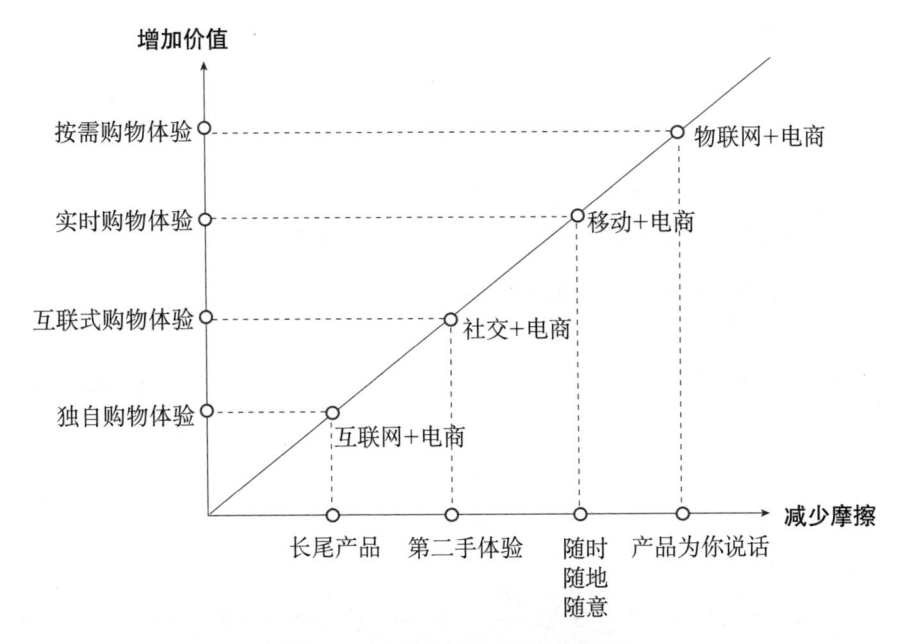

图 6-1 电子商务模式的发展思路

另一方面，技术创新也为消费者的购物体验提供了社交、娱乐和服务等附加价值。在最初的互联网+电商时期，消费者的精力集中在购买行为本身；到社交+电商时期，消费者可以看到其他人推荐的好物，购物的互助性增强了，甚至能为消费者带来社交资本；到移动+电商时期，消费者在观看抖音短视频的娱乐过程中，就可以顺便完成即兴式的购物；到物联网+电商时期，智能"小管家"住进了消费者家里，通过数据和算法不断学习消费者的生活方式，能够准确识别消费者的需求，甚至推断出以后的需求偏好，帮助其完成购物，享受轻松生活。

二、互联网 + 电商

互联网+电商是指利用互联网和电子通信技术进行商业活动的过程，包括在线购物、电子支付、在线广告、数字产品交付等一系列与电子平台相关的商业活动。企业可以使用互联网＋电商来覆盖更广泛的受众，降低成本。

互联网＋电商模式包括企业对企业（B2B）、企业对消费者（B2C）和消费者对消费者（C2C）等。常见例子包括淘宝、京东、亚马逊和沃尔玛等在线零售商，eBay 和 Etsy 等数字市场，以及 Netflix 和 Spotify 等订阅服务。本书第一章提到，互联网技术的精髓是长尾和去中介化，因此互联网＋电商的成功通常也具有出售长尾产品和去中介化两个特质。

拓展思维

1. 如今，淘宝、天猫、京东这些互联网电商已是巨型电商平台，抖音、拼多多等移动互联网电商平台也脱颖而出。在这种情况下，是否还有机会用互联网技术再打造出新的电商平台（综合电商、垂直电商、品牌电商等等）？

2. 是否可以创建一个电商网站，只针对家具家居、纸尿裤、手动剃须刀、眼镜、床垫、生鲜食品、男装中的某一品类？请选出一个你认为最有可能建立电商网站的品类，并阐述消费者痛点是什么，以及应当如何解决这个痛点。

提示：

问题 1，答案是肯定的，这是因为电商的创新不在于使用先进的技术，而在于解决消费者的痛点。消费者的需求常常是变化的，变化也蕴含着新平台的机会。

问题 2，想要寻找商机和创新点，要从消费者身上找答案，然后运用新技术或新商业模式，搭建一个解决方案，来解决客户的痛点。这样就有可能创造出一个创新的电商模式。

以下借用几个经典案例，来诠释和演绎互联网＋电商模式发展的创新思维。这些案例是否持续成功，能否被复制并不重要，重要的是厘清这些原创电商模式是如何解决消费者痛点以及通过创新满足消费者需求的，为品牌有效经营自营电商带来一些启示。

（一）Wayfair：垂直电商

垂直电商（vertical E-commerce）是指专注于销售特定品类或产品的在线零售模式，通常为特定用户群体提供满足其需求和兴趣的精选产品。垂直电商是电商行业的一个增长趋势，因为越来越多的消费者在寻求专门的产品和个性化的购物体验，而这正是品牌建立自营电商的机会。

美国在线家具和家居商品零售商 Wayfair，就是典型的垂直电商（见图6-2）。2002年，Wayfair 创立的契机在于，公司创始人发现了传统家具家居零售行业存在的诸多问题，例如租金和人工成本高昂、展示空间有限和库存不合理，这些问题都限制了顾客的购物体验和选择。举例来说，传统的家具卖场通常将产品按照家具品牌分区展示，且将空间分层利用，小件家具常常被塞在角落。这种设计主要考虑卖场管理方便，并没有以提升消费者购物体验为出发点。于是，这样的场景出现了：消费者走遍各个品牌的家具展厅去寻找心仪的床头柜，费了好大力气才找到散落在角落里的20款床头柜，却无法高效地比较其优缺点，难以选出自己想要的那一款。

图 6-2　Wayfair——美国最大的家具家居电商之一

若可以用互联网的技术解决消费者痛点，将是电商的绝佳机会。于是，Wayfair 团队开始探索用互联网的力量改变行业惯例，他们决定搭建一个大规模的在线平台，使消费者足不出户就可以使用搜索引擎，按照自己的需求从海量产品中轻松找到自己喜欢的家具家居产品。与此同时，该平台也能让家具制造商和供应商更直接地与消费者对话，从而提高效率并降低成本。因此，

Wayfair 搭建起了自营电商，将所有产品目录放在了线上。

然而，垂直电商建立好之后，并没有自动聚集人气，一是因为尚未进行推广，品牌没有号召力；二是因为平台上产品品类少、品牌选项少，无法满足消费者的选择需求。为解决上述问题，Wayfair 邀请所有家具家居品牌商入驻，形成了家具行业的一站式信息和搜索入口，满足了消费者寻找长尾产品的信息需求，解决了线下家具大卖场无法解决的消费者痛点。

同时，Wayfair 利用技术帮助消费者进行线上个性化的搜索和研究。它设计了精细的筛选工具，允许消费者根据偏好选择颜色、材质、尺寸、抽屉数量、柜子把手、风格等等，方便其精挑细选。Wayfair 提供 VR、AR、MR 等工具，让消费者可以在虚拟环境中预览家居商品和家具，对产品的尺寸和外观有更直观的了解。此外，Wayfair 还使用人工智能和机器学习技术来改善其产品的推荐和搜索功能。

通过引入 UGC 与 PGC，Wayfair 解决了消费者的另外两个痛点：第一，不知道产品和服务的可靠性；第二，不知道如何搭配。消费者登录 Wayfair 可以看到，每一件家具、每一家家具服务商都有消费者的评分评论，很多还附有实物照片，给消费者决策提供了有价值的参考信息。Wayfair 每个季度都会推出多名设计师设计的家居设计方案，为消费者提供整套解决方案，提供消费决策灵感。

如今，Wayfair 已经成为美国最大的家具和家居用品电商之一，通过其独特的销售模式和客户服务，一直在家具和家居用品电商领域保持领先地位。Wayfair 的案例足以说明，消费者的痛点中蕴藏着商机。正因为消费者对大件耐用品家具的需求是非常个性化的，品牌可以利用互联网＋电商的技术，充分发挥互联网去中介化和长尾的优势，增加消费者从海量长尾产品中进行搜索比较和个性化选择的可能性。同时，利用平台机制与内容的设计，弥补线下实体店的不足，也弥补电商缺乏亲身体验和人工服务的不足。

国内也涌现了大量的垂直电商，比如酒仙网、每日优鲜。聚焦品类的垂直电商可以为消费者提供更专业的知识和产品资讯，这也是其竞争力所在。Wayfair 这类垂直电商给品牌提供了一个重要的启示：想增加品牌电商的人气，可以考虑接入超越自己品牌甚至品类的 SKU，通过降低消费者决策的成本吸引他们使用电商。也就是说，品牌电商经营的产品数量和品类，完全可以超过品牌自己的产品。

（二）diapers.com：会员制电商

会员制电商（membership-based E-commerce）是指，客户支付会员费成为会员，即可在电商平台上获得独家优惠、折扣和津贴。许多企业使用该模式来提升客户忠诚度并创造稳定的收入。比如，消费者支付亚马逊 Prime 会员年费以后，即可享受免费的两日达送货服务（部分地区甚至可以当日送达），还能观看流媒体视频、使用亚马逊的电子阅读器和享受优惠折扣等服务，而这些会员福利都是非会员无法享受的。

创业者有机会做一家会员制电商吗？马克·洛尔（Mark Lore）与维尼特·巴哈拉拉（Vinit Bharara）合伙创立了 diapers.com，旨在为新生儿父母提供方便、快捷的购买婴儿用品的在线平台（见图 6-3）。该公司以销售尿布和其他育儿必需品为主，并提供免费配送和 24×7 的在线客户服务。diapers.com Plus 是 diapers.com 推出的一项会员计划，用户花费 49 美元即可获得年度会员资格，享受符合条件的产品免费 1~2 天送货、独家折扣和促销活动以及其他专门的客户服务。

图 6-3 diapers.com

尽管 diapers.com 售卖的商品与亚马逊无异，但在目标客户和服务上做了差异化定位,专门服务于特定人群——城市里特别忙碌的年轻父母。由于婴儿成长快,需要用到的生活物品迭代更新也快;同时,在亚马逊的海量产品中搜寻合适的婴儿用品,对于忙碌的父母们而言,是特别耗费时间和精力的。于是,商机产生了:diapers.com 帮助这群人解决痛点问题——消费者成为付费会员,在网站上标注孩子的性别、生日、喜欢的品牌、奶粉与食品过敏信息等,网站就会按照消费者的要求,每月把奶粉、尿布快递到家。

由于直击目标客户群体的痛点,diapers.com 很快吸引了大量年轻父母注册并成为会员。此时,亚马逊担心 diapers.com 抢夺了忙碌的年轻父母这个优质客户群体,于是在 2010 年以 5.45 亿美元收购了 diapers.com。这笔交易成为当时亚马逊最大的收购交易之一。亚马逊自此推出了会员制——亚马逊 Prime 计划。

虽然 diapers.com 被亚马逊收购后于 2017 年停止使用,但这个案例给品牌提供了一个重要启示:即便产品一模一样,只要增加一些服务,吸引的人群就不一样了,盈利模式也不一样了。

拓展阅读 　　　　　　　　　**两部分定价**

从定价理论上讲,会员制定价属于两部分定价(two-part pricing)。两部分定价是一种定价策略,其中企业向客户收取固定费用或基本价格以访问产品或服务,然后根据使用情况或消费量收取额外的可变费用。例如,健身房可能会向客户收取每月会员费(固定费用)以使用健身房设施,然后向需要额外指导的客户收取每次私人训练课程的费用(可变费用)。按照定价理论,收取了会员费之后,应当降低单次使用费用。

两部分定价通常会被服务业所采纳,以销售产品为主的电商在采用了两部分定价之后,应当为付费会员提供更多的服务,包括专属折扣或福利,同时降低会员的单次购买价格。京东、淘宝、天猫也有会员制,推出一些会员福利,如免运费等,以此来留存消费者。

会员制电商增加了服务的属性,对品牌电商的经营有如下好处:(1)增加消费者的留存度和黏性,降低品牌获客成本;(2)支付了年费的消费者更愿意增加复购率,从而"赚回"年费;(3)留存的消费者可以提供宝贵的数据。

（三）Dollar Shave Club：订阅式电商

订阅式电商（subscription-based E-commerce）是指，商家以固定的时间间隔（通常为每月、每季度或每年）为客户定期交付产品或服务。订阅式电商为客户提供了便利性和可预测性，确保他们定期收到所需的产品，而无须反复订购。对于品牌来说，它提供了稳定的销售收入，有助于建立客户忠诚度，并且有利于更好的库存管理和预测。

订阅式单品电商是指以单品或单品系列为主要商品，提供定期订阅服务的电商平台。Dollar Shave Club 就是典型的订阅式单品电商（见图 6-4），其用户是一个小众人群——使用手动剃须刀的人。尽管电动剃须刀已经比较普及，但是，仍有一部分讲究品质与格调的人认为手动剃须刀刮得更干净，依然使用手动剃须刀。

图 6-4　Dollar Shave Club——小众但利润率高的订阅电商

Dollar Shave Club 为使用手动剃须刀的人群解决了两个痛点：

第一，他们有可能忘记定期更换刀片，而变钝的刀片很容易刮破皮肤。于是 Dollar Shave Club 采取创新的方法来卖刀片：消费者不需要定期下单，只需要付一笔年费，填写自己对刀片的偏好信息，就可以每个月收到刀片，不仅省去了周期性下单的麻烦，也避免了因忘记购买而造成的尴尬。

第二，使用手动剃须刀的人其实是对生活方式比较讲究、注重"调性"的人。Dollar Shave Club 就提供更贴近消费者生活"调性"的服务。例如，邮寄刀片时还在包装盒里搭配剃须膏，以及关于剃须和绅士生活方式的精美手册。如今很多地方出现了专营手动剃须刀的高端门店，反映出这一小众人群对独特生活方式的追求。品牌与其花大价钱在第三方平台上，不如聚焦消费者生活方式，通过私域（产品包装）做广告和内容营销。

中国也出现了类似的订阅式单品电商，儿童教育品牌巧虎就是其中之一。新手父母对于低龄子女的发育特点缺少了解，但又非常希望能够以最科学的方式抚养和教育孩子。巧虎的产品，特别是面向 7～36 月龄儿童的订阅盒子，由于能够直击新手父母的痛点问题而受到欢迎。巧虎结合不同月龄儿童的发育特点，每月都会以不同的主题组合多样性的教育内容，包括绘本、益智玩具、手工艺品、互动游戏、实验材料以及配套视频等，让适龄儿童可以持续接触到新的知识和技能，提高认知和应用能力。由于订阅盒子具有连续性，巧虎通过巧妙的设计，可以使孩子们通过持续的学习过程逐渐积累知识和技能，有助于知识的深入和长期记忆。迈入幼儿园阶段，孩子们会逐渐发现自己的兴趣，巧虎也会提供多种不同主题的订阅盒子，带给孩子更加个性化的学习体验。结合儿童年龄和兴趣做订阅式电商的模式，也引起了其他教育或玩具品牌的注意，它们也推出了类似的订阅产品。

Dollar Shave Club、巧虎等例子启示我们，如果能解决消费者的痛点，单品也能做电商。订阅式单品电商可以帮助用户更方便地获取所需产品，享受更为灵活和经济的服务。对于电商平台来说，订阅式单品电商能够提高用户黏性和留存率，同时更好地控制库存和销售预测。举例来说，鲜花、茶叶、文具等重复使用率高的产品，发展订阅式单品电商的潜力是巨大的。电商可以收取月费或年费，并提供相应的产品与服务。这样的电商，虽然服务于小众客户群体，但是业务很聚焦，成本可以得到有效控制，利润率也可以很高。另外，产品的包装是品牌的私域，应当利用好这个宝贵的资源，使其成为旅程营销的一部分，从而降低营销成本。

（四）Warby Parker 和 Casper：D2C 品牌电商

D2C 电商，即直接面向消费者的电商（direct to customer），是指公司通过自有的电商平台直接向客户销售产品，而不依赖第三方零售商的一种商业模式。

1. Warby Parker：直接把眼镜卖给消费者

眼镜听起来似乎是一个不太容易做电商的品类，因为消费者的需求非常个性化，通常需要专业验光并亲自试戴后才能做出消费决策。

不过，有痛点就有机会。在国外，消费者的一大痛点是眼镜售价高昂，大概 400 美元（合 3 000 元人民币）起步；同时，眼镜的成本其实非常便宜。四名沃顿商学院的学生意识到了眼镜行业的定价问题，发现人们为一副眼镜支付了高昂的价格，同时还很难找到喜欢的样式。于是，他们在 2010 年创立了 Warby Parker，通过直接与制造商合作，削减中间环节，降低产品成本，为消费者提供平价眼镜（见图 6-5）。Warby Parker 把眼镜的单价从最低 400 美元降到了 99 美元。这些眼镜的货源，可能是中国最大的眼镜市场丹阳眼镜城，甚至可能以成本价从生产基地拿货。同时，他们也引入了眼镜框的个性化定制服务，顾客可以根据自己的喜好和面部特征选择合适的眼镜款式。

图 6-5　Warby Parker 官网与门店

Warby Parker 为消费者提供以下三种挑选方式：

第一，利用 AR、VR 看镜架试戴效果。Warby Parker 采用了 AR、VR 技术，消费者可以在线试戴眼镜，感受是否美观。但是，特别讲究的人并不满足于此种方式，要求必须看到实物，Warby Parker 也提供亲自试戴服务。

第二，邮寄试戴。Warby Parker 推出了"Home Try-On"服务，消费者可以在线选择五款眼镜样品，公司会将全部样品邮寄到消费者家中，供其亲自试戴。消费者可于试戴七天内决定是否购买，如果对五款都不满意，可以用附赠的写好地址、贴好邮票的信封将样品寄回公司，也可以再选择另外五款邮寄试戴，直到满意为止。

第三，现场试戴。如果挑剔的消费者对以上两种试戴方式都不满意，可以去 Warby Parker 位于纽约、伦敦、巴黎等城市的几百家体验店里现场试戴。不过 Warby Parker 一直保持轻资产模式，线下门店只有体验功能，没有销售功能。消费者试戴满意后，还是要到线上下单。

通过以上三种方式，Warby Parker 的用户可以买到款式满意且价格便宜的眼镜。在 D2C 模式下，Warby Parker 通过直接掌控供应链、产品设计和销售渠道，实现了对产品质量和价格的掌控。Warby Parker 是较早运用 D2C 商业模式的企业，而其诞生也是从找到消费者痛点开始的，通过电商的直销特征，绕过中介和渠道商，从而解决了消费者不希望支付高价的痛点问题，改写了眼镜行业的传统规则。经过持续的创新和发展，Warby Parker 已经成为美国最受欢迎的眼镜品牌之一。

2. Casper：美国互联网床垫品牌

直觉上，床垫不是一个适合开发电商的品类，因为它的购买频次不高、大型家具的物流成本较高，且消费者无法在线上亲身体验床垫的使用感受。不过，Casper 的创始人没有墨守成规，他认为，传统床垫行业的产品设计和购买流程过于复杂，价格也过高，因此决定创立一家更加简单、直接的床垫销售公司（见图 6-6）。

图 6-6　Casper 品牌

Casper 采用的也是 D2C 商业模式，通过在线销售和实体门店相结合的方式为消费者提供床垫产品和相关配件。Casper 的床垫采用全泡沫材质，可以提供舒适的睡眠体验，同时，在线销售和直接发货的方式也能控制成本、降低价格。Casper 还提供 100 晚免费试用和免费送货服务，消费者可以在试用期内随时申请退货；这样一来，消费者的试用成本完全由 Casper 承担，消费者申请试用的积极性提高了。

此外，Casper 还为消费者提供睡眠相关的建议和服务，帮助消费者改善睡眠质量。除了床垫，Casper 还销售睡眠相关配件和家居用品，如枕头、床架、床单等，通过丰富的产品线和相关服务，为消费者提供全方位的睡眠解决方案。

虽然 Casper 也开了线下店，但其线下店不是为了卖床垫，而是用于体验。消费者来到 Casper 的线下店，接待他们的是"睡眠管理师"，让其感受到专业性和权威性。

在以上特性的加持下，Casper 一下子就火了。Casper 案例对品牌的启示在于，传统产品由于属性问题可能看上去不适合做电商，但品牌可以推出一系列符合电商属性的运营方法，使传统产品更适合采用电商经营。

（五）Blue Apron：生活方式电商

生活方式电商（lifestyle E-commerce）是指销售与特定生活方式、兴趣或爱好相关的一系列产品的在线电商平台。生活方式电商以特定生活方式或审美为核心,为客户提供一站式发现与购买相关产品的选项;同时,由于客户群体热爱或精通这种生活方式,电商平台往往有希望以 UGC 凝聚用户,培养有活力的线上社群。

生鲜杂货是一个消费者购买频率高,同时竞争也很激烈的行业。本地化的线下零售店、众多的线上店,使得这个行业已经拥挤不堪。那么,创业者还有机会再做一个线上生鲜平台吗?

Blue Apron 是一个提供在线订购生鲜食品、饮料及调味料等相关食材的平台,同时提供食谱服务,帮助用户在家中轻松准备美味餐点。Blue Apron 意识到,消费者的痛点不是买不到生鲜食品,而是买到食材后不会做饭。越来越多靠外卖度日的城市年轻人希望拥有健康的饮食和生活方式,这正是 Blue Apron 要解决的痛点——教人们怎么做饭。Blue Apron 搭建了一个媒体,为客户整合了各种关于食材和烹饪的内容,包括食谱、小贴士、成分信息和营养信息,还邀请爱做饭的博主分享他们的菜谱,旨在帮助顾客学习烹饪技巧并探索不同的美食(见图 6-7)。

图 6-7 Blue Apron——美国食材配送服务公司

想象一个场景:大卫夫妇闲暇时喜欢在网上翻看各种明星做饭的视频,对各种美食产生了极大兴趣。此时,大卫的太太跟大卫说,你下星期能不能每天给我做饭吃?并且指明周一要吃某网红博主做的寿司,周二要吃某旅欧作家做的意大利面，周三要吃某全职主妇做的同款煎鱼……大卫的太太把一周食谱输入 Blue Apron 之后，她需要的所有食材就被添加到购物车里了。一键下单后，平台上接入的电商会把生鲜杂货送到家中。此外，Blue Apron 平台提供的菜谱也指导大卫如何处理这些食材，最终烹饪出他们想吃的美食。

以上场景中，Blue Apron 解决了大卫的痛点：教他做饭。不过，如何才能鼓励他不仅这一周做饭，而且以后长期坚持做饭呢？其实可以通过一些简单的数字技术来增加消费者的黏性。比如，通过数据记录，让大卫看到在最近一年里，他已经做了 114 顿饭，使用了 271 种独特的材料，已经支持了 41 家当地的小农场，探索了世界各地 20 种不同风味的美食……平台还可以鼓励大卫晒出美食照片或者鼓励大卫太太发表评论，支持链接其他社交媒体平台，让大卫的朋友也可以看见他的作品，点赞他与家人的幸福生活。这些数字就像一个啦啦队，通过可视化赋予大卫一些荣誉感和成就感，鼓励大卫成为平台的忠诚用户。

Blue Apron 利用简单的数字技术重塑了消费者决策过程：首先将经典菜谱汇集到自有网站，再邀请 KOL 和 KOC 贡献个性化、创新性的菜谱与心得，激发用户做饭的积极性；同时，开发简单的应用，方便大卫的太太轻松添加下一个星期的菜谱，根据菜谱生成大卫家下个星期对生鲜产品的购物清单，帮助用户轻松下单；在用户完成烹饪之后，Blue Apron 用简单的数据采集、汇总和可视化的工具，鼓励消费者持续追求健康的生活方式。可以说，Blue Apron 不但从根本上解决了消费者不会做饭的痛点，而且创新了商业模式，与其他生鲜销售商形成了明确的差异化定位。

这个案例对品牌的启示是，做电商不能总是从出售产品的思路出发。即使在一个拥有众多竞争对手的行业，也隐藏着做电商的创新机会。关键在于，找到消费者痛点，比如缺乏生活方式咨询和售后服务；再利用电商的方式去解决这些痛点，就是新的商机。与第三方电商平台如淘宝、亚马逊相比，品牌更有资源来提供决策前端的咨询服务和决策后端的售后服务，从而将消费者吸引到品牌自营电商进行交易。

（六）Too Good To Go 和闲鱼：循环经济电商

循环经济电商（sustainable E-commerce）是指以充分利用资源为目标，促进资源循环利用的电商。对于预算有限的消费者来说，他们本来买不起的一些高品质产品，可以通过循环经济电商到他们手中，并且产生美好的使用体验。

当前，人们环保意识与可持续发展理念不断提升，这推动循环经济成为潮流，二手产品市场（re-commerce）前景广阔。在中国，闲鱼、转转等主流二手商品交易平台的下载量均已过亿。

环保电商可以开发本地性。很多超市和餐馆都担心一个问题，售卖的食品或原材料如果不能出售或用掉，过期了就要扔掉，既带来经济损失，也浪费资源。针对这个问题，几个丹麦女孩建立了社会企业 Too Good To Go，旨在通过减少食品浪费来保护环境并缓解全球食品供应不平衡问题（见图 6-8）。该企业提供一个平台，将餐馆、咖啡馆、超市和酒店等商家与消费者联系起来，用电商的方式帮助这些超市和餐馆售卖临期食品，商家可以在 Too Good To Go 上架临期食品，对价格敏感或环保意识较强的消费者可以通过该平台选择附近的商家，以优惠的价格购买临期食品，并在指定的时间内取走。

图 6-8 To Good To Go——解决食物浪费的电商企业

Too Good To Go 在多个国家和地区都有业务，吸引了大量商家和消费者。作为电商平台，Too Good To Go 使用数字技术将商家和消费者联系起来，使临期食品能够以低廉的价格进行交易。这种模式可以减少食物浪费，帮助消费者节约食物成本，同时也可以帮助商家降低浪费造成的经营成本，并增加额外的收入。

闲鱼是中国最大的二手交易电商平台之一，也是循环经济电商的代表。闲鱼的用户可以在平台自主买卖各种各样的二手商品，包括但不限于服装、鞋类、家具、电子设备、手机、书籍、玩具等。这种交易模式支持物品的循环再利用，减少了资源浪费。闲鱼提供了便捷的二手交易流程，用户可以轻松地发布二手商品信息、浏览商品、达成交易和支付等。闲鱼还搭建了用户之间的交流通道，买家与卖家可以在线沟通商品细节、价格等。同时，闲鱼建立了平台担保机制，有效减少欺骗或虚假交易，更容易促成交易。闲鱼还允许用户根据地理位置查找附近的二手商品和卖家，这有助于减少物流和运输的资源消耗，也可促进本地的循环经济。

以上两个案例告诉我们，电商不一定要涵盖更广的区域，有的时候商机就在本地。此外，许多零售商也开始接受循环经济电商，作为延长产品生命周期和吸引具有环保意识的客户的一种方式。比如，宜家引进循环经济电商，帮助消费者进行二手家具交易，支持了宜家环保的品牌定位。

（七）Shopify：小品牌自助服务式电商

有一类电商并不着眼于消费者的痛点，而是采用互联网技术解决中小品牌商的痛点，Shopify 就是其中之一。

Shopify 于 2004 年在加拿大成立，快速兴起并追赶亚马逊，但二者的商业模式并不相同。Shopify 的逻辑是提供一系列工具和服务，帮助中小品牌创建和运营自己的在线商店（见图 6-9）。其构建的一站式无代码的软件即服务（Software as a Service，SaaS）电商平台，使得面对面销售或通过网站、社交媒体和在线市场销售变得容易。商家可以使用 Shopify 平台来创建可自定义的在线店面、管理产品列表和库存、处理付款以及跟踪订单和发货，以便在全球范围内销售产品和服务。它还提供一系列附加功能和服务，包括营销工具、数据分析工具，以及与第三方应用程序和服务的集成。目前，该公司的应用商店有超过 8 000 个应用程序，已成为许多中小型企业的首选电商平台之一，且在全球范围内拥有大量企业用户。

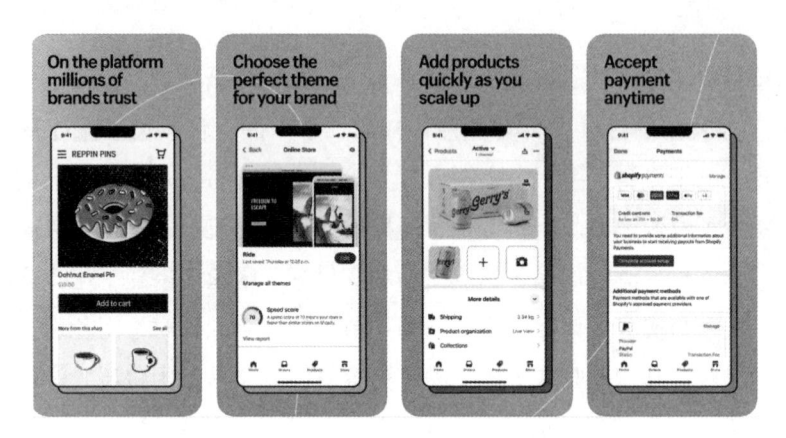

图 6-9　Shopify 帮助在线零售商直达消费者

Shopify 的例子揭示出，电商平台的创业机会可能不限于解决 C 端（消费者）的痛点，也可以着眼于解决 B 端尤其是中小品牌、新锐品牌的痛点，为其提供 SaaS 服务系统，方便其线上线下触达消费者。例如，新锐品牌 All Birds 的自营电商就利用了 Shopify 的服务，使品牌成功走向国际市场。

总之，尽管以亚马逊和淘宝为代表的大型互联网电商平台已经非常成熟，但垂直电商和品牌电商还是会有很大的发展空间。本部分所列的案例表明，创新的源泉还是来自消费者的痛点或者中小品牌的需求。如果一个方案能够使用线上技术解决目标客户群体生活中或经营中的痛点，减少交易摩擦，增加价值，就有可能发展成一个有潜力的电商模型。这也是品牌生产厂商和零售商应该把握的商机。

三、社交 + 电商

通常，社交电商是指利用社交媒体平台或社交网络进行商品或服务交易的行为。社交电商的理念符合营销规律：品牌利用社交网络、UGC 和众包的概念，通过互联互助，帮助消费者完成决策过程，从而把产品很自然地销售出去。

　　与流量为王，面向大众提供长尾品的传统电商相比，社交电商充分鼓励消费者进行社交分享，利用社交影响力来推荐产品，从而影响社群或社交网络中一部分人的购买决策。如果结合第三章中提到的消费者决策过程来分析，传统品牌只抓住了购买和使用这两个环节，而将意识、研究和分享这三个决策过程留给了第三方平台。以小红书为代表的一些内容平台，聚焦被品牌忽视的这三个决策过程，让老用户分享环节的 UGC 能够引领新用户的意识和研究环节，并迅速占领了消费者的线上时间。当发展到一定规模时，这些内容平台就尝试引入电商，从而占据消费者决策过程中的全部五个步骤。

　　需要指出的是，与小红书"从内容平台到电商平台"的转变不同，淘宝和亚马逊这些传统电商平台虽然集成了多种社交媒体功能，如用户评论、产品评级和共享选项等，以打造更具社交性和互动性的购物体验，但是其核心本质还是互联网电商。在本书第四章提出的数字化转型路径图中，社交商务可以被视为线上媒体和线上商店的融合，用 UGC 及其他消费者的二手经验来完成"营"的任务，自然而然引导出消费者购买的欲望。品牌也可以按照以上思路，融合线上媒体与线上商店，建立自有的社交电商。

　　本部分所展示的社交电商案例，大多由科技公司搭建，其中有的是在内容和社群平台上加入电商的功能，有的是在电商平台上加入内容和社群的功能。不过，它们的底层逻辑都是利用老用户的影响力来帮助新用户产生意识或进行研究，从而带动产品的销售。这种利用 UGC 连接新老用户决策过程的思路值得品牌借鉴。

（一）1-800-flowers：社交媒体 + 购物商铺

　　社交购物（social shopping）是出现最早的一种社交商务，允许客户直接在社交媒体平台如 Instagram 或脸书中浏览和购买产品。社交购物可以通过社交媒体上的广告或商家创建的在线商店实现。在某些情景下，社交购物还可以通过社交媒体上的直播或虚拟现实技术实现。

　　1-800-Flowers 主要经营鲜花、礼品篮和宠物食品等产品，通过品牌网站、移动应用程序与社交网站等提供商品销售和送货服务,并拥有一系列子品牌和多个分销中心,能够提供快速配送服务(见图6-10)。

图 6-10　1-800-Flowers 脸书账号

2009年,脸书推出了购物功能,允许商家创建虚拟店面,并在脸书上展示其商品目录。用户可以浏览、购买和付款,并与商家进行交流。当时,很多品牌都争先恐后地到脸书上开店,1-800-Flowers 也是其中之一。然而,不久之后,大部分品牌的店铺都销声匿迹了。原因何在?什么样的商品和店铺能够留下来呢?

想象一个场景:大家下班后,凑到一起吃饭喝酒聊天。聊得正起劲儿时,大卫忽然拍着迈克的肩膀说,"朋友,要不要买台起重机?"起重机的话题显然与社交场景格格不入，也不符合商业逻辑。再回到在线的社交场景，消费者感兴趣的应当是与社交相关的商品，如零食、啤酒、巧克力、鲜花、演出票、电影票等等。因此，主营鲜花、礼品篮的 1-800-flowers 才会在脸书上生存下来。事实上，在微信上卖得好的商品，如面膜、保健品，以及礼品燕窝等等，也都具有一定的社交属性。这类商品能够沉淀下来，也是符合消费情景和商业逻辑的。

需要指出的是，单纯在社交媒体上开店卖产品，不能算是社交商务。真正的社交商务是用 UGC、社会影响力，以及众包来帮助产品销售。

（二）小红书：内容电商

内容电商也称内容驱动的电商，是一种利用内容（如文章、视频和图像）来推动销售的电商。内容电商的核心理念是创建高质量且引人入胜的内容，通过教育和娱乐的形式，将产品推荐和购买机会集成到内容平台中，内容本身成为促进交易的关键因素。内容电商最贴近本书倡导的社交电商的概念，融合线上媒体和线上商店的功能，通过社交互动、UGC 等手段来辅助商品的宣传购买和销售行为。

小红书的模式较好地诠释了内容电商与社交电商的概念。该平台允许用户发布时尚、美容、生活方式、旅行规划等主题相关的内容，同时还提供了一个商家买卖产品的平台。

小红书的内容电商模式主要是基于 UGC，用户可以与关注者分享产品评论，推荐好物或生活方式。该平台的算法根据用户的兴趣和过去的互动向用户推荐内容，使用户更容易发现新产品和品牌。除了支持 UGC，小红书还与品牌合作，创建赞助内容和影响者活动。品牌可以与平台上的 KOL 或影响者合作，推广自己的产品并吸引更广泛的受众。

小红书的内容电商模式在中国取得了成功，截至 2021 年，该平台拥有超过 3 亿注册用户。同时该平台还在国际上扩展，来自美国、日本等国家的用户群不断增长。

> **营销实践**

小红书

小红书是一家成立于 2013 年的内容社交电商平台，其主要特点是以 UGC 为基础，为用户提供海量的内容。根据小红书官方公开的信息，平台上 UGC 内容占比非常高，大约占据全部内容的 95%。这些内容主要包括用户分享的生活、购物经验、美妆、时尚等领域的知识和体验，也可以购买和推荐商品。小红书的用户主要是年轻的女性群体，该群体在时尚美妆等领域有着非常大的影响力和消费能力。平台上用户分享的内容大多是自己的生活经验和感受，非常具有时尚和个性化的特点。同时，用户通过分享各种有趣的内容来吸引关注，然后将关注者转化为潜在的购买者。

社交媒体

小红书具有社交属性，用户可以通过关注、点赞、评论、私信等方式与他人进行互动。这些互动方式使得用户之间的交流更加频繁、自然、真实，也可以促进用户之间的信任和归属感。平台也会聚焦一些热门的话题，邀请达人、明星、专家等为用户提供指导和建议。这样的内容生态让用户可以在小红书上寻找到丰富、优质、实用的内容，同时也可以与其他用户分享自己的经验和见解，建立社交关系。

小红书被称为"三次元社区"，因为用户在小红书不论是看了美食，还是旅行目的地，都必须回到现实生活中去消费，才能完成这个体验。在小红书，一个用户通过线上分享消费体验，引发社交互动，吸引其他用户进行线下消费。完成消费体验的用户反过来又会进行更多的线上分享，最终形成一个正向循环。小红书还被称为"红人经济"的代表，因为平台上的用户可以通过自己的内容获取广泛的关注和认可，并可能成为各种品牌的代言人和合作伙伴。

电商平台

小红书在 2014 年进入了电商领域，通过和品牌、商家的合作，为用户提供更加便捷、优质、实惠的购物体验。小红书还提供了社交电商的功能，允许用户之间进行交易，从而为用户提供了更多的购物选择。同时，小红书也提供了广告服务，让品牌可以通过内容营销的方式吸引更多的用户。

小红书福利社是小红书的自营电商平台，旨在解决海外购物的另一个难题：买不到。小红书以累积的海外购物数据，分析出最受欢迎的商品及全球购物趋势，并在此基础上把全世界的优质好物，以最短的路径、最快的方式送到用户手中。在小红书福利社，用户可以一键购买来自全世界的优质美妆、时尚、家电、零食商品。小红书在29个国家建立了专业的海外仓库，在郑州和深圳的保税仓设立了产品检测实验室。用户如有任何疑问，小红书会直接将产品送往第三方机构进行检测，从源头上将潜在风险降到最低。2017年，小红书建成REDelivery国际物流系统，确保国际物流的每一步都可以被追溯。

此外，小红书利用AI技术提升了平台的用户体验，如平台会根据用户的行为习惯、兴趣偏好等数据，为用户精准推荐更加个性化的内容。同时，平台还使用了图像识别、自然语言处理等技术，为用户提供更加智能化的搜索、推荐等服务。

内容社区

作为一家以内容电商为核心的移动社区平台，小红书采取了多种举措来促进社区平台建设，如通过引入大量的KOL、博主和自媒体，不断丰富和提高平台上的内容质量，吸引更多的用户来到平台。再如，小红书引入了种草机制，允许用户向其他用户推荐自己喜欢的商品。这种机制为用户提供了更多的购物灵感，并且也为品牌和商家提供了更多的曝光机会。同时，小红书通过个性化推荐、精准营销等方式来提高用户留存率和购买率；通过举办线上活动、发放优惠券等方式吸引用户；通过数据分析来了解用户需求，不断提高用户满意度。此外，小红书注重建设良好的社区氛围，对用户发布的内容进行严格审核，保证内容的质量和可信度，并建立了专业的社区管理团队，及时处理用户的反馈和投诉，为用户营造安全、可信、友好的社区环境。

通过这些举措，小红书不断提升自身的内容质量和用户体验，吸引了更多的用户和商家加入平台，并为用户和商家提供良好的互动与购物体验。

过去几年，完美日记、钟薛高、小仙炖、谷雨，以及宠物用品BooPoo、运动装备品牌荣耀塔、玩具品牌Googolplex、红酒品牌鹿邑等新品牌在小红书上成长起来，拥有了很高的曝光率和用户黏性，成为备受关注的品牌。这些品牌有着各自的特色和创新之处，可以给年轻用户带来不同的消费体验和价值，是小红书平台上新兴消费品牌的代表。小红书也因此成为助力新消费、赋能新品牌的重要阵地。

截至 2022 年 3 月，小红书拥有超过 500 万日活用户和 1 亿注册用户。同时，小红书的广告营收不断增长，仅 2021 年其广告收入就达到了 50 亿元人民币。

（三）花生日记：分销电商

分销电商也叫网络分销商，指通过建立分销渠道，让其他企业或个人成为自己的分销商，代理销售自己的产品。通过网络平台，分销电商把推广促销和渠道众包给消费者，借用他们各自的社群的力量，来帮助品牌销售产品。其代表有云集、花生日记、美团门店分销、京东渠道等。下面以花生日记为例，分析其中一些创新思路。

花生日记是一款生活服务 App。该 App 主要面向女性用户群体，并且提供社区功能，用户可以在社区里分享购物心得、晒自己的穿搭照片，也可以了解其他用户的消费体验和商品评价。

淘宝上有一些小商家，因为规模小、影响力小，即使打折力度很大也得不到消费者的青睐，而淘宝广告对这些商家来说又太贵了。看到小商家的这一痛点，花生日记搭建了一个平台，通过淘宝的开放式 API（应用程序编程接口），把小商家的折扣信息放到新平台上，为这些小商家找到消费人群，以此帮助商家获得顾客，同时消费者也得到了实惠。

花生日记主要聚焦母婴产品，目标顾客是低线城市的年轻妈妈们。由于她们要学习抚育幼儿，天然容易聚焦成为社群，交流抚养知识与母婴产品优惠信息。母婴产品种类多样、单价不高、采购频率较高。年轻妈妈们购买和使用后，就可能选择成为这些小品牌的 KOL、KOC，并为身边的或线上社群的妈妈消费者提供信息和服务。这样一来，她们就成了品牌"分销商"，花生日记实际上就是在培养品牌的分销商。

花生日记充分利用众包渠道和分销模式来帮助小品牌销售产品，同时帮助年轻妈妈群体进行自主创业，还帮助淘宝商家把品牌推到低线城市，是一个多赢的操作。一般来说，电商起步需要同时吸引 B 端和 C 端，成本和风险都很高。而花生日记不需要从零开始，把淘宝上 B 端（和所带 C 端）接入自己的平台，以较低的成本迅速扩大了规模。尽管平台后来遇到一些监管问题，但这种模式下催生电商平台，尤其是借力打力创建电商平台的思路值得研究。

（四）拼多多：社交拼团

团购是指一群消费者联合起来，集体购买某种商品或服务，以达到更优惠的价格折扣的购物方式。这些消费者通过团购平台联合起来，商家寻找顾客的营销成本降低了，自然愿意给出优惠的价格。Groupon 和 Living Social 等团购平台鼓励客户与朋友或家人分享交易，并鼓励其他人加入购买，以取得最好的折扣。

在中国，以拼多多为代表的社交拼团有了商业模式上的突破——把众包渠道做得更商业化，通过合理的经济激励机制鼓励消费者合作，将渠道、广告和促销众包给消费者。消费者得到实惠的同时，商家也减少了库存和营销成本，消费者和品牌商两方达成了双赢。

社交拼团（social group buying）是一种结合了社交网络和团购的购物方式。在社交拼团中，由某个用户发起拼团活动，并邀请其他用户一起购买同一个商品，通过集体购买，可以获得更低的价格折扣。在中国，当前符合拼购型的社交电商有拼多多、美团、淘宝特价版、京东拼购、巨柚拼团等。这些平台让消费者可以更加方便地发起和参与拼团活动。

团购和社交拼团的主要区别在于，团购通常是通过网站或 App 向大众推送某一特定商品或服务的优惠信息；而社交拼团则是由消费者自发组织团购团体，通常在社交网络上进行，用户可以通过分享链接或邀请好友的方式，将拼团活动扩散出去。在社交拼团中，每个参与者只需要支付拼团活动的团购价，而非原价。因此，社交拼团的优势在于，可以通过社交网络迅速扩散，提高品牌知名度和曝光率，同时还可以吸引更多的潜在消费者参与，增加销售量。

拼多多社交拼团的商业模式落到线下，就变成了社区团购。在线下的生活小区，通常会有自告奋勇的"团长"，把线上的分销渠道转移到线下，从而形成社区内购买。品牌也可以采用拼团的形式来运营电商或其中的一些产品。与其在第三方平台上花钱做广告，还不如直接把折扣给消费者。

虽然都融入了社交元素，但是，拼多多与小红书的逻辑有根本的不同。小红书主要帮助品牌来进行"营"，拼多多则是帮助品牌进行大规模和低成本的"销"。拼多多运用其有效的激励机制，把社交属性（社群、UGC、众包）的商业价值释放出来，帮助在拼多多上出售产品的品牌来众包定价、促销、渠道，以及客户关系管理等。这些思路都是可以为品牌所借鉴的。

（五）Stitch Fix：导购电商（导购＋电商）

丰富多样的产品和海量的信息，导致了消费者的选择困难症。消费者亟需有人帮助自己筛选网络上鱼龙混杂的信息，从而更快地找到满意的商品——导购商务恰恰解决了这个问题。导购商务通常由个人、专家或团队，例如时尚造型师或室内设计师完成，他们对目标受众和吸引受众的产品有深刻的了解，能够精心挑选和策划一系列符合其品牌特定审美或风格的产品，然后通过他们的在线商店或社交媒体渠道向客户展示。

在数字时代，充当导购的可以是朋友或社区，可以是名人或网红，也可以是专家，还可能是人工智能支持的智能导购。朋友或社区是最早出现，也比较常见的；而现在最常见的网红带货，应属于名人导购；专家导购比名人导购的效果更好一些，专业性更强、可信度更高。事实上，现在很多的网红也开始从名人导购转型成为专家导购，他们开始有意识地选择代言固定的品类，让自己的意见变成知识含量较高的专业建议，来更好地满足消费者的需求。

随着数据、算法以及ChatGPT的发展和普及，人工智能导购可能会成为未来的发展方向。人工智能导购是以算法创新为用户推荐合适商品，提高购物效率，解决购物烦恼的解决方案。人工智能导购，相比网红和专家导购对消费者的优势更明显：它可以处理海量数据，通过对全网数据的分析，找到当下最时髦的衣服和风格；它可以从每一位消费者的脸书、推特、微信上，查看其公开发布的言论、朋友的反馈，以及他对朋友穿搭和风格的评判，从中分析该消费者的性格并进行个性化推荐；它还可以不停地测试某个消费者的反应，进行强化学习和迭代，不断优化自动决策机制——这些都是网红和专家做不到的；最重要的是，它对消费者没有利益诉求，只是单纯地服务于消费者，向他们推荐最合适的方案。

Stitch Fix 是一家美国的时尚电商公司，其商业模式结合了人工智能导购和订阅式电商（见图 6-11）。Stitch Fix 使用人工智能算法来为每个用户创建个性化的时尚建议。用户只需要填写一个调查问卷，包括他们的尺码、风格、预算、职业等信息，Stitch Fix 就会用算法分析这些数据，并向用户提供一份个性化的时尚建议清单。这个清单中包括服装、鞋子、配件等产品，并且每个产品都是由专业的时尚顾问精心挑选的。当用户收到这份建议清单后，他们可以选择购买其中的任何一件产品，并将其决定告知 Stitch Fix。Stitch Fix 会将用户有意试穿的产品邮寄过去，用户试穿后可以留下自己喜欢的产品，然后将其他产品退回。Stitch Fix 只收取用户留下的产品的费用，退回的产品不需要支付任何费用。

图 6-11 Stitch Fix——人工智能导购

这种订阅式的导购电商使消费者可以根据自己的需要购买个性化的时尚产品，同时又可以避免传统电商中选择困难和产生浪费的问题。结合人工智能算法，Stitch Fix 可以更好地理解每个用户的需要和偏好，为他们提供更加个性化的时尚服务。数据、算法和人工智能的应用越来越普及，品牌应当尽早开始积累数据和算法，为数智化营销以及建立未来的品牌竞争力打好基础。

> **拓展思维**
> 1. 有什么工作，人工智能可以做到，但人做不到？
> 2. 可以用人工智能的思路创建一个电商吗？
> 本章末的案例《Stitch Fix 的成长启示》会提供一些思考线索。

（六）品趣志：兴趣电商

目前的线上社交网络大多基于消费者线下的熟人关系，这类社群对营销的价值不高。未来的社交商务将会依托于以需求、偏好和生活方式自然形成的兴趣小组，或称兴趣图谱（interest graph），也就是因共同爱好而形成的社群。这种社群的营销价值更高，比如第五章提到的亚朵酒店，先建线上兴趣社群，再建线下主题酒店。

兴趣电商是一种利用兴趣小组或兴趣图谱为消费者提供个性化购物体验的电商。电商平台可以了解他们的偏好、兴趣和购买行为，并提供符合他们兴趣的产品和服务的个性化推荐。品趣志（Pinterest）就是兴趣电商的代表。

品趣志是一个可视化的图片挖掘和设计工具，也是一种新颖的兴趣电商（见图 6-12）。与其他社交媒体不同的是，品趣志聚焦图片和视频，Pin 的意思是书签，interest 的意思是兴趣，而该网站的用户则是 pinners。用户可以创建各种自己的收集栏，用来收藏自己需要和喜欢的产品或场景的照片及视频。其创造 UGC 的过程就是让用户在全网上任何一个地方看到好的图片或视频时，随手一 pin，将其收集进自己的收集栏里，同时可以为收集栏命名和给照片和视频打标签。这实际上是发动消费者来进行全网搜索，帮平台收集、整理、归纳以及标注图片和视频。作为平台，品趣志众包了数据收集。用户收集栏里的图片、归类和标签等，都是 UGC，隐藏着消费者需求、风格和偏好的密码。

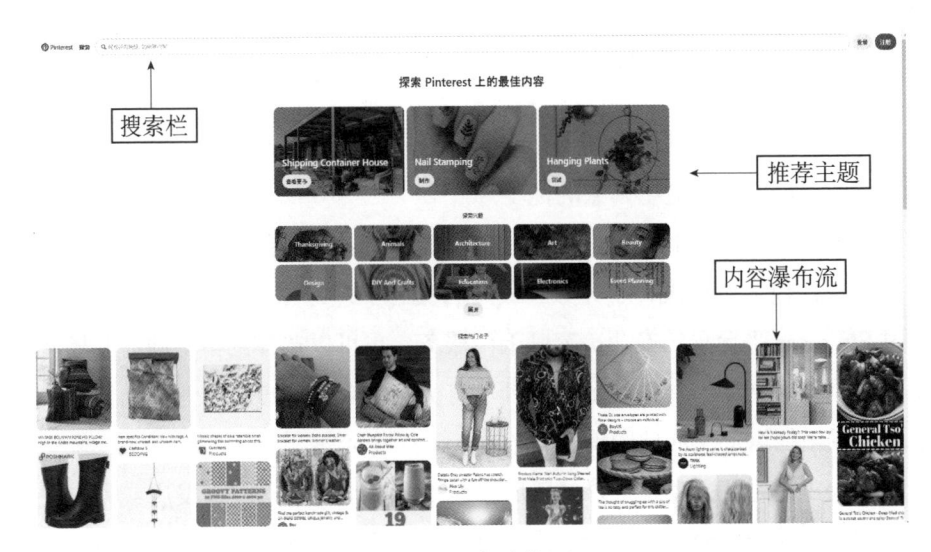

图 6-12　品趣志的页面

最重要的是，这样一个社交媒体平台，上面的图片和视频都全网可搜。用户可以关注其他用户的分享信息，亦可以邀请朋友查看和评论自己分享的内容。用户之间所形成的社群是以共同的兴趣和偏好为出发点的，他们凭借兴趣自发地聚集到了一起，通过收集、整理和标注图片及视频，透露了自己对产品的需求和偏好，从而使得平台对他们的营销变得更加精准。品趣志所搭建的社交媒体是一个兴趣图谱，是线下关系的突破，对于营销来说，这比脸书和微信上基于线下熟人网络的效果更好。

品趣志还嵌入了购买的功能，允许品牌在图片或视频下面添加购买的"钉子"，使用户能够直接进入电商平台购买产品，自然而然地把兴趣网络和电商连在了一起。

（七）StyleBee：共享经济电商

共享经济电商是指个人相互共享资源或服务的经济模式，通常由在线平台促进。在电商的背景下，共享经济业务允许个人向他人提供其技能和服务（例如清洁或杂工服务），或者允许用户相互共享、交换产品及服务，而不是直接购买。共享经济电商可以通过与他人共享资源来获得赚钱或省钱的机会，增加资源获取，典型的共享经济电商如 TaskRabbit、Poshmark，以及下面着重分析的 StyleBee。

提到共享经济，优步及爱彼迎便会浮现在我们脑海中，StyleBee 与它们的模式类似，可以说是造型领域的优步。

StyleBee 总部位于洛杉矶，是一家在线时尚美容平台，为用户提供专业的美容服务，包括发型设计、化妆、美甲、美容护理等（见图 6-13）。用户可以通过 StyleBee 平台预约专业美容师上门服务，也可以选择到指定的商业场所接受服务。这一创新平台搭建了造型师与有美容需求的用户之间的互动桥梁，让他们可以根据需求灵活预约美容服务。

StyleBee 的目标客户主要包括那些因工作繁忙难以前往理发店或需要快速造型的职场人士。通过该平台，客户可以提前两小时预约上门美容服务。类似于优步、Lyft、Postmates 等公司提供的服务，StyleBee 也采用相互评分的方式，客户和造型师可以相互评价，高评分有助于建立更多的合作机会。

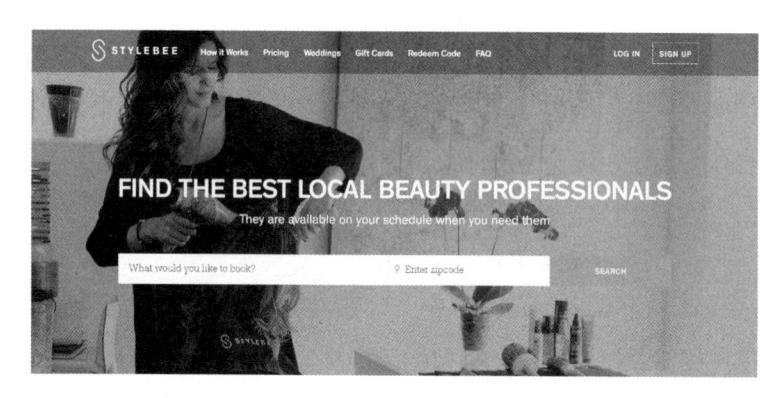

图 6-13　StyleBee——造型领域的优步

StyleBee 的理念是提供"平价奢华"服务，强调上门定制造型并不一定昂贵。每次服务的费用大约为 50 美元，包括小费，与一些高端实体店提供的服务相比，价格更具吸引力。通过合作的小理发店，客户可以选择在一个中立的场所接受服务，既解决了距离问题，又增加了安全感，同时也有助于小理发店更好地利用他们的资源。中国也有相似模式的平台，比如优剪，为用户提供更便捷的美容服务。

（八）Threadless：共创电商

共创电商是一种以社区和用户参与为核心的电商模式，通过建立用户社区和提供各种参与机制，鼓励并支持用户参与到产品和服务的开发、推广及销售过程中，从而实现用户共创、共享和共赢的目标。共创电商有多重优势，包括提高对品牌或产品投资的客户的参与度和忠诚度、获得更广泛的想法和创造力，以及根据特定客户需求和偏好定制产品的能力等。

共创电商的一个例子是 Threadless，该公司成立于 2000 年，是一个由社区驱动的在线市场，旨在为艺术家和设计师提供一个平台来展示他们的创作，并销售印有艺术图案的各种产品，如 T 恤衫、连帽衫和手机壳等（见图 6-14）。平台邀请设计师在社区提交作品，然后由社区成员参与改进并投票选择。最受欢迎的设计将被选中，印刷在各种产品上，设计师获得部分销售利润。Threadless 具有强烈的社区聚焦，包括论坛、艺术家个人资料和博客等功能，以突出其创作者的作品。该公司还与迪士尼、漫威和芝麻街等大品牌合作，创造了独具特色的产品。

图 6-14　Threadless——共创电商

用户注册成为会员后，把自己的设计创意提交网站，网站会让其他用户为这些设计创意打分。每个月初时，网站平台会看看上个月所有上传的设计创意的得分，根据分数排名选出前几名，帮助其设计者联系生产厂家，开模生产并销售。

收取会员费是为了吸引认真的个人设计师。网站用 UGC 帮助个人设计师成长——他们可以把自己的创意迅速投放到市场上并观察消费者的反应。网站的设计是邀请所有的成员为上传的设计创意打分、提建议，相当于邀请全网的成员共同参与设计，网站记录下每个成员的贡献，一旦设计被采纳，制作成产品出售，所有参与贡献的人都可以得到相应的奖励。

可见，Threadless 的运作流程强调了社区的作用，设计的选择是由社区成员共同决定的。此外，Threadless 还支持艺术家和设计师之间的交流与协作，帮助他们在 Threadless 社区中获得更多的关注和支持。

Threadless 通过技术强化双边的交流，促进设计师和设计师之间、消费者与设计师之间的有效沟通，过程中沉淀了大量的数据。通过一系列的操作，网站扶持了一个个长尾的小设计师，助其成长。这也是本书一直强调的理念，即好的平台应该是用自己的数据和技术帮助买卖双方共同成长。

总的来说，Threadless 模式有以下几个可以借鉴的创新点：

第一，网站把消费者的创意调动起来。邀请他们设计自己的 T 恤衫，将产品创新众包了，还为消费者提供了个性化的产品，与其他的电商形成鲜明差异。

第二，该模式把设计师、买家、卖家的角色集成在同一个人身上。平台上的每个人既是设计师，又是买家和卖家，使每个人都觉得很好玩。这种共创的理念，使每款产品都富有艺术特性，又提升了网站的社会性。

第三，Threadless 不以销售产品为主要目的，而是通过数据收集，提供信息服务，让每个有设计理念的个人设计师都得以成长。这样的定位，除了吸引希望在网站上获利的设计师之外，还会吸引到更多没有经济利益诉求的专业设计师，以及任何有创作意愿的普通消费者。比如，设计师在参加某个设计大奖之前，来到 Threadless 上，看看大众的反馈，从而帮助其找到最好的设计式样，甚至还有猎头到该网站上帮企业寻找有创意的设计师。

共创电商的另一个例子是 Lego Ideas，这是一个由传统玩具制造商乐高创建的产品设计众包平台。该平台允许乐高的粉丝和创意设计师提交自己的乐高建模设计和新套装构想，这些设计涵盖从经典电影场景到独特创意概念的各种主题。

当设计师在 Lego Ideas 平台上提交他们的构思后，其他社区成员可以为这些设计投票支持。如果某个设计在规定时间内获得足够多的支持票数，乐高将考虑将其制作成官方乐高套装。这意味着该设计将成为由乐高制造并正式销售的官方产品。

设计师也会从他们的创意中获得一定的版权费用，这是对他们创意的认可和回报。而每个购买该乐高套装的消费者也将获得一些额外的好处，如收藏品贴纸和一本小册子，这些都与设计师和设计的背景故事有关，增加了套装的吸引力。

去中心化和共创是未来的发展趋势。目前 KOL 和 KOC 的涌现已经印证了这一点，Web3.0 更为这一趋势提供了经济激励机制。品牌应当有前瞻性的思维，尽早接纳社群，开辟共创甚至共赢的思路，尽早适应未来的营销方式。

四、移动＋电商

伴随移动技术的发展，消费者购物实现了随时、随地、随情景购买。移动电商使用了移动设备上的独特功能。譬如小红书、抖音，都使用了视频的功能，因此是移动电商。而闲鱼是一个强调本地化的 App，用了手机上的定位（location）功能。本节将用几个例子来诠释移动电商相关的概念。其中，直播电商、超级购物应用是移动＋电商发展的代表。

（一）抖音：直播电商

直播电商是指通过直播进行产品演示或销售介绍，使观众产生购买欲并直接在直播间下单。直播电商是"直播＋电商"相互融合产生的一种新销售模式，商家或网红主播在电商平台以直播形式向消费者展示商品，介绍商品的特点、用途、品质等，同时可以实时与消费者互动交流。相较于图文方式展示商品的传统电商模式，直播展示商品的新型电商模式更为直观、真实（见图6-15）。

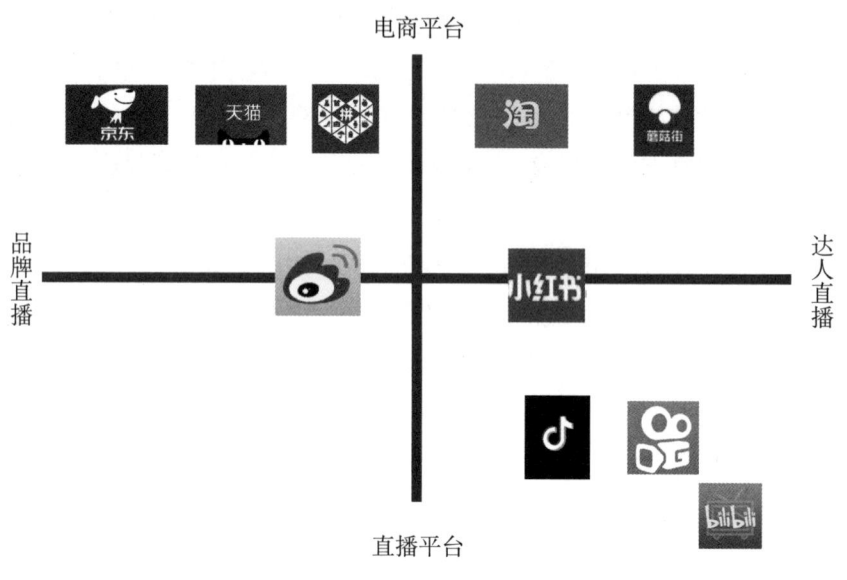

图6-15　直播平台

目前常见的直播电商有两种：一种是在电商平台上开直播间，一般是代表品牌的销售人员在直播间为消费者展示产品，属于品牌直播；另一种是视频平台进入电商领域，一般是在短视频或长视频平台中活跃的KOL或者KOC进行带货，平台允许观赏者使用直播间页面提供的工具，直接下单购买。

早期的小红书可谓中国移动电商的先锋。设想一个场景：小美来到纽约第五大道，站在路易·威登店里，打开视频，然后她远在中国的朋友就可以下单买包了——这就是小红书最初的商业模式，其中就使用了视频功能。

一个普通的消费者在线下店里通过直播，展示给地球另一端的其他消费者，在直播页面进行即时沟通和交易。结合视频内容以及算法，抖音电商后来居上，也使用了移动直播的功能。

火爆的视频直播其实是旅程营销最好的例子。KOL的视频直播完美地结合了社交影响力、移动技术和电商，在信息爆炸时代，助力消费者根据其他消费者的分享，在短时间之内做出购物决策，也就相当于把决策过程的五个步骤压缩到了一场直播的时间里。所以我们也可以把直播电商看成娱乐电商（shopatainment），或者也可以叫做即看即买的电商（see-it-buy-it）。视频直播牵引和带动消费者决策，使其形成闭环，并压缩了消费者决策过程。

视频直播十分火爆，但并非一个新鲜事物，也算不上创新。因为这种形式早已有之，例如移动技术出现之前的电视购物。伴随技术的进步，这种形式发展到移动端，融入了一些娱乐元素。

回顾 20 年前的电视购物：一场直播下来 15～20 分钟，你会看到主播拿着一口锅，敲一敲碰一碰，展示这口锅比其他的锅要结实耐用。然后再用这口锅炒个菜，一群人围在一起吃得津津有味——整个过程都在给消费者做展示。这个过程实际上是在做消费者教育，从而把消费者愿意支付的价格（WTP）提上来了。这种电视购物节目一般安排在晚上，消费者睡不着时看电视购物，下单的概率很高。通过视频演示的二手经验比文字和语音更加接近一手经验的效果，并把 WTP 提高了。所以当这口锅以一个不怎么便宜的价格出售时，消费者仍觉得性价比高，这是因为消费者剩余（consumer surplus）升高，让消费者觉得买到即是赚到。

视频直播有以下突出的优点：第一，比广告的效果好。广告传递的是文字或者预先录制好的精美图片和视频，而视频直播是现场视频，其随时、随地、随情境的效果可以更好地模拟一手经验。第二，直播平台多使用 KOC 和 KOL，他们推荐的产品和对产品的演示更类似于 UGC，也就是二手经验，对消费者更有说服力。第三，视频直播具有情景化和娱乐化的特点，在娱乐的过程当中激发消费者的购买欲，将娱乐和购物有机结合在一起，让消费者在极短的时间之内做出购买决策。

可见，不论使用的是早期的电视技术还是今天的移动技术，直播都是符合营销逻辑的，也经得起时间的考验。

需要指出的是，现在很多人都把抖音叫做兴趣电商。然而，此处的兴趣和上一节中提到的品趣志所谓的兴趣并不一样。细究起来，品趣志中的兴趣更符合其本意。而抖音从理论上来讲实际是即看即买的商业模式，并非真正意义上的兴趣电商。

营销实践

抖音将购物融入直播

抖音是由字节跳动公司于2016年9月推出的一款短视频社交应用。创始人张楠和陈林是早期的创业者,他们在创业过程中发现国内短视频市场具有潜力,因此创立了抖音。

最初,抖音的宗旨是"记录美好生活,分享精彩世界"。它以15秒的短视频格式为用户提供了一个平台,可以记录生活中的精彩瞬间。后来,抖音推出了子品牌"快手"和"趣拍",进一步扩展了其在短视频市场的影响。

2018年,抖音在春节期间推出"红包大战"活动,这一活动大受欢迎,成为全国范围内的热门话题。抖音还在2019年引入"抖音电商",将电子商务与短视频相结合,让用户能够在观看短视频的同时直接购买相关产品。

特别值得注意的是,抖音在2020年的新冠疫情期间发挥了关键作用,推出了"线上直播购物节"等活动,创造了许多直播带货的纪录。

抖音的商业模式已逐渐向电子商务领域转型。通过直播功能,抖音将购物融入用户的短视频体验中,为品牌推广和销售提供了一个全新的途径。

抖音的直播功能包括普通直播和商品直播。普通直播用于分享各种内容,商品直播更注重商品的展示和销售。主播可以在商品直播间展示产品,与观众互动,并提供购买链接。观众可以通过评论、点赞、送礼等方式参与互动,使整个购物过程更具娱乐性和社交性。

抖音独特的短视频社交模式,使得用户可以轻松地创建和分享短视频内容,与其他用户互动并建立社交关系,并在此基础上融入电商,成为目前中国消费者中常见的购物方式。抖音还采用了先进的人工智能推荐算法,根据用户的兴趣和行为习惯,精准推荐内容和用户,提高用户黏性和使用体验。

抖音作为一款短视频社交平台,自推出以来迅速在中国市场上崛起,并且在过去几年持续发展和壮大。根据第三方机构的数据,截至2022年初,抖音在中国内地拥有超过9亿月活跃用户,日活跃用户数超过2亿,成为国内最受欢迎的社交娱乐应用之一。同时，抖音也在向海外市场扩张，并逐步获得全球用户的青睐和喜爱。

（二）超级购物应用

品牌在做自营电商时往往有一个顾虑，就是担心搭建了电商后，消费者不光顾；开发了手机应用后，消费者不下载。的确，消费者通常不想在手机上下载很多App，于是出现了一些解决方案。

超级购物应用是一种整合了多种购物功能和特点的移动应用程序，旨在为用户提供更全面、高效和便捷的购物体验。超级购物应用的目标是为用户提供一站式购物解决方案，简化购物流程，为用户提供更好的购物体验。这些应用通常在移动设备上运行，消费者可以随时随地进行购物。超级购物应用通常会与不同的商家和品牌合作，提供丰富的商品种类和品牌选择。这些功能可以帮助用户在同一个应用中完成所有购物需求，无需下载多个应用或切换不同平台。

以下例子是基于超级购物应用模式的几种可行思路。

1. Button：超级购物车

类似于微信，超级应用Button通过移动应用程序连接消费者和商家，实现移动商务。Button的技术允许移动应用程序发布者向其应用程序添加商务功能，并使消费者能够在多个商家之间购物并在应用程序内完成交易。

Button可与不同行业的各种移动应用程序配合使用，帮助其他应用为用户提供无缝的移动商务体验。例如，旅行应用可能与Button合作，让用户能够直接在应用内预订酒店和航班，同时赚取忠诚度奖励。Button为用户提供跨多个商家的统一结账方式，使消费者无须跳转应用即可轻松完成购买。

Button帮助移动应用发行商为其用户提供更多服务和功能，从而使其实现超级应用的增长。对这些发行商来说，通过与Button集成，它们的应用程序可以提供更广泛的服务并创建更加集成的用户体验，这也是许多超级应用程序的核心功能。

2. Abandoned：废弃的购物车

很多电商推出自己的 App 之后会遇到一种现象，即消费者进来浏览，选择了一些商品放进了购物车，然后就走了。Abandoned 是一个购物车恢复平台，旨在帮助电商解决购物车遗弃问题。该平台利用智能语音和机器学习技术，通过发送个性化电子邮件和短信等营销策略，鼓励客户返回他们遗弃的购物车，从而提高电商的使用率和转化率。

3. StockNearby：跨零售商采购

StockNearby 是一款基于位置服务的电商创业项目，旨在帮助用户查找周边特定商品的实时库存和价格信息。该应用通过定位功能，根据用户当前的地理位置，在周边的商店和电商平台中搜索指定商品的库存和价格信息，并提供相应的地图导航和价格比较功能，以便用户选择最优惠的购买方式。比如，玛丽去买鞋，在商场里转了很久，找到一双心仪的鞋，款式、颜色、材质、价格等等都满意，但就是没有自己的号码。此时，玛丽就打开这款 App，搜一搜附近 500 米之内哪家鞋店里有这双鞋，并有自己的尺码。可见，这款 App 是跨品牌的，而且要求背后库存数据全部打通。

很多品牌都想开一家网店，但迫于资金、技术，以及运营管理等的限制无法实现。有了这个超级应用，品牌线下店在线上开店铺不再是遥不可及的梦想。

五、物联网 + 电商

物联网的出现又把商机呈现给制造商。因为其制造的产品可以直接进入消费者家里，触达消费者。因此，制造商应尽快做数字化转型，把智能设备，包括测量体能、体征数据的穿戴式设备，植入消费者生活场景的方方面面，为未来的电商新形态提早做布局。

万物互联的物联网世界提供的信息级别前所未有，物联网收集有关消费者需求、期望和偏好的有价值的信息，为消费者提供高度定制化的产品，管理其生活方式，并实现实时自动化，形成品牌互动模式，从而提升产品质量和客户体验。

以下将用几个案例来演示电商如何与物联网技术结合。

（一）会话式商务

基于聊天机器人（chatbot）的会话式商务，实现了从人类学习机器语言向机器学习人类语言的转变，开启了访问内容和执行操作的新模式。会话式的小精灵（见图 6-16）其实就是物联网的概念，希望实现这样的情景：小美在家做饭时发现鸡蛋用完了，对会话式的小精灵说："鸡蛋没了，帮我订三打鸡蛋。"电商平台在当天下午就把鸡蛋配送到了小美家。

目前大多数消费者尚未形成这种购物习惯，担心小精灵理解错误，导致家里堆满鸡蛋，但会话式小精灵的推出，确实会把物联网融入消费过程中，实现物联网购物。随着自然语言处理技术的飞速发展，相信语音电商很快会有突飞猛进的发展。

图 6-16　第五代 echo dot

（二）一键式下单

图 6-17 演示的是一个按钮，置于洗衣机旁边，连接的可以是京东、亚马逊或附近超市。如果消费者在洗衣服的过程中缺洗衣粉了，按一下这个按钮，就有洗衣粉送到家。

图 6-17　亚马逊"一键式下单"

资料来源：TechCrunch，https://techcrunch.com/2016/03/31/amazon-expands-dash-button-line-up-top-sellers-to-date-include-tide-bounty-cottonelle/。

可见，品牌只要看到了物联网带来的商机，就可以使用非常简单的解决方案，把电商功能嵌入到物联网当中，这是较早的品牌介入物联网最简单的应用场景。

（三）管家服务

管家商务，即生活方式管理+电商。目前的物联网技术可以集成智能硬件设备、云计算和数据分析来提供智能家居管理和自动化控制服务。通过物联网管家服务，用户可以使用智能手机或其他远程控制设备控制智能家居设备，例如智能灯泡、智能插座、智能家电和安防设备等，以及一系列的自动化功能，例如在用户离开家时关闭灯光、控制温度和湿度、锁定门窗等，使用户的生活更加省心和安全。

将这些功能与电商嫁接，便形成了管家商务。

本书第一章提到的智能冰箱，就有可能成为电商接口，设想电商可以通过物联网收集消费者生活方式的大数据，通过机器学习分析消费者的生活方式，进而开发代表消费者利益的自动决策系统，帮助消费者自动下单，最终简化和优化消费者的饮食起居。

场　景　　　　聪明的冰箱

伴随物联网技术的发展和普及，小丽家的冰箱也"上网"了。设想一下，小米智能冰箱捕捉到小丽上个星期吃了 30 只鸡蛋这一信息，进而给小丽画像——小丽爱吃鸡蛋。这就是一条非常重要的消费者信息。

下一步，小米就可以做出决策了：需要给小丽提供充足的鸡蛋。于是，小米联系周围好多家农场，每家都给小丽家送 30 只鸡蛋，甚至把下蛋的鸡也送过去。这个思路合理吗？显然不合理。小米拿到小丽的信息后，没有用这些信息为她服务，而是用于为商家推销鸡蛋——这种做法还是广告的思维、销售的概念，会把消费者吓跑，如此过度的推销反而让小丽想要远离那台冰箱。

那么，小米究竟应该怎样合理运用消费者的信息呢？

首先，可以给小丽推荐 108 道包含鸡蛋的食谱。接下来，基于小米打造的智能生态，这些硬件设备不仅收集到小丽喜欢吃鸡蛋这个数据，还收集了她家方方面面的信息。比如通过智能手环，监测到小丽每天早晨去健身房做增肌训练，同时也通过其他健康监测设备了解到她的心率和胆固醇比较高，综合这些信息，可以全方面地分析小丽，譬如她为什么喜欢吃鸡蛋，可能是为了健身，可能本身就喜欢吃鸡蛋，等等。通过这样的分析，小米知道了小丽的生活方式，并基于此为小丽推荐一些适合她生活目标的产品和服务，目标不是为了让她买更多的鸡蛋，而是为了让小丽的生活质量在拥有智能冰箱之后进一步提高。基于这种理念，小米冰箱的显示板上每天会显示一些健康建议，还会推送一些健身教练或者关联产品的信息。

由此可见，小米已经不是单纯地通过卖鸡蛋赚钱，而是拓展了很多关联产品和服务，这些都成为小米的收入来源（见图 6-18）。于是，最重要的"营销利器"就这样进入了小丽家。冰箱时时刻刻伴随着小丽的日常生活，收集她的日常信息，通过这些信息预测小丽目前以及未来的生活需求和偏好。简单来说，品牌要合理使用消费者的信息并为其提供服务价值，这样，小丽才会觉得购买小米智能冰箱物超所值，也会有更多的消费者愿意把这台冰箱"请"回家。

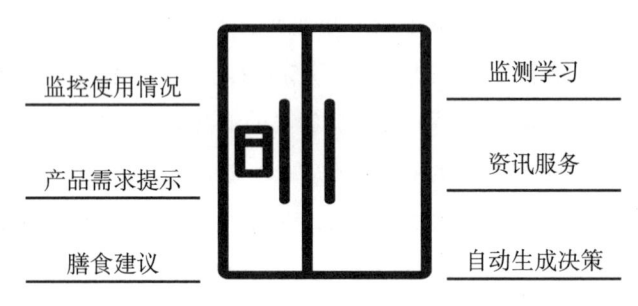

```
监控使用情况          监测学习

产品需求提示          资讯服务

膳食建议              自动生成决策
```

图 6-18　小米智能冰箱的功能设计

如果再延伸一步，小米还可以给消费者一个选项，允许消费者免费把冰箱搬回家，不支付产品的价格，但是按月支付少量的服务费用。这样，消费者更有可能使用小米冰箱。接下来，冰箱可以再找更多其他的合作伙伴，从这些合作伙伴身上盈利。这就需要商业模式进一步创新。

在上面的场景中，小米做物联网，并不是单纯地把产品上网，而是更新了背后的整个思维和商业模式。未来，冰箱可以免费赠送给消费者，或者只是象征性地收取一点租金。这意味着品牌不赚硬件销售的利润，而是从供应链上盈利，从 B 端或 S 端盈利，同时也会帮通过冰箱接进来的其他商家盈利，回到小丽的例子，其他商家可能是鸡蛋卖家或健身房。同时，消费者也会愿意按月支付服务费，因为物联网企业用收集到的信息通过在冰箱面板上的智能机器人为消费者的生活做出了最优规划，同时还会在消费者允许的情况下自动下单购物，为消费者提供生活便利。

应该注意的是，互联网如果做到真正的物联网，一定需要商业模式的创新。这就要求品牌建立起一个产品即数字平台的思维。小米收集的消费者数据越多，就可能吸引越多的 B 端加入，从而提供更丰富和优质的管家服务，进而吸引更多的消费者使用智能冰箱。也就是说，小米可以像平台一样享受平台和数据的网络效应。

拓展思维

如果网球拍或啤酒杯也能接入互联网,请设计符合物品特性的物联网商务模式,并思考:

- 需要收集什么信息?
- 如何使用这些信息来增强消费者体验?
- 如何从物联网商务中获利?
- 收费标准如何设置?

以下将讨论两个基于物联网商务模式的创业项目,它们能对上述"拓展思维"专栏提供解题思路。

第一个项目是网球拍(如 Babolat Play,见图 6-19)。设想一下,在网球拍里放置一个传感器,便可以在打球时监测网球落到球拍上的技术参数。通过轨迹计算,球拍能够分析出使用者有没有在最高点击球,或者抛球是不是太靠前等各种数据,进而整理出一系列的数据报表。使用者每次打完球后,拿到这些报表来分析,就不需要专门请一个网球教练了——这个球拍本身就是一个网球教练,使用者可以通过智能球拍提供的运动数据提升网球技术。

图 6-19 Babolat Play 应用

至于收入来源，甚至可以不依靠卖球拍。球拍可以免费赠送或者以很便宜的价格卖给消费者，但是每次运动生成的数据需要付费，按次提供报表和相关建议，或者订阅数据从而收费。此外，商家还可以通过教程等运动周边商品赚钱。

如此一来，数据的概念就有了，数据信息也用起来了。这些数据在网上相连，消费者还可以横向比较分析谁的技术好、同谁组队打球提升更快等。一个球拍把消费者、网球教练、周边产品，甚至网球俱乐部都连接在一起——这种连接非常关键，互联网从业者一定要把"连"的概念把握好、运用好。

第二个项目是啤酒杯。[1] 没错，啤酒杯也可以通过物联网实现互联互通。啤酒公司 Buffalo Wild Wings 决定给所有合作酒吧和俱乐部都配备互联啤酒杯，用它替代传统酒杯（见图 6-20）。接下来的问题是，如何通过互联啤酒杯盈利呢？

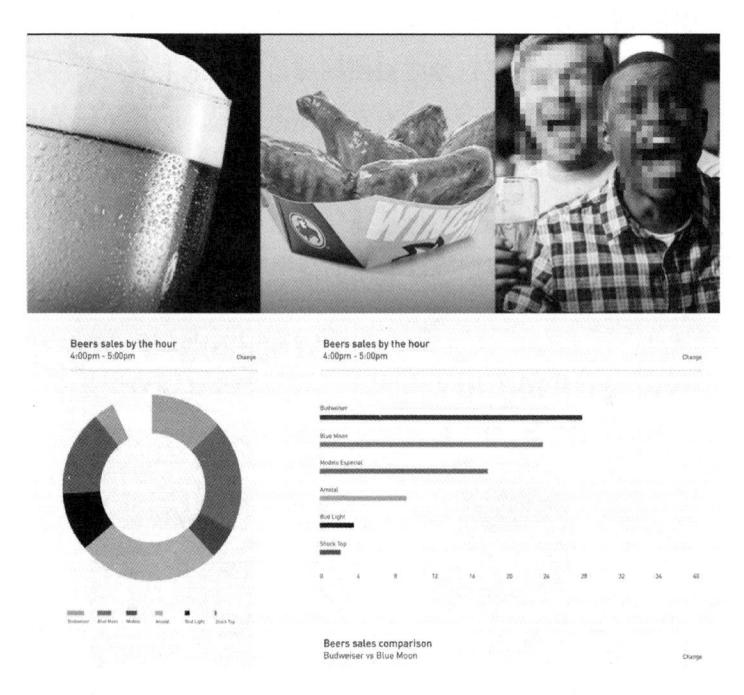

图 6-20　Buffalo Wild Wings 应用 IOT 传感器分析啤酒消费

---

[1] 参见 Buffalo Wild Wings 案例（https://www.mulesoft.com/case-studies/api/buffalo-wild-wings；https://blogs.mulesoft.com/digital-transformation/business/internet-of-beer-analyzing-consumption-with-iot-sensors/）。

设想一下，如果把所有互联啤酒杯的数据卖给酒吧，将会为其带来什么价值？首先，通过杯子可以捕获用户数据，可以监测实时的啤酒消费量，看看能否吸引更多人来喝酒，还可以看到实时消费不同的库存量单位。此外，通过啤酒杯的数据可以了解消费者对不同种类啤酒的喜爱程度，分析他们典型的饮酒行为，如几秒钟喝完一杯、几口喝完一瓶等。除了酒吧，治疗痛风的医生、酒类制造商，也会乐意为这些数据买单。

互联啤酒杯的另一个重要价值在于，因为啤酒杯的数据都连在一起了，就更容易举办啤酒节，办各种喝酒比赛。甚至，通过啤酒杯能够获取有关啤酒消费趋势的高级地理位置数据。处在不同地点的人可以"云喝酒"，体会全国各地的酒文化，相互之间形成一个网络，增进喝酒的体验，酒吧老板乐见其成。

凭借这些数据，销售人员可以预测需求并奖励表现最佳的酒吧，还可以根据数据实时调整价格并推动促销；啤酒公司可以根据消费数据和高级地理位置实时优化营销策略；而产品经理可以对新产品进行快速测试，并实时优化产品组合；等等。

在收集数据时，制造商往往要考虑这些数据都是谁在使用、如何使用，以及何时何地发挥什么作用，并且做到实时且个性化。物联网使制造商可以深入跟踪消费者的生活方式、习惯、需求、期望、对品牌的反应，并做出个性化的营销和外展策略。

物联网时代，产品和服务已经成为一种动态的事物，不断更新以提供新功能，优化消费者体验。从固定产品到不断发展的平台，制造商不断采用新方法进行产品开发和服务创新，从而吸引新用户并满足有价值主张的外围新需求。制造商还将收入模式从所有权转移到访问（共享经济）。同时，还可以将软件服务添加到真实的产品上，以增加新收入来源。

六、品牌做自营电商的一些建议

近年来，国际上一个明显的趋势是，主流品牌纷纷开始数字化转型，自建线上社群和线上商店，进行私域运营，摆脱了对平台的依赖。如今，阿迪达斯、耐克等品牌已经不在亚马逊上销售，消费者需要去这些品牌自建的电商才能购买。随着消费者逐渐适应这种多电商渠道的趋势，品牌也日渐摆脱了对第三方平台的依赖。

品牌在运营自建电商的时候，可以吸纳一些科技公司搭建的综合电商和垂直电商探索出的行之有效的产品运营、社群运营策略，同时引入电商科技。

以下将结合案例列举一些电商日常运营的实用技巧，供品牌电商参考。

（一）重视数据的采集，了解消费者偏好

自营电商的运营可以与消费者直接接触，采集到非常有价值的数据。品牌可以通过数据分析获取市场趋势、用户偏好等信息，从而更好地了解市场需求和竞争对手动态，制定更加有效的市场策略；还可以通过数据分析获取用户行为、购买偏好等信息，更好地了解用户需求，定制个性化营销方案，提高用户满意度和忠诚度。

通过数据的采集和分析，品牌将会发现新的市场机会并借此优化产品设计，创造更具创新性的商业价值。举例来说，假设品牌在其电商平台上销售快时尚产品，可以将供应商提供的产品图片和风格全部展示在网上，以了解消费者对哪些产品最感兴趣。这种方法可以快速确定哪种品类或风格在市场上更具优势。

通过监测消费者的搜索和浏览记录，品牌可以评估哪些产品可能成为畅销品，然后采取进一步行动，例如组织更多的货源。这种数据驱动的方法可以帮助品牌更智能地管理库存和供应链，以满足客户需求，并确保畅销产品的充足供应。这不仅提高了品牌的效率，还可以提供更好的购物体验，从而增加商业价值。

（二）使用电商科技

电商科技是指在电商领域中使用的各种科技手段和技术。这些技术包括但不限于人工智能、大数据、区块链、云计算、物联网等。电商科技被广泛应用于商品推荐、个性化定制、订单处理、支付结算、物流配送、售后服务等环节。例如，人工智能技术可以用于分析用户的行为数据，精准推荐符合用户需求的商品；大数据技术可以对海量数据进行挖掘，帮助企业制定更加科学的营销策略；区块链技术可以保障电商交易的安全性和透明性；云计算技术可以提供高效稳定的数据存储和处理服务；物联网技术可以实现智能化的仓储和配送管理等。

下面罗列一些简单的电商科技：

- 加入声音，图像搜索；
- 提供电子购物助手、直播平台和聊天机器人；
- 利用机器学习，千人千面，提供个性化购物体验；
- 基于浏览记录和购买历史记录进行个性化产品推荐；
- 用人工智能进行升级销售和交叉销售；
- 使用聊天机器人提供服务，进行访客追回；
- 用工具包追踪竞争者；
- 给放弃购买商品的用户发消息；
- 收集能够提供深刻洞察和对电商业务有价值的信息；
- 通过 A/B 测试优化产品和促销。

电商科技的使用可以提升用户体验、满意度和忠诚度。例如，人工智能技术可以通过个性化推荐、智能客服等方式提供更贴近用户需求的服务。电商科技还可以通过自动化、智能化的方式，提高电商企业的运营效率和管理水平，降低成本和风险。例如，大数据技术可以通过分析数据提供更精准的销售策略和供应链管理。

（三）嵌入线上社群，用社交影响力进行"营"和"销"

品牌建立线上社群的主要目的是为自营电商赋能，增加品牌影响力和销售转化率。顺应数字时代消费者的决策过程，品牌应当把线上媒体（模块3）和线上商店（模块4）有机地结合在一起，帮助消费者完成一站式的购物决策过程。借线上社群"营"的力量，赋能自营电商"销"的功能，"营"和"销"自然而然地融合到一起，实现转化。

丝芙兰就是一个很好的范例。前文提到，丝芙兰搭建的 Beauty Talk 的价值是通过老用户的使用和分享来引导新用户的意识和研究，也就是用 UGC 替代了传统的 PGC，或者更精确地说是用二手经验替代了广告宣传来帮助品牌进行消费者教育，这就是"营"。如果说 Beauty Talk 还属于一个半开放的线上社群，那么按照品趣志的网络和数据结构搭建的 Beauty Board 就完全是全网开放，采用更极致的众包形式，邀请用户在全网收集图片并打好标签。用户还可以跟随其他用户风格，逐渐聚成自发的兴趣网络。丝芙兰在 Beauty Talk 和 Beauty Board 嵌入自营电商的链接，非常自然地把线上社群通过互助产生的需求引流到自营电商，转化成销售。

（四）抓住物联网商机

物联网时代的到来对于制造业来说，是一个很大的商机。但需要强调的是，想要真正将物联网技术变现，需要创新物联网的商业模式。比如第一章提到的大型农机具制造企业，在物联网来临之后改变了其商业模式，成功地进行了转型，开创了新的业务，也开发了新的盈利模式。

惠普也很早就采用了物联网电商的思路，墨盒的更换就是通过互联网直接通知惠普的电商网站，在材料还没有消耗尽之前，更换的墨盒已经寄到了消费者的家中，这样很容易地就把电商触点做到物联网的产品上（见图6-21）。

Next 是美国北卡罗来纳州生产温度调节器的一家传统生产厂商。它抓住了物联网的商机，把很多家用电器与自己生产的温度调节器连接在一起，通过数据采集，为消费者提供便捷的生活方式和节能建议，同时也可以帮助能源公司预测各个社区的能源使用情况。

图 6-21　惠普 Instant Ink

这些例子说明，物联网使制造业能够实现产品定制化、产品信息化及服务自动化，可以通过数据分析获得新的价值主张，从而帮助人们提升生活方式。借助物联网，每个公司都有成为数据和软件公司的潜力。

（五）优化产品、价格和服务，引流到自营电商

品牌可以通过搜索广告 SEO、信息流广告、程式化广告等，把消费者从各种第三方平台（内容平台、社交平台、线上社区、第三方电商，以及线下店铺）引流到自营电商；同时，可以打造自有电商明星级产品或者独有产品，可以提供预售、独家代理、售后服务等以吸引顾客；还可以采取许多简单易行的优惠和促销方式，提供优惠价格和特殊服务等，通过这些操作实现差异化定位。

比如，优衣库在自营的电商上发布新产品，提供定制化的产品和更优惠的折扣，还提供退货、售后、保修等，以此将消费者吸引到自己的电商平台上来，增加消费者对优衣库品牌的忠诚度，从而提高品牌知名度和销售额。

定制化的产品可以满足消费者对于个性化商品的需求，改善消费者的购物体验和满意度。同时，退货、售后、保修等服务也可以提高消费者对品牌的信任度，减少消费者购物的风险，从而增加消费者的购物欲望和消费频次。

然而，要想吸引消费者到自己的电商平台购物，并不仅仅是提供更多的服务和优惠那么简单，还需要优秀的产品和强大的品牌影响力。

（六）采取会员制、订阅制，留存用户和数据

品牌电商面临的主要挑战之一是随着时间的推移如何留住客户。增加会员福利和订阅服务，可以增加客户黏性。会员制电商和订阅式电商还有两个好处：一是提前锁定了客户未来一年的需求，从而降低拉新的营销成本；二是有机会采集到更高质量的会员数据。对于一个有数据思维的电商来讲，数据的采集和产品的销售可能同样重要。

沃尔玛推出了一款惊喜美容盒产品。消费者在线注册申请，即可以每盒6.98美元的价格（包括运费和手续费）获得一个装满知名品牌小样的盒子，盒中的产品因季节和可用库存而异。

沃尔玛在盒子里具体都放了什么？有人认为是一些积压的商品，也有人认为是该消费者经常在沃尔玛购买的商品。答案都不对，沃尔玛放到惊喜美容盒里的都是市面上见不到的新品小样。

沃尔玛设计这个惊喜美容盒产品最重要的战略目的是增加自营电商的人气。如果消费者对于盒子里面装的这些市面上独一无二的新品感兴趣，就可以登录沃尔玛的自营电商进行购买，这对于沃尔玛自营电商的引流极具战略意义。

这个操作非常符合底层的商业逻辑，同时满足了消费者、沃尔玛和供货商

各自的利益诉求，达到了三赢的效果。

第一，这些新品小样是品牌方提供给沃尔玛的，品牌方非常愿意提供这些小样——其解决了品牌方的一大痛点，因为商品要上沃尔玛的货架特别贵，而通过新品小样，可以免付上架费，直接触达消费者。

第二，消费者交付了年费，就拿到了很多市面上没有的东西，自然很惊喜，因为这是沃尔玛会员享受的福利，是附加价值，能增加消费者对沃尔玛品牌的忠诚度。

第三，沃尔玛直接受益——不仅额外从消费者身上收取了年费，同时还通过自营电商收集的数据做了低成本的市场调研，知道了哪些新品比较受欢迎，由此便可预测哪些新品会成为线下店的畅销品。

从该例可以看出，惊喜美容盒的设计和操作可以帮助自营电商引流，而不仅仅是一个简单的促销工具，符合底层的商业逻辑。后来，丝芙兰也推出了类似的订阅盒子，玩具品牌乐高也会给小朋友推出一些惊喜玩具。

（七）扩大品牌和品类

品类太单一的品牌电商比较难吸引到长期的用户。如果品牌能够突破传统的思维，超越对传统竞争的定义，采用平台的概念，围绕消费者的生活方式来引入更多的产品、品牌和品类，就可以让自己的品牌电商更加多样化和综合化，通过减少消费者的决策成本来吸引更多消费者。比如，品牌电商可以引入数字化转型相对滞后的竞品的品牌（如 CNET 引入竞品）以及外围产品。

还有一个商机就是引入孵化产品、白标产品（white label），或者跨界产品。品牌电商在销售自己的主营产品之外，也应当投资孵化新产品和开发自有产品，这不仅扩充了自营电商的产品丰富性，更重要的是扶持了一些小型的生产厂家，帮助其完成第一个段位的电子转型。

其中，白标产品是指由制造商为多个经销商打造的无商标产品。举个例子，制造商在生产某产品时什么商标都不贴，之后如果给京东供货就贴京东的标，如果给抖音供货就贴抖音的标，但其实都是一样的产品。

与不同品类的品牌供应商开展跨界合作，可以增加电商的吸引力，为消费者的生活方式服务。在经营上，需要脱离品牌电商的思维，向生活方式电商、垂直电商或综合电商学习。零售品牌电商丝芙兰和沃尔玛都会通过各种方式拓展品牌和品类。品牌制造商也可以通过白标产品或跨界合作来增加自营电商的产品的多样性。

（八）开拓国际市场

电商无国界，品牌可通过新技术把产品销售和品牌建设在世界范围内展开。正因如此，很多品牌会选择出海。亚马逊曾经是中国企业海外布局的重要渠道之一。比如，安克创新（Anker）是一家知名的电子产品制造商，成立于2011年。最初，安克创新主要在亚马逊上销售移动电源（充电宝）和电子配件等产品。随着时间的推移，安克创新逐渐扩展了产品线，包括笔记本备用电池等。公司的产品在亚马逊上表现出色，店铺评分高达4.9分，反映了用户的高满意度。此外，安克创新在"2022凯度BrandZ中国全球化品牌50强"中名列第12位，这一排名相当出色，超过了一些知名品牌，如腾讯、大疆和TCL。

如今，越来越多的跨境卖家寻求布局海外的新方向，独立站成为很多品牌的选择。独立站是拥有独立域名、内容、数据、权益私有，具备独立经营主权和经营主体责任的新型官网。相对于在第三方跨境电商平台上销售商品，独立站可以完全自主地控制电商平台的内容、样式、功能等，具有更高的自由度和自主性。比如，Shein和Urban Revivo（UR）是中国时尚品牌，它们旗下的自营跨境电商平台就采用了独立站的模式，致力于将中国本土品牌推向全球市场。UR采用全球化的营销策略，通过社交媒体、品牌推广和KOL合作等方式扩大品牌知名度和影响力，自主地控制和调整其电商运营，以满足品牌的需求和目标。Shein和UR的跨境电商模式采用了直邮和保税仓两种方式，保证了商品的品质和交货期，并优化了商品的价格和税费。

小　结

　　自营电商在数字化转型中的重要性日益凸显，搭建和经营自营电商已成为品牌电子转型的重要部分。造就这一趋势的原因，一是现在越来越多的消费者选择在网上购物，电商平台已经成为他们的首选渠道；二是自营电商承接了线上社群、线下媒介和第三方媒介所带来的营销效果，最终可以实现销售转化。

　　对企业而言，自营电商扮演着关键的角色，它有助于突破时间和地域的限制，开拓新市场，扩大销售渠道，进而增加销售额。同时，自营电商可以通过互联网覆盖更广泛的消费者群体，拓展更多的销售渠道，实现更有效的销售和更高的销售额。此外，自营电商可以通过数据分析和用户反馈等方式了解市场需求和消费者偏好，从而进行产品研发和营销策略的调整，优化销售效果并提升客户满意度。

　　在用户旅程的思路和数字转型的框架下，品牌应采用用户旅程思维、平台思维以及数据思维等多重视角。相较于仅为了销售产品而建立的自营电商，具备这些思维的自营电商将会更具竞争力。

案例　　拼多多的社交拼团

　　拼多多成立于 2015 年 9 月，从自营型生鲜电商平台起步，逐步发展为一家主打低价爆款商品、以社交拼团为主要模式的第三方电商平台。在获客模式上，拼多多背靠微信的社交流量生态，利用熟人"拼单"等多种机制实现用户量的迅速裂变；在平台定位上，拼多多主打"低价爆款"，以高性价比和邮费全免吸引了庞大的低线及低收入群体。在上述模式下，成立仅三年后，拼多多就获得了 3.44 亿用户，成为国内第三大电商平台。

　　PC 互联网时代，传统电商平台掌握着中心化的搜索流量入口，商品信息的传播依靠传统的电商广告投放，交易行为局限于电商平台场景内——用拼多多创始人黄峥的话来说，在此阶段内"流量分发的顶级商业模式是搜索引擎"，也就是"人找货"。然而，在移动互联网时代，搜索引擎日渐式微，每一个在线用户都代表着一个即时信息分发节点，以微信、微博为代表的移动社交应用占据了潜在消费者主要的在线时长，在线社交关系网络日益成为消费者获取、传播商品信息流的重要"通道"。此时，流量分发模式也从"中心化"的关键词搜索，转为"去中心化"的社交关系链中的"推荐"，也就是"信息找人"，或者称"货找人"（见图6-22）。这意味着，商品信息将有机会在社交网络中出现"裂变式"的迅速扩散，从而大幅降低电商平台的获客成本。

中心化的关键词搜索模式　　　　　　去中心化的社交推荐模式

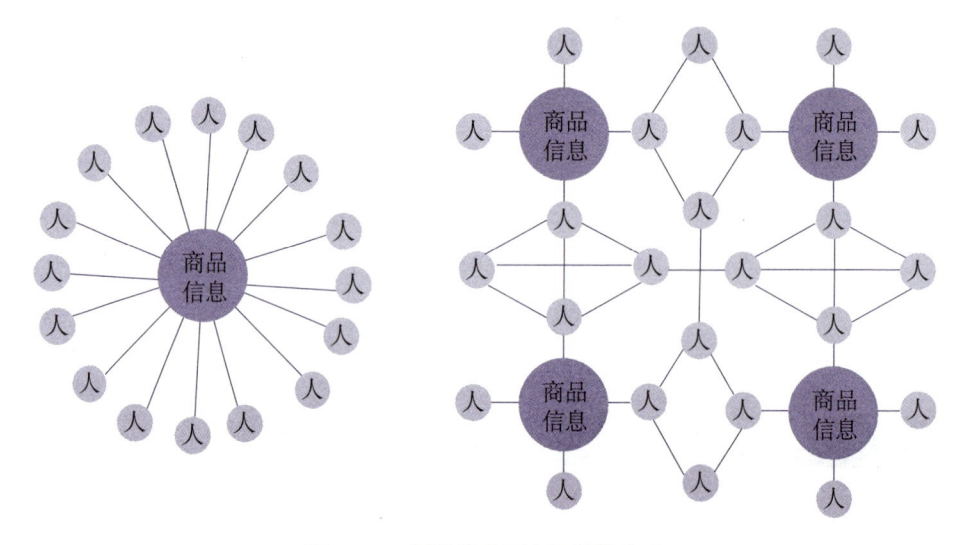

图 6-22　两种模式下人与货的关系

资料来源：长江商学院案例中心．

1. 低价产品拼团

拼多多瞄准国内消费市场中的价格敏感型用户群体，在需求端通过"低价""拼团"两大核心元素，促使商品信息在用户社交网络中快速传播，从而完成高效、低成本的获客。

拼多多获客的核心模式是这样的：用户通过浏览拼多多平台首页的限时秒

杀、特卖、免单等活动专区，或者在服饰、百货、视频等各产品分类页面下滑浏览，发现需要购买的商品后，可选择单独购买或者拼团模式；拼团模式下，商品价格显著低于单独购买价，拼团发起者在填写收货地址后需要按拼团价预先付款，并在 24 小时内将拼团邀请链接发送到微信场景中，邀请好友一起拼单，且 24 小时内拼单不能取消（除非通过拉新的方式获得"后悔卡"）。好友在收到邀请后，需要在拼多多 App 或者微信公众号、小程序中注册，才可以参与拼团，如此也就成为拼多多的新用户（见图 6-23）。上述模式是基于低价定位，促使商品信息通过社交的方式"找到"用户。这种方式替代了传统平台的广告投放，从而使得拼多多在完成用户规模高速增长的同时，始终保持较低的获客成本。

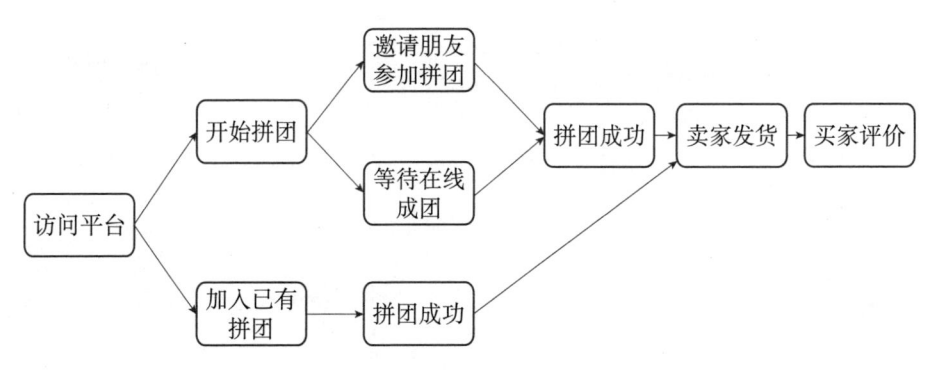

图 6-23 拼多多社交拼团模式

资料来源：长江商学院案例中心.

2. 盈利模式

拼多多本质是电商平台，拼多多的收入构成包括在线营销服务以及佣金收入两部分，其中在线营销服务主要是向商家收取竞价排名费用以及广告展位费用，佣金收入则是按商家销售额收取 0.6% 的佣金，主要用于向支付宝、微信钱包等第三方支付服务提供商支付服务费用。公司佣金收入基本与支付服务成本持平，毛利润主要由在线营销服务业务贡献（见表 6-2）。

表 6-2 拼多多各业务板块及盈利模式

业务板块		盈利模式	2018年第三季度营收占比
在线市场服务	在线营销服务	搜索推广：提供关键词竞价排名，按点击收费	88%
		明星店铺：提供明星店铺推广服务，按千次展现计算收费	
		Banner 广告：提供 Banner 资源位推广，按千次展现计算收费	
		场景推广：提供围绕用户定向条件和资源位的不同组合方案，按点击收费	
	佣金	代支付宝、微信支付等第三方支付收取交易佣金，占销售商品价值的 0.6%	12%
商品销售		"拼好货"在线商品直销	2017年第一季度后终止

资料来源：根据公司公告、国金证券研究、拼多多上市招股书、中信建投证券研究等整理。

案例 Stitch Fix 的成长启示

Stitch Fix 创始人卡特里娜·雷克（Katrina Lake）2005 年毕业于斯坦福大学。2011 年 2 月，在哈佛攻读 MBA 的卡特里娜赢得了 75 万美元（投后估值 350 万美元）的种子投资，她正式开始创办 Stitch Fix，并很快组建了数据算法团队。

2012 年，Stitch Fix 正式推出赖以成名的销售方式——Fix 盒子。Stitch Fix 将客户填写的问卷转化为数据，然后导入算法，分析客户偏好并形成推荐商品目录。同时，算法指引一位造型师与该客户匹配，造型师依据自己的判断从算法推荐的商品目录中选出 5 件服饰，并附上一封信简要说明自己的选择思路，形成一个 Fix 盒子。盒内单品价格从 30 美元到 200 美元不等。客户收到盒子后，可以留下自己喜欢的服饰并结账，再用盒子里所附的到付邮包将剩余服饰退回。这种带有盲盒元素的销售方式能够刺激客户的好奇心，而准确的算法加上造型师人性化的判断，又能保证客户在打开盒子时不会失望。

2019年7月，亚马逊用几乎完全照抄的商业模式宣告同Stitch Fix展开竞争。为了应对挑战，Stitch Fix开始设计脱离Fix盒子和造型师的直购销售模式，随后发布了新的销售模式Freestyle。在这种模式下，客户无须订购Fix盒子，也不用造型师进行推荐，在购物界面就能直接看到供选购的服饰。当然，呈现在客户眼前的所有服饰都是经过算法精心挑选的。目前，Freestyle模式已经成为公司重要的第二增长曲线。

2021年，Stitch Fix活跃客户近420万，销售额达21亿美元，覆盖所有服饰零售细分品类，能一站式满足全家购衣需求，业务横跨欧美。而这家公司从诞生到成为行业新锐仅用了10年。从公寓楼中的创业种子，到市值超35亿美元（截至2021年10月）的零售业巨擘，Stitch Fix的成功给我们带来以下启示。

1. 高效的数据收集

Stitch Fix将数字化定位为公司的核心竞争优势，并在收集数据、开发算法等方面不懈努力。Stitch Fix在客户初次注册流程中加入专家设计的问卷，为每个客户建立专属造型档案。据Stitch Fix的统计，造型档案能为公司提供90～100个具有统计显著性的数据点，包括式样、尺码、裁剪、价格偏好，以及诸如"周一需要穿正装""希望能凸显自己的长腿"等个性化的细节。

更重要的是，随着时间推移，Stitch Fix能够通过观察复购行为、邀请填写反馈问卷等形式对数据进行迭代，而活跃客户受Stitch Fix所提供服务的吸引也乐于提供反馈。在购买Fix盒子的客户中，愿意对购物体验进行反馈的客户数量占到了80%。Stitch Fix借此构筑了庞大的面板数据。除问卷以外，Stitch Fix还开发了能够高效收集数据的App内置小游戏，不仅能积累更多数据，还增加了品牌黏性。2020年，75%的活跃客户参与了游戏，积累的有效数据已超过60亿条。

更重要的是，这些数据不仅总量庞大，而且是来源于客户的第一手数据（而非通过推断、数据挖掘或第三方统计），因此具有极佳的可靠性和分析价值。对这些数据的分析结论能够指导公司优化购物体验,而享受过出色购物体验的客户也更愿意配合反馈,并提供更多数据,最终形成"销售—反馈"的良性循环,构成强大的网络效应。

2. 算法驱动公司运营

Stitch Fix 的数据团队成员多达 360 人。整个数据团队由首席算法官管理,首席算法官直接向 CEO 汇报,并在公司的战略决策会上占有一席之地。这种架构赋予了数据团队极高的权限和自由度,可以不经过冗长的立项程序自行判断研发方向,并为其倾斜资源。这套理念十分成功,数据团队开发出了各种算法。

- 个性化推荐算法:将客户的体型、穿衣风格、预算约束等内生变量,与季节、库存、销量等外生变量相结合,构建出矩阵,以预测库存产品和客户偏好之间的相关性。算法首先去掉客户曾退回的排除项,再将剩下库存每件商品上 100~150 个代表颜色、面料、款式等属性的数据点与客户的偏好进行匹配并打分,用协同过滤算法调整后将得分排序,最后构成供造型师挑选的推荐清单。

- 库存管理算法:在造型师敲定商品后,算法会根据客户和集散中心之间的相对位置、商品的库存状况、调货时间等因素,确定最合适的调货流程。库存管理算法还会统计商品的销售状况,提醒库存团队及时补货、处理积压库存,提高存货周转。

- 新款式设计算法:模仿生物进化,用算法进行服装设计。首先,算法将现有的各种设计元素(如中长款、波点图案、泡泡袖等)解构为一系列属性,作为"基因"。之后,将属性广泛组合,进行"杂交",再稍加改动,促使"突变",从而产生极为丰富的结果。算法对所有结果评分,并将分数最高的结果提交设计师进行验证,确认"进化"是否成功。Stitch Fix 据此构建了自有设计品牌,其对销售的贡献在 2019 年已达 20%。

3. 科技的理智与人类的情感相结合

引入数据和算法的同时,卡特里娜坚持将数据科学与造型师的判断相结合,并赋予后者改变或驳回算法推荐结论的权力。

例如，有时客户的需求非常具体："我需要一条能参加户外婚礼的正装长裙。"此时，造型师无需通过算法就能知道如何满足这个需求。此外，随着购物次数变多，客户和造型师的关系日益密切，有的客户会和造型师分享如怀孕、减肥成功、入职新工作之类的隐私。这些都意味着客户的人生进入了新阶段。没有感情的机器难以理解其中的意义，但善解人意的造型师能立即了解客户的重大变化，并据此为客户设计全新的造型，从而进一步加深与客户的联系。而这无疑能产生极强的品牌忠诚度。

在 Fix 盒子内，造型师还会附上一张便笺，向客户致以问候，解释自己选择时的考虑，并邀请客户给出反馈。在线上社交时代，这样略显"老派"的信件能让客户倍感亲切。信中表达的"我们希望能为你做得更好"的态度，可以有效提高客户的购买意愿。而提供反馈的邀请则会令客户感到自己被重视，同时也让公司获得可靠的一手数据。

总之，造型师掌握着 Fix 盒子销售的关键工序，地位相当重要，也占据着员工总数的大部分。在数据算法团队和造型师团队的通力合作下，公司销售额连续数年以超过 25% 的速度飙升。

归根结底，人类感性而细腻，机器理性而冷酷，只有人与机器相结合，才能在艺术与科学、感性创意与理性逻辑之间找到平衡，从而产生更大的能量，让数据和算法变得有温度，为客户提供更好的体验。

4. 富有创意的销售方式和出色的用户体验

利用盲盒玩法，Fix 盒子迅速占领了市场，取得了出人意料的成功，并在很长时间内成为支撑公司扩张的主要动力。在整个购物过程中，客户会享受到种种积极的购物体验：

- 拆开盒子发现中意衣物时的惊喜；
- 构建独一无二专属造型时自我的彰显；
- 在家中穿衣镜前试穿，而无需在商场试衣间前排队的从容；
- 送货上门、免费退货带来的方便与快捷；
- 与造型师互动时萌发的友情等。

人们在购物时不仅希望获得商品，还希望获得上述这些积极的情感体验。

如果商家真的能提供这些体验，客户自然愿意付出一些溢价。这正是 Fix 盒子大行其道的根本原因。

资料来源：长江商学院案例中心．让 AI 带上温度，将算法结合时尚：Stitch Fix 的成长启示．

案例　品趣志：兴趣电商的开创者

品趣志是一个大众视觉分类平台，用户可以在上面创建和分享他们的视觉收藏，包括图片、视频和 GIF 等。用户可以在品趣志上创建虚拟的画板，将其收藏的图片和视频按主题、兴趣和风格等分类整理，也可以关注其他用户的画板并将其收藏到自己的画板中。品趣志于 2010 年推出，之后迅速成为用户蜂拥而至的"创意目录"。用户可以在其上发现、组织和共享图像，这些图像要么由用户从其他网站收集，要么直接上传到网站，要么由公司宣传其产品或服务。

1. 基于兴趣的社交

品趣志是一个开放的网站，用户可以在其中发现、收集、组织和备注图像和其他媒体内容（例如视频）。在品趣志上，用户的视觉收藏称为"Pin"，将图片、视频和 GIF 等内容添加到品趣志上的过程称为"Pin it"或"Save"。Pin 在品趣志上的作用类似于书签，让用户可以方便地收集和组织自己喜欢的内容，并与其他用户共享。这些收藏的素材被归纳到用户自定义的文件夹或引脚板中，并可根据用户的喜好进行备注。用户的收藏和图像备注为兴趣小组的形成奠定了基础。当用户创建一个 Pin 或画板时，可以选择公开分享，或者设置一定的查看权限。

品趣志通过提供在线图片分享和收藏服务，成为一个基于图片和兴趣的社交媒体平台。品趣志的兴趣网络涵盖了广泛的领域，包括家居装饰、时尚美妆、旅行、美食、健身等。用户可以通过关注其他用户的收藏夹画板、搜索关键词、浏览推荐内容等方式，发现更多与自己兴趣相关的内容，并将其添加到自己的收藏画板中。这种基于图片和兴趣的社交模式，让用户可以在品趣志上建立起自己的兴趣网络，与其他志同道合的用户分享和交流自己的想法及感受。

2. 品趣志的基本功能设计

品趣志的页面提供以下基本功能：

• Pin：用户可以通过品趣志上的"Pin it"或"Save"按钮将图片、视频、GIF 等内容保存到自己的画板上，类似于收藏或书签的功能（见图 6-24）。

图 6-24　品趣志的 Pin 图结构

• 画板（Boards）：用户可以创建自己的画板，并将 Pin 按照主题或兴趣分类整理。画板可以设置为公开或私人，方便用户与其他用户共享或保护自己的隐私。

• 关注（Follow）：用户可以关注其他用户的画板，或者关注特定兴趣领域的主题画板，以发现更多相关的内容和用户。

• 搜索（Search）：用户可以通过关键词搜索特定的内容、画板、用户和主题，方便发现和收集自己感兴趣的内容。

• 探索（Explore）：品趣志会根据用户的兴趣和行为，推荐相关的画板、主题和内容，让用户可以发现更多的内容和用户。

• 分享（Share）：用户可以通过品趣志将自己喜欢的内容分享到其他社交媒体平台上，如脸书、推特等。

同时，品趣志还提供了一些其他的功能，如广告投放、购物功能、收藏统计等，让用户可以更好地利用品趣志发现和管理自己的兴趣及灵感。

此外，品趣志以瀑布流（waterfall flow）的形式展示图片和其他内容。用户可以滚动页面浏览不同的画板和 Pin，瀑布流式的布局可以让用户更快地发现自己感兴趣的内容，也为不同尺寸和比例的图片提供了适应性。瀑布流式的布局还可以让页面更具有美感和艺术感，让用户更愿意停留在页面上浏览和发现内容。

3. 品趣志的独特之处

• 全网可搜，以 UGC 为主。品趣志做的是图片和视频，且这些内容由普通用户收集而来。换言之，品趣志产生 UGC 的过程就是让用户在全网上任何一个地方看到好的图片和视频时，随手一 Pin，将其收集进自己的画板里。这实际上是发动用户进行全网搜索，帮助品趣志收集图片。目前，品趣志上也有一些广告，但都进行了标注，这一点特别重要。在社交媒体进行营销，明确区分 UGC 与 PGC，有助于确立平台价值，持续吸引用户。

• 从搜索到发现。品趣志的创始人本·西尔伯曼（Ben Silbermann）认为，像谷歌这样的搜索引擎，只有当用户已经知道自己在寻找什么的情况下才有用。而品趣志以瀑布流的方式展示图片和短视频，引导用户去发现，将意料之外的东西呈现在用户面前。"把人们从来不知道的可能性呈现在他们面前"，而"当你看到它的时候，你就会了解并喜欢上它"。

• 社交型内容筛选。不同于脸书、WhatsApp、微信等以用户线下社交关系为基础的通信型社交应用，品趣志专注于内容。相比于 Instagram 以对外发布个人照片为核心功能，品趣志更注重上传用户在网站上发现的有趣照片。相较于直接上传，品趣志用户经历了搜索、发现、收集、整理、评论、分享的过程，不同用户共同筛选、整理了网络上大量的非结构化内容。这便是"众人拾柴"的社交型内容筛选（social curation）。

值得一提的是，品趣志上的内容筛选（包括对图片的收集和备注等），是在众包的形式下由千千万万的普通用户共同完成的,而不是由意见领袖或专家执行的。这些普通用户的行为不依赖于已成型的线上或线下社交网络而存在。每个用户的图片筛选结果对其他用户公开可见、可用。这种协作环境使每个人都可以轻松发现符合其兴趣的内容。

4.品趣志的营销价值

品趣志上数以亿计的用户根据自己的兴趣收集、整理图片和视频,并进行备注,这提供了大量关于消费者偏好和内容特征的信息,对品牌营销极具价值。

• 进入决策过程前端,发现消费者的需求和偏好。对于品牌来说,消费者给画板取的名字说明了他的需求,他们现阶段的需求在其决策过程中尚处于前端——做研究,产生意识。此时,用户是在找解决方案,他们对品牌和品类的选择是完全开放的。品牌完全可以在此时介入,影响其对品牌甚至是品类的决策。

• 品趣志有助于生成品牌网络图。每位用户的画板里收集的图片可以反映出他的风格和偏好。外界也可以看到在同一个风格或品类下面,用户放了哪些品牌。这些信息透露出哪些品牌在消费者眼里是相互竞争的关系,也即品牌网络图、认知图。有了这些品牌网络图,商家可以做到"心中有数",进而更有效地经营品牌。

• 品趣志同时搭建出兴趣网络图。前文已经提到,用户之间所形成的社群是以共同的兴趣和偏好为出发点的,由于网络建立的基础是共同的兴趣与审美,因此营销效果会更加精准。这相当于品趣志已经帮品牌完成了信息投放对象的筛选工作,可能对品牌感兴趣的消费者已经被聚合在了一起。这种对消费者的锁定效果,是通信型社交平台做不到的。此外,社群内部很容易激发推广内容的二次创作和交流,相较于以线下社交关系为主的通信型应用,品牌在品趣志上的投放效果会更持续,也更容易引发热点。

品趣志邀请消费者从全网搜集、整理、备注图片和视频,贡献了需求和偏好的信息,同时鼓励消费者按照兴趣聚合成兴趣小组,这就相当于完成了营销十个动作中的前四步,即市场研究、细分市场、选择目标市场、确定产品定位。

品趣志的平台搭建逻辑和思路值得借鉴，品牌亦可以搭建类似的平台。比如，丝芙兰的 Beauty INSIDER COMMUNITY，就是品牌按照兴趣电商所搭建的线上社群与线上电商的结合，也即兴趣电商。实践证明，兴趣网络比社交网络更加有效。丝芙兰搭建整个兴趣网络后，每次以相同的投入做营销时，回报率都大大提高。原因就在于其投放对象的精准性，同时用户还免费帮其完成了市场调研。不仅如此，由于美妆论坛上很多产品都不是丝芙兰正在销售的产品，丝芙兰可通过论坛了解消费者的产品偏好，随后可立即调配货源或研发新产品。

第七章 07 智慧门店

主题

线下门店在品牌数字化转型中的作用
以零售科技助力线下门店智能化升级
如何将门店从成本中心转变为利润中心

示例

盒马鲜生

// 引例 //

实体店变革新动向

数字技术为线下门店赋予了新的角色。越来越多的实体店通过引入各种数字科技，探索新的零售方式。

• 服装品牌加拿大鹅（Canada Goose，加拿大）在多伦多推出了无产品的店内品牌体验，让消费者网购前能在模拟环境中试穿。

• 巴黎老牌百货公司乐蓬马歇（Le Bon Marché，法国）在一场名为"Geek Mais Chic"的展览中，向顾客展示了3D打印鞋底和依赖算法选择香水的技术，同时还打造了滑板公园、瑜伽馆，并邀请了文身艺术家到店。

• 时尚购物平台发发奇（Farfetch，英国）多触点捕获宝贵的客户数据。在技术的帮助下，联网的衣架能记录消费者挑选的物品，这些信息可存储在移动应用中，消费者日后可以向左滑动或向右滑动以编辑选择。

• 电商 Myntra（印度）在班加罗尔开设的时尚零售店 Roadster Go 利用多种先进技术，为消费者提供智能、便捷的购物体验，包括利用射频识别（RFID）使消费者能够实时了解产品功能、在线价格等并在30秒内完成自助结账。

• 眼镜品牌 Good Citizens Eyewear（澳大利亚）将从海滩上收集来的塑料垃圾和废弃渔网制成价格低廉的眼镜框架，消费者可在其店内定制个性化的太阳镜。

• 时尚品牌 STYLENANDA（韩国）在首尔闹市开设了以粉红色酒店为主题的线下门店，1～2层以酒店前台、自助餐厅等主题设计摆售化妆品；4层以洗衣房为背景，出售各类配饰；5层以泳池为主题，打造咖啡厅。该店独特的设计，吸引了大量消费者前来打卡体验并分享。

本章将讨论线下门店（模块6），重点介绍线下门店在用户旅程中的新角色，以及品牌如何利用智慧门店更好地服务消费者 ROPOSO 决策过程的前端和后端，为其提供全过程支持以及更好的品牌体验。同时，本章还将探讨品牌如何以线下门店为根据地，开拓新的利润来源，以减轻运营实体店的资金压力。

一、线下门店的新角色

20年来，线上销售因其独特的优势取得了稳健增长，但该模式也有其局限性。电商的运行高度依赖互联网技术，这导致了消费者与产品在空间和时间上存在距离。空间上的隔阂使得消费者不能亲自体验产品的各种感官特性，如触感、味道等，从而难以全面评估产品。尽管电商采取了众多方法来克服这种障碍，例如提供货到付款、无条件退货或试穿服务等，但仍不能与实体店中的直观体验相提并论。时间上的隔阂意味着消费者无法立即获得所购买的商品。另外，电商难以提供面对面的沟通和售后维护；线上购物也缺乏与朋友共享的社交乐趣和实时的购物娱乐体验。品牌如果单凭线上销售，很难与消费者形成深度的互动和关系，这为品牌建设及建立长期客户关系带来了挑战。

但换个视角来看，电商的短板即是线下门店的机会。线下门店是品牌近距离接触消费者，为其提供一手产品信息和产品体验的可靠渠道，而一手经验对非标准以及高单价的品牌和品类尤其重要。同时，线下门店所提供的亲身体验对线上销售具有补充作用。

在数字时代，线下门店不仅是一个销售点，还是一个多功能的品牌体验中心。如图 7-1 所示，线下门店具备的新功能如下：

其一，在消费者决策过程初期，线下门店是消费者体验产品的主要场所。在这里，消费者可以触摸、试用并对产品进行深入了解，特别是对于需要感官体验的产品，如服装、化妆品、高端电子设备等。线下门店还是新技术和新产品，如 AR、VR 和 AI 的展示平台。此外，线下门店还可以通过音乐、艺术、设计为消费者提供独特的体验。

其二，在购买阶段，线下门店提供个性化的购物体验，如产品定制、专家咨询和个性化推荐，从而提高购买转化率、增强客户的品牌忠诚度。此外，线下门店还可以充当提货点的角色，让消费者能够线上下单、线下提货，实现快速的满足感，而无需等待物流配送。同时，经过改造后，线下门店还可以收集消费者的购物习惯、偏好和反馈，为品牌提供宝贵的市场分析数据。

其三，在使用阶段，线下门店承担了教育与培训的作用。很多品牌将线下门店转型为培训和教育中心，提供产品使用教程、工作坊和研讨会，增强消费者与产品之间的连接。线下门店还可以是售后服务站，为消费者提供便捷的售后服务，包括退货、维修、咨询等。帮助消费者简化退货过程，有助于增强线上销售的吸引力；为用户在长期使用产品的过程中提供持续的支持，则是很多线上平台难以匹敌的。

其四，在分享阶段，线下门店也发挥着越来越重要的作用。品牌可以将线下门店作为一个社交和娱乐中心，推动用户与亲友共同分享购物体验。这种联结不仅增强了购物的愉悦感，还为他们留下了难忘的记忆。

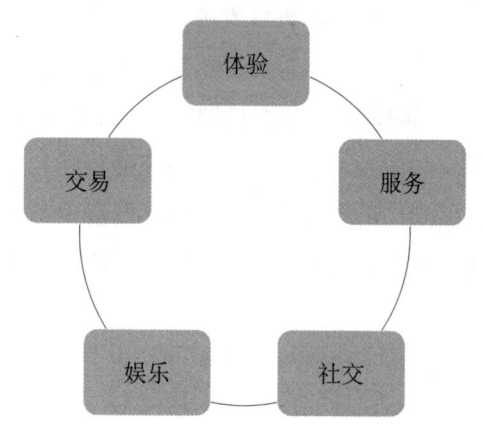

图 7-1　线下门店的新功能

简言之，除了传统的交易功能，线下门店的角色已经扩展到产品体验、退换货服务以及社交互动等多个维度。数字时代的线下门店，能为用户提供更丰富、个性化和深入的购物体验。其与线上店铺互补，使用户的品牌体验更为多元和全面。对于品牌而言，重新定位和优化线下门店的功能，促进其与线上销售相融合，将变得越来越重要。展望未来，我们可以预见线下门店会进一步转型，成为品牌在线下的一个实体"展示页"。

二、拥抱零售科技

在数字化浪潮中，线下门店若想保持竞争力，就需要借助零售科技，对门店进行智能化升级，使之能够有效地服务于消费者的 ROPOSO 决策过程，同时打造一个全新的消费者品牌交互维度。

零售科技（retail technology）是指应用于零售行业的，以提高零售业务效率、优化消费者购物体验、降低成本、增加收益等为目的的技术手段和工具。常见的零售科技包括智能 POS 系统、移动支付、人脸识别技术、智能化库存管理系统、虚拟试衣镜、无人售货机等等。未来，智能试装、隔空感应、拍照搜索、语音购物、VR逛店、无人物流、自助结算、虚拟助理等都有可能获得大范围的应用与普及。图7-2展示了建立体验式零售所需的一些数字技术。

AR技术	信标	连接对象	数字标牌	无人机	人脸识别
视频直播	运动感应	NFC（近场通信技术）	付款方式	地理位置	室内无线网络
二维码	机器人	自付款终端	触摸屏	VR技术	可穿戴设备

图7-2　建立体验式零售的数字技术

当前的零售科技可以实现众多的营销功能。例如，运用虚拟现实技术营造沉浸式的购物体验；采用高级数据分析系统和智能营销工具来更精确地捕捉和响应消费者需求；通过算法来优化库存管理；深度挖掘消费者购物习惯的数据，提供智能客服支持。以下介绍几种主要的零售科技及其在智慧门店中的应用。

（一）计算机视觉和人脸识别

计算机视觉和人脸识别技术在消费者旅程营销中可发挥重要作用。如果品牌能够把消费者在线上使用的ID和线下的人脸识别整合在一起，就可把消费者线上线下的决策足迹打通并链接在一起。

如今的人脸识别技术已经十分成熟，能做到消费者一到店，门店就可以通过人脸识别设备自动将其注册成为会员。亚马逊推出的无人便利店 Amazon Go，通过应用计算机视觉、深度学习以及传感器融合等技术，跳过传统收银结账的环节，颠覆了传统便利店、超市的运营模式。阿里巴巴推出了面部识别技术，让顾客在参与"微笑支付"的商店内，选择他们想要购买的产品和服务以后，只需对着自助服务机微笑一下就能完成付款。沃尔玛也开发了面部识别系统，用来在结账处识别用户的情绪。该技术能追踪消费者从排队到完成结账的整个过程，用摄像机记录顾客的面部表情和肢体动作，然后分析其面部表情。一旦检测出有高程度的低落情绪，系统即会通知附近的店员前来提供帮助，从而及时改善消费者体验。

计算机视觉的利用丰富了消费者购物体验。当然，不可否认的是，这些数据采集技术存在侵犯个人隐私的争议。

（二）智能试衣镜[①]

为了促进科技与时尚零售的结合，拉夫劳伦（Ralph Lauren）与智能镜品牌 Oak Labs 合作，在位于纽约第五大道的旗舰店内安装了 16 块全触摸屏智能试衣镜。这些智能试衣镜可以识别顾客带入试衣间的服装标签上的 RFID 芯片。顾客可以根据需要，选择试穿服装的光线和场景，例如"日间第五大道"或"夜晚 Polo 吧"，以查看服装的效果。通过智能试衣镜，拉夫劳伦可以增加不同尺码的衣物的陈列，使更多商品能够在多样化的虚拟空间内得到展示。

借此技术，试衣过程也变得更加简便和高效。顾客无需将大堆衣物带进试衣间，而只需将想要试穿的衣物放入虚拟"试衣车"中。透过试衣间中的智能屏幕，顾客还可与后台工作人员进行交流，使其提供更换尺码等服务。如果顾客对产品感到满意，他们可以直接从触摸屏上进行购买。如果顾客需要朋友的意见，他们还可以连接到脸书，与朋友分享试穿效果。购物的社交和娱乐属性由此被引入线下门店。如果顾客暂不能做出购买决策，他们可以通过短信将产

[①] http://www.sjfzxm.com/news/zhengce/201511/22/472489.html.

品链接发送到手机上，以便日后进行选择。

在上述实例中，智能试衣镜被用作门店数字化转型的关键工具，用于连接消费者的购物决策过程，增强社交属性以及收集数据。与一些传统品牌店铺使用"魔镜"吸引顾客进店并尝试新科技不同，拉夫劳伦的智能试衣镜真正成为了品牌数字化转型的一个触点。

（三）聊天机器人[①]

聊天机器人最初用于在线客服领域，随着自然语言处理和生成式 AI 等技术的快速迭代，其覆盖的领域不断拓宽，在网站、移动应用、物联网产品中得到应用。

汤米·费格（Tommy Hilfiger）推出了一款名为 TMY.GRL 的聊天机器人，其能够学习理解每位消费者的喜好、背景与意图，预判消费者行为，跟随用户旅程的每一步并提供个性化的内容和服务。

未来，每一个消费者都可以拥有自己喜欢的聊天机器人。消费者可以选择机器人的名字、声音和个性，以及定义自己的偏好和目标。聊天机器人有记忆、会学习，还会跟着消费者来到线下门店，出现在店铺的屏幕或者消费者的移动终端上，成为全程伴随和协助消费者进行决策的个性化智能小助手，既补充了线上购物缺乏人工服务，又弥补了线下销售人员无法追踪消费者提供个性化服务的缺陷。

（四）人工智能推荐[②]

正如第六章提到的，电商平台早已运用人工智能和算法为消费者提供个性化的产品推荐。如今，相关技术也可以在线下门店得到应用。例如，阿里巴巴开发的 Fashion AI 就是一种可提供时尚搭配建议的人工智能系统，其算法的训练和参数的选择背靠多重数据源：淘宝造型师提供的超过 50 万套搭配方案、

[①] https://www.sohu.com/a/125715295_162522.
[②] https://baijiahao.baidu.com/s?id=1605045177549288122&wfr=spider&for=pc，https://www.yicai.com/news/100001478.html.

合作品牌的造型建议、来自天猫的消费者购物趋势分析，以及消费者在淘宝上的服饰购买记录。

在 Fashion AI 概念店中，消费者可以通过扫描淘宝 ID，绑定个人信息后进入店铺。店内的衣物都装有智能锁扣，当消费者拿起衣物时，AI 系统能够感应到并在旁边的智能屏幕上显示商品信息，同时提供多种搭配建议。

对于消费者而言，Fashion AI 极大地简化了搭配难题，使试穿更加灵活，购物更加便捷。对于零售商来说，Fashion AI 提供了多样化的搭配建议，可引导和刺激消费者的购买行为，有助于提高门店的销售额。此外，AI 技术还可以通过追踪衣物被浏览和试穿的次数，来帮助零售商更好地了解消费者的购物习惯和偏好。

Fashion AI 的亮点在于，它将在线零售的产品推荐算法成功地转移到了线下门店，帮助门店解决了有限空间内的重复陈列问题，为消费者提供了更多选择。同时，通过收集和分析数据，Fashion AI 可以帮助零售商更好地理解消费者的兴趣和需求。

（五）iBeacon 购物轨迹追踪

iBeacon 移动定位技术，允许品牌追踪到店消费者的运动轨迹，并通过对轨迹数据的分析，更加深刻地了解消费者的需求和偏好，以引导其店内决策过程。如一位顾客在展示电视的区域站立超过 15 分钟，但没有购买就离开了，零售商便掌握了消费者对该品类乃至相关品牌的兴趣。即使在顾客离开线下门店以后，零售商还可以通过发送建议和促销信息等进行线上跟进。

分析轨迹数据，能让零售商收获很多意想不到的洞察。如能预测门店的客流量，员工的排班就可以更加精准，从而提升门店的整体运营效率。同时，通过数据分析，零售商可以了解哪些商品是顾客感兴趣的、哪些又是顾客试得多但成交量低的等，品牌可以据此调整柜台布局。

（六）零售机器人和无人机

零售机器人和无人机等也在被更多地利用起来。总部位于美国密歇根州的连锁比萨饼快餐店达美乐（Domino's Pizza），运用全球定位系统数据，将其与自动驾驶车辆结合起来进行配送。沃尔玛实施了无人机项目，以提高效率、改善用户体验。一方面，沃尔玛使用无人机投递货物，缩短运输时间；另一方面，沃尔玛在配送中心使用无人机以每秒 30 张的速度拍照，确保商品货架陈列无误，当发现商品摆放错误时，系统会立即发出红色警报，便于工作人员及时更正。

（七）动态电子价标

不少线下门店已在利用电子价标，实时更新产品价格。这种方式比传统的纸质标签更为高效和灵活。同时，电子标签还可以为消费者提供更多维度的产品详情。例如，消费者仅需使用手机扫描标签，即可查看产品溯源信息、线上评级和用户反馈，甚至还可以查看实时库存状态等。

此外，电子价标为促销提供了新工具。一家欧洲初创公司根据产品定价逻辑，设计出了一种动态的商品价格调整机制，并将其集成在电子标签中。以销售蛋糕制作原料为例，当商店对蛋糕粉进行折扣促销时，相关的产品如奶油、糖和草莓也会得到相应的价格调整。这种调整可能是为了配合消费者完成制作蛋糕的需求而降价，或是为了利润最大化而适当提价。

综上所述，拥抱零售科技对于线下门店的数字化转型至关重要。新技术有助于线下门店实现体验、服务、社交和娱乐等新功能，同时能让线下门店更好地服务于品牌和零售商完整的数字化转型战略。智慧门店是品牌私域中为消费者提供体验的最重要的模块。与电商相比，线下门店更能深度地提供富有体验感的互动，其说服力也更强。

三、智慧门店的新功能

线下门店在用户旅程中具有重要作用，其可以满足消费者购买前的体验和研究需求，也可以打消购买后提货和退货的顾虑。因此，品牌在经营和升级改造线下门店时，要把线下门店作为服务用户旅程中的一个中间环节，发挥其支持线上销售、赋能线上社群、收集多元数据、整合线上线下触点、开发体验功能、打造网红打卡地等作用，以提升消费者的品牌体验。

（一）支持线上销售

现已有很多品牌鼓励消费者在线下单然后在店内取货，让线下门店充当退货和售后服务中心，弥补线上购物的不足。此外，线下门店还可以提供一些增值服务，如商品体验、产品教学、个性化定制等，以提高消费者的购物满意度和品牌的附加值。

优衣库就是一个成功打通线上线下店铺的例子。消费者可以在网上浏览并购买其感兴趣商品，然后选择在就近的优衣库门店试穿和提货。这种便捷的购物方式为消费者提供了更多的自由和灵活性，无论是线上购物还是线下购物都能够得到满足。

此外，线下门店也发挥了重要的售后服务作用。如果消费者在购买后需要退货或遇到产品质量问题，可以直接前往线下门店进行退货或售后咨询，无需邮寄或等待漫长的处理。这种即时的售后服务增强了消费者对品牌的信任感，提升了购物体验。

（二）赋能线上社群

线下门店可以反哺线上社群，提升后者的活跃度。品牌可以创造更多的场景与顾客互动，比如通过店内扫码邀请消费者加入线上社群，注册成为私域会员。品牌亦可以邀请消费者利用手机的拍照和摄像功能，把在店内看到的新奇产品，以及参与的社群活动分享到线上社群。品牌还可利用线下门店的空间，邀请线上社群定期或不定期举办面对面的线下活动，增进社群的凝聚力。比如前文提到的蔚来汽车搭建的蔚来中心，就成了用户和社群的第三空间。

（三）收集多元数据

经过多年耕耘，线下门店沉淀了大量忠诚的消费者和用户，是品牌获取数据的绝佳来源。品牌应当充分利用线下门店与消费者近距离接触的机会，使其成为收集数据和服务消费者的重要触点。

品牌可以通过摄像头、面部识别、跟踪信标、销售点（POS）、Wifi、传感器、射频识别以及 iBeacon 等技术，收集手机用户的移动和停留时间、面部表情，产品从货架到试衣间的移动情况等数据。通过分析这些数据，品牌可深入了解消费者偏好，优化门店布局和库存，并提供个性化体验。

在数字时代，运营线下门店就同运营网店一样，品牌应将数据收集视为一项战略投资，并以数据来反哺线上和线下的日常运营。

（四）整合线上线下触点

消费者 RO 和 SO 的决策步骤通常是在线上完成的。线下门店可以通过增加数字触点，鼓励消费者在店内完成 RO 和 SO 的决策，从而更快地实现销售转化。比如亚马逊在所建的线下门店当中，向消费者提供产品在线上的评分，助力消费者在店内完成意识和研究的决策过程。

博柏利（Burberry）在 2012 年推出了名为"Burberry World Live"的数字化平台，旨在融合线上和线下的品牌体验。博柏利在门店中安装 iPad，邀请顾客浏览最新的时装秀、产品信息，了解品牌的历史和文化，以提升品牌认知和忠诚度。

（五）开发体验功能

品牌应在门店内整合各种新科技，提供创新的产品互动方式，打造引人入胜的购物体验。

首先，门店可以采用多种互动技术，创造独特的体验。例如，通过 VR 和

AR 技术，将产品嵌入各种真实生活场景，使消费者能够更深入地了解商品和服务。这种互动性能够激发消费者的视觉、听觉甚至味觉等多种感官的综合反馈，提高他们的参与感和满足感。

其次，门店可以将自身打造成真正的展示厅，以突出品牌的特色和差异化。通过视觉和触觉等方式，让消费者对品牌的独特魅力记忆深刻。同时，品牌可创造温馨、舒适、有趣和愉悦的购物氛围，提升顾客的购物体验和情感满足。

此外，门店还可以通过展示品牌历史、故事、口号和品牌精神等，来强化品牌的文化传承，帮助消费者更深入地了解品牌的价值观和使命感，加深其对品牌的认知和情感连接。

泰德贝克（Ted Baker）是一家英国的时尚品牌。它曾与导演盖·里奇（Guy Ritchie）合作，拍摄了一部名为《完美机密任务》（*Mission Impeccable*）的短片，用于宣传品牌 2016 年秋冬系列产品。这部三分钟的短片结合了时尚宣传和故事情节，展示了泰德贝克的服装和饰品，并构建了一个英伦特工风格的剧情。在短片中，泰德贝克扮演了一个"万人迷"的角色，领导 T.E.D. 特工组织，阻止了一场由罪犯团伙策划的时尚灾难。剧情幽默，充满戏剧性，并展示了品牌蕴涵的英伦传统。除了将该短片用于线上宣传，品牌还鼓励观众前往线下门店，寻找与短片中情节相关的线索或体验。这种巧妙的宣传方式结合了时尚展示和故事情节，有助于促进线上线下销售。

（六）打造网红打卡地

近年来，网红文化逐渐成为了一种全球现象，网红直播已经成为影响消费者购买决策的重要因素之一。在这一趋势下，品牌可积极参与网红文化，通过打造网红打卡地来助力用户旅程，实现双赢。

许多门店以独特的设计和体验将自身变为网红打卡地，邀请消费者前来拍照并分享到社交媒体，为品牌做免费广告。有些门店还积极寻求与网红合作，为其提供优越的拍摄场地、吸引人的产品和引人入胜的道具。这些合作既使网红的内容更加吸引人，又为门店和品牌带来了广告曝光和宣传机会。网红在制作视频的过程中，自然而然地成了产品和品牌的宣传大使，将产品推向了广大受众。

在此合作模式下，线下门店借用了社交媒体的精髓，即 UGC 和众包，邀请 KOL 和 KOC 参与品牌宣传，为其他消费者的决策过程提供帮助。

四、开辟新的利润来源

如上所述，线下门店的交易功能正日益弱化，更多地承担起展示厅、售后服务点、数据收集中心等新角色。这意味着线下门店的运营成本会越来越高。

为此，品牌应当考虑在盈利模式上做出相应的调整和突破，探索线下门店新的利润来源，以减轻线下门店作为成本中心的资金压力。本部分将通过几个有代表性的例子来诠释线下门店如何拓展新的利润来源。

（一）从展示产品获取利润——Story[①]

Story 概念店于 2011 年创立，位于纽约曼哈顿第十大道，门店面积约 200 平方米。类似于经营一本不断翻新的杂志，Story 的门店每隔 4～8 周都会进行全面更新，包括设计风格、产品种类、宣传话术等，以呈现全新的主题，展现时尚趋势，刷新顾客体验（见图 7-3）。

Story 聚焦新锐品牌，为其提供线下空间，解决这些品牌缺乏实体店进行产品展示和销售的痛点。一些大品牌生产商和零售商也将 Story 视为创新实验的基地，租用其空间来测试新产品。可以说，这种展厅模式能帮助新锐品牌进入实体零售市场，同时也为大品牌提供了新产品调研和推广的机会。Story 则按周期向品牌收取租金。

数据显示，在每个品牌主题的 4 周期间，Story 概念店平均接待 5 万～8 万名顾客，这些品牌主题的平均曝光量高达 5 000 万。

---

① https://www.sohu.com/a/243109512_178466.

图 7-3　Story 概念店

资料来源：The Huffington Post, https://www.huffpost.com/entry/rachel-shechtman-story_n_571fc313e4b0b49df6a96366.

传统品牌制造商和零售商，可以向 Story 学习以下思路：

第一，"对意想不到的合作伙伴敞开怀抱"。新锐品牌一方面借助电商快速崛起，但另一方面却没有足够的资金和时间建立线下门店。Story 便以此为突破口，通过出租展厅，解决新锐品牌没有线下门店（一手体验）的痛点。

第二，Story 通过生活化的主题场景，把属于同一场景的新锐品牌组合在一起，并以娱乐性、社交性的方式直观地展示出来，再辅以现场的专业解说和指导，为消费者创造了如同阅读生活方式杂志一般的发掘新产品的体验。这种零售模式打破了原有的固定选品和固定客户的概念。

第三，Story 经常变化，这意味着每一次推出新的特色项目，到访门店并参与活动的消费者的构成和网络也会随之改变。例如，通过超过十种方式举办女性主题活动，包括健身训练课程、新书发布会、话题讨论会等，在定期变换的生活场景下，不断重构人们的社群关系。这些新的社交圈、生活圈、互动圈暗含商业脉络，建立了移动社群的概念。

第四，用数据和数字技术为新锐品牌提供服务。Story 店内的地板应用了热感技术，用以监测不同区域的人流量，从而了解消费者的兴趣所在并改善陈设。这些数据不但可以用来帮助 Story 选品和布局，而且还可以出售给新锐品牌，帮助它们改进业务。

（二）从提供服务获取利润——百思买

电商普及之前，百思买（Best Buy）的利润主要来自出售产品和保单。其将售后服务及产品维修外包给第三方，自己只扮演中介的角色，抽取佣金。电商出现以后，消费者转向亚马逊购物，但产品出现故障时，还会到百思买来维修。于是，百思买发现自己可以成为第三方电商平台的服务商，通过为消费者提供维修服务而获得利润。百思买便收购了服务商，并将售后服务柜台移到门口最醒目的地方。

百思买还在店内设立了发烧友区、家庭影院区、馈赠区；厂家可在其店内直销微软、三星等品牌商品，并回购二手产品，免费回收电子垃圾；店内的电脑也用于免费上网以吸引客户。店中店、店中品牌快闪店、主题讲座、社群聚会、创意产品和艺术馆等，既为消费者提供了社交娱乐的场所，又增加了百思买与第三方合作共赢的机会。以娱乐和生活方式为主题的门店，可以寻求跨界合作的机会。

（三）从引入社交娱乐体验获取利润——宜家

如今，许多购物中心和零售品牌纷纷认识到，提供社交和娱乐体验不仅可以增加顾客的停留时间，还可以增强品牌吸引力。这一趋势的背后是对消费者需求的深刻理解：消费者不再仅仅满足于购物，而是寻求一个全面的、有趣的、有社交和娱乐属性的购物体验。

因此，购物中心和零售品牌积极引入餐厅、小吃摊位、电影院、音乐会和博物馆等文化娱乐设施。它们不仅可以提升购物体验的多样性和新鲜感，还可以为消费者创造更多的社交机会，让其能够在购物之余与朋友和家人共度美好时光。

宜家就是一个典型的例子。宜家很早就认识到，仅仅销售产品已不足以吸引顾客。宜家在其商店内引入多种元素，以提供全面的购物体验。首先，其店内设有餐厅和咖啡厅，为顾客提供各种瑞典美食和小吃，让他们在购物之余能够品尝美味。这不仅延长了顾客在商店内的停留时间，还为宜家创造了额外的收入。

其次，宜家的线下门店经常举办各种社交和娱乐活动，如家居装饰工作坊、儿童活动和家庭互动体验等。这些活动吸引了消费者和家人、朋友一同参加，增加了门店的社交属性，同时也为宜家提供了增加销售的机会。

此外，宜家还注重数字化体验。其推出的应用程序，使顾客能够通过在店内扫描产品获取更多信息，并查看虚拟的家居设计效果。这一应用程序不仅提升了购物的便利性，还增加了互动性和娱乐性。

最重要的是，宜家认识到社交和娱乐不仅能在线下门店发挥作用。其积极投资于线上社交媒体，与顾客分享装饰灵感和家居装饰故事，同他们建立更深层次的连接。这进一步强化了宜家品牌的社交属性，并为其吸引了更多顾客。

（四）从收集数据获取利润——B8ta

B8ta 是一家于 2015 年在美国创立的零售公司，专注于销售最新的科技产品，包括折叠电动自行车、防丢神器、智能门锁、DIY 机器人等。该公司的经营模式非常独特。其店内布满了摄像头，用于收集消费者在店内与产品互动的全过程数据，包括消费者首次接触的产品种类、他们感兴趣的功能或部件，以及他们可能提出的问题等。B8ta 将这些珍贵的数据分享给产品的开发商，帮助它们更好地了解产品在实际使用中的表现，以便进行改进和优化。

B8ta 通过代理产品销售收取佣金。同时，其还向产品开发商提供咨询服务，包括关于产品改进、销售策略等方面的建议，并收取咨询费。

五、探索线下门店的新形式

与电商相比，线下门店也有其明显的短板。线下门店通常被局限在一个固定的地点，只能覆盖附近的消费者；消费者只是偶尔光顾门店；门店内部的空间也十分有限，只能展示部分产品；另外，门店的营业时间有限，人员雇用和存货管理都会产生很高的成本。

随着科技的不断发展，越来越多的线下门店开始尝试突破时空限制，创造出新的门店形式，如快闪店、无人店、智能展示柜等。这些新型门店让消费者可以在多样化的场景中便捷地购物。以下示例为线下门店创新，打开了新思路。

（一）小型商店和微型订单履行中心

小型商店能够以更低的成本触达大城市中的消费者；微型订单履行中心（micro-fulfillment center）在狭窄的城市空间中运营仓库，降低了最后一公里的交付成本。

宜家于 2019 年春季在曼哈顿开设的"规划工作室"，实际上就是一种小型商店。其致力于为城市居住和小生活空间提供装修灵感和智能解决方案，包括房屋和家具设计等。拥有空间设计和房屋规划专业知识的宜家员工，可以帮助客户实现他们的装修想法，并为在工作室购买物品的顾客安排送货上门或其他服务，如家具的组装和安装等。

塔吉特（Target）也在拥挤的大都市布局了许多小型商店。这些小型商店通常位于城市的核心地带，为消费者提供了购买日用品和家居商品的便捷通道，减少了其前往大型超市的必要性。在这些小型商店中，顾客可以浏览并购买一系列的商品，同时也可以享受到与传统塔吉特商店一样的高品质服务，包括送货上门和安装等服务。设立小型商店可提高品牌在城市市场的可及性。

（二）地区性商店

亚马逊精选了在其网站上获得高评分（4 星或以上）的商品，在曼哈顿开设了新的亚马逊四星级商店。在优选商品的同时，亚马逊还根据曼哈顿当地居民的需求和口味，提供了一些代表"纽约市场趋势"的商品，使购物体验更贴近当地文化和市场。

这不仅是亚马逊对线下零售的创新尝试，还反映出品牌越来越关注客户反馈并重视数据分析。像耐克和阿迪达斯这样的运动品牌已开始采用本地化策略，专门为城市跑者设计和提供本地化运动鞋。这种策略的关键在于，品牌能更好地满足当地市场的需求，从而吸引客户复购。

未来，本地化策略可能会演变成更高级的个性化定制，品牌将提供完全个性化的产品和服务。我们大概率会看到越来越多的品牌朝着本地化和个性化的方向发展，以更好地满足客户的需求和期望。

（三）虚拟商店

虚拟商店突破了传统零售的概念，使用简单的新技术，把店铺送到消费者面前。韩国的 Tesco 连锁超市经过调查发现，现代人很忙，没有时间逛街，便在地铁站内安装了产品展示屏，人们可以一边等地铁，一边在 Tesco Homeplus 虚拟商店购买食品、杂货（见图 7-4）。消费者只需拍下心仪商品的图片，并上传至 Tesco 网站，即下单成功，很快便能收到货物，十分便捷。

图 7-4　韩国 Tesco 在地铁内设立虚拟商店

类似的虚拟商店模式，还可以与线下门店结合使用。一些体积大、重量沉的商品，可以陈列在店中的虚拟货架上，允许消费者使用手机扫描并在线购买，再通过物流送到消费者家中。这既为消费者提供了方便，又为零售商扩充了产品陈设，有效地利用了店内空间。

（四）购物墙

受空间限制，线下门店通常只能展示品牌的部分产品实物。但通过利用 eBay 推出的巨型屏幕，线下门店的所有空间都可以变成展示产品的货架。这些巨型屏幕可以被轻松地安置在店铺橱窗里，即使在店铺歇业后，消费者仍可以继续购物。比如，凯特·丝蓓（Kate Spade）在其纽约切尔西店铺翻新期间，将电子购物屏安装在店铺门口，让消费者可以 24 小时购物（见图 7-5）。这个概念同样适用于其他线下门店。每个店铺的垂直墙面都能成为展示更多产品和信息的载体，变成商品货架。

图 7-5　eBay 联合凯特·丝蓓在纽约闹市区放置可购物橱窗

以上例子显示出，品牌可利用新技术打破时空限制，将 24×7 运营的线下门店带到消费者身边，为其提供随时随地购物的便利体验。

六、借助互联网思维打造智慧门店

亚马逊和阿里巴巴等电商巨头也在通过投资与合作，布局各种线下门店。这些科技巨头坐拥先进的技术和大量的消费者数据，带着平台和数据思维，有创新潜力。相比之下，传统品牌商和零售商缺乏互联网思维，在建立智慧门店时会遇到挑战。

品牌可以向平台企业学习，采用平台思维、数据思维、社群思维、用户旅程思维等，来更有效地开发智慧门店的潜力，支持用户旅程。

以下介绍阿里巴巴集团旗下的盒马鲜生和零售通，探讨传统品牌如何像科技公司一样，用数据思维建设线下门店。盒马鲜生以数据和技术升级线下商超、促进线上线下融合，可被视为阿里巴巴打造的智慧门店样板。阿里巴巴还为街边小店提供了数字化转型的工具——零售通。阿里巴巴希望"每家数字化的天猫商店背后的小店，都（通过阿里巴巴平台）在供应链、品牌推广、销售服务等方面取得协同效应"。

（一）盒马鲜生

盒马鲜生是阿里巴巴集团旗下的新零售平台，专注于提供高品质、新鲜的食品和生活用品（见图 7-6）。其打造了一个全新的购物模式，消费者可以通过盒马 App 在线选购商品，然后选择门店自提或者享受配送服务。盒马鲜生将线上和线下的优势结合起来，实现了门店、仓储和物流的一体化运营。盒马鲜生还建立了技术强大的供应链能力，通过建立生鲜供应链和冷链物流体系，保证了商品的新鲜度和品质。

图 7-6　盒马线下店

本章最后将具体展示盒马鲜生的案例，描述商超这种传统业态如何借助数字化技术和物流配送能力，实现商品的精准匹配、零售场景的个性化定制和消费者购物体验的全方位升级。

（二）零售通

2015 年，阿里巴巴面向社区零售店，推出智能经营平台"零售通"，意在为传统的线下门店提供数字化转型的技术解决方案。在硬件方面，其主要包括三块屏幕。第一块屏幕上安装了零售通 App，小店可用 App 完成线下进货，货源包括 5 000 余个大型品牌和经销商。第二块屏幕用于消费者人脸识别、刷脸支付等。第三块屏幕主要服务于店主，帮其进行选品、定价、组货等。在三块屏幕后，则接入了阿里生态下的数据系统，小店的库存、交易数据可自动上传至小店智能管理系统，也可以汇入天猫超市、饿了么等阿里生态下的数据。通过数据，小店可做出更明智的采购选择，品牌商可获知自己在终端的渗透效果并改善分销策略。对阿里巴巴而言，这些商店不仅仅是零售终点，更是观察用户行为的新起点。

到 2020 年，阿里巴巴已招募了 150 万家小店（占国内同类小店的 10%）安装了零售通，服务于 95% 的知名消费品牌。作为免费提供零售通的回报，阿里巴巴可以在这些店内跟踪消费者的消费习惯，并把这些小店用作网上订购商品的物流中心。在继续与线下门店合作的过程中，阿里巴巴将来自日益增加的线下销售点的海量数据整合到其运营体系中，赋能自己的电商平台。其业务链路如图 7-7 所示。

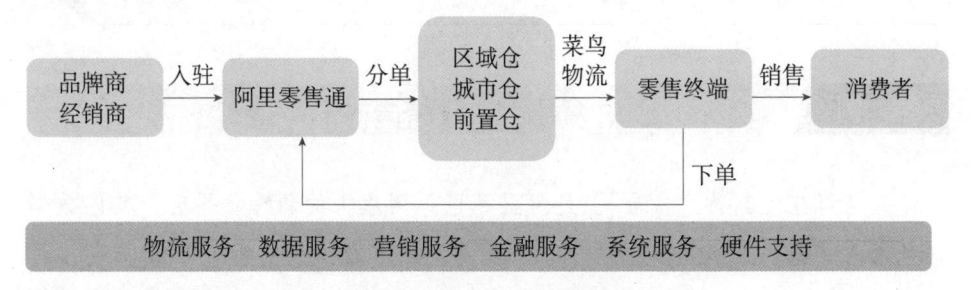

品牌商经销商 —入驻→ 阿里零售通 —分单→ 区域仓 城市仓 前置仓 —菜鸟物流→ 零售终端 —销售→ 消费者

零售终端 —下单→ 阿里零售通

物流服务　数据服务　营销服务　金融服务　系统服务　硬件支持

图 7-7　零售通的业务链路

资源充足的传统品牌可以学习阿里巴巴的互联网和数据思维，建立像盒马鲜生一样的智慧门店，通过数据来赋能线上线下销售。发展中的小品牌则可以利用零售通这类工具，进行初步的数字化转型。

小　结

在数字时代，线下门店在服务用户旅程和品牌数字化转型中起到至关重要的作用。实体零售正在被重新定义。作为品牌与消费者面对面接触的唯一阵地，线下门店可提供体验、提货退货、售后维修和社交娱乐等服务，起到支持线上销售、赋能线上社群和收集数据的作用。值得指出的是，线下门店只有通过数字化转型，升级为智慧门店后，才能融入品牌日常智能化运营的动态系统中，助力消费者 ROPOSO 决策全过程，提升消费者的品牌体验。

线下门店是品牌接触消费者最强有力的工具，这是第三方电商平台无法比拟的。利用门店建立线上线下的融合模式，不仅能为消费者提供便利和选择自由，还能为品牌创造竞争优势。传统品牌应当借鉴平台思维和数据思维，改造自己的线下门店，通过数据和算法打通线上线下渠道，使之互相赋能，进而为用户提供整合的品牌体验。

未来，主流零售模式必定会将"人"这个因素置于核心位置，经营商品仅是表象。"产品＋服务＋场景＋体验"四位一体的线下平台，会为消费者呈现出一幅"产品个性化、服务精细化、场景多样化、体验内容化"的全新购物图景。

案 例　　　　　　　**盒马鲜生：新零售的典型代表**

盒马鲜生（简称"盒马"）是阿里巴巴集团旗下的新零售平台，其以数据和技术为支撑，在线上线下融合、智慧物流等方面不断创新。自 2016 年 1 月在上海开立首家店以来，通过持续探索、试错、升级，盒马已成为中国新零售的典型代表。其集购物、餐饮、娱乐等功能于一体的定位，赢得了市场的认可。

生鲜是盒马的主营品类，但也是一个最不具备数字属性的品类，其线下门店的数字化转型具有极大的挑战。在此，我们以盒马为例，展示新零售的概念以及技术对零售的重塑，包括线上线下融合，以数据和技术提升营销、运营、物流管理效率等。

盒马的运营具有以下特点和亮点。

• 新零售科技：盒马充分利用新零售科技，如大数据、云计算、物联网、智能硬件等，优化了供应链、库存管理、支付结算、顾客体验等多个环节，提高了门店效率和顾客满意度。

• 生鲜商品：盒马的核心业务是生鲜食品。其门店设有水产区、肉类区、水果蔬菜区等多个区域，提供全天候新鲜食材和餐饮服务。

• 社交体验：盒马提供了社交化的购物体验，门店内时常举办各种娱乐活动，例如会员亲子活动、新品品鉴会、互动展览等，能让顾客在互动中享受到购物的乐趣。

• 无界零售：盒马实现了线上线下的无缝连接，用户可以在线下门店、App、淘宝等多个渠道下单购物。同时，盒马还为用户提供门店即时送货、商家快递配送等服务。

• 智能门店：盒马门店采用了多种智能化技术，如人脸识别、RFID、AI等，实现了智能选货、智能支付、智能导购等功能，提高了门店的效率和用户体验。

总之，盒马是一家以新零售为核心的零售商，其以科技、社交、生鲜商品为亮点，实现了线上线下的无缝连接和智能化运营，给顾客带来了全新的购物体验。

1. 盒马的定位：新零售

成立之初，盒马以生鲜品类为切入点进行零售模式创新。2016年左右，正值中国消费升级浪潮，消费者对产品的安全性、品质和场景有了更高的要求。在此背景下，盒马尝试利用移动互联网技术拓展线下门店的边界，用线下门店加生鲜电商的模式，颠覆传统实体零售与电商的单一组织模式。

在市场定位上，盒马自成立起就瞄准收入较高、追求品质、愿意尝试新事物的中青年消费客群，其时间敏感度高而价格敏感度相对较低；年龄大致在25～45岁，大多是一二线城市的消费者。在产品选择上，盒马最早主打高质量生鲜，并提供海鲜现场加工服务。因定位中高端，盒马重视精简SKU，且提供的进口产品相对较多。以上均利于盒马向上游供应链延伸，通过加强与国内外供应链之间的整合，保证产品的品质、稀缺性和丰富性。截至2023年5月，盒马在全国拥有超过550个直采基地、185个盒马村，并与天猫超市、天猫生鲜实现了资源共享。

在商业业态上，盒马已成为集超市、餐饮、物流及App于一体的复合功能体。其内部将盒马门店总结为"一店、二仓、五个中心"，即一个门店，前端为消费区，后端为仓储配送区，五个中心分别是超市中心、餐饮中心、物流中心、体验中心和粉丝运营中心。

在业务模式上，盒马推崇"线上做交易，线下重体验"。线上做交易，即消费者通过盒马App下单并以支付宝完成支付，工作人员在数字化系统和设备的辅助下，在兼具仓储功能的线下门店进行分拣和打包，之后交由配送员按最优路径在30分钟内送至3公里内的消费者处。

线下重体验则有多重体现。第一，零售与餐饮的跨界融合，丰富了消费者体验。盒马开设餐饮区，把"海鲜排档"搬到超市里，消费者可在店内亲自挑选、打捞海鲜，然后直接送到厨房加工。整个流程可视，为消费者提供了新体验。同时，餐饮的存在大幅增加了顾客在超市的逗留时间，提升其在超市购买各类产品的概率。另外，餐饮跟生鲜的协同，还便于餐饮方处理一些零售的临期产品，降低损耗。第二，以门店体验和互动提升消费者好感与黏性。盒马在线下门店开展多种活动，如酒类品鉴、亲子蛋糕制作等，还自创节日和活动，如开海节、爱尔兰面包节。第三，重视门店设计。盒马有多个出入口，便于顾客自由行动。商品摆放整洁且亮点突出，有利于提升消费者的购物欲。

简言之，盒马门店不只是完成商品交易的场所，还是商品的展示与体验厅、新型餐饮休闲场所、与家人朋友的社交空间。服务与体验，也拓宽了盒马的收入来源，除了线上线下商品销售外，餐饮加工服务、餐饮等品牌的入驻租金也能为盒马贡献收入。

线上线下除了发挥各自的作用，更大的价值来自融合。第一，线上线下渠道可相互引流，是一种拓展。线下门店对于快速建立消费者认知具有相当重要的作用。第二，盒马店铺兼具多种功能，既是传统的门店，又是线上配送的前置仓，既能发挥销售、体验功能，又可降低库存和冷链宅配成本。第三，盒马App、支付宝与门店支付高度融合。App的设计简单、易操作，消费者在App上下单可享受高效便利的配送服务。同时，其与支付宝紧密配合，无论是线上订单还是线下消费都需要通过盒马App，利用支付宝支付。如此，盒马便精准地掌握了顾客的消费信息，可通过大数据技术了解其需求偏好。这对于精准定位目标顾客、精准发布产品促销信息等有重要意义。

2. 盒马的商业逻辑：数据与技术驱动

目前，盒马已经实现用户数字化、商品数字化、流程和管理数字化，从而大幅提高了门店及物流的营运效率。其实践和经验主要包括以下几点。

第一，数据和技术是盒马最宝贵的资源，是新的基础设施。打通与阿里巴巴的生态，获得数据与技术支持，对盒马大有助益。作为阿里巴巴旗下的新零售代表，盒马已经与淘宝、支付宝会员体系打通，实现了数据和生态共享。利用丰富的消费者行为数据，盒马可以通过用户画像与数据运营全面认知消费者，在数据采集与分析的基础上实现精准营销，如个性化的产品推荐、差异化的满减额度设置等。根据盒马历史数据和阿里云大数据，盒马还可以更精准地订货和分配库存，以最大化地满足消费者需求，并提升库存周转率。数据还有助于预测不同地区的畅销品，指导盒马的产品开发和品类设置。例如，在门店及淘系销售大数据指导下，上海的盒马与广州的盒马在商品品类分配上便有明显差异。在开店选址方面，依托阿里大数据，盒马可以针对不同消费圈层的活动商圈，划定门店范围。

在技术方面，阿里巴巴也提供了强大的支持。集团的系统研发能力、语音计算能力、配送的算法优化都可为盒马所用。一个典型的例子是，盒马在阿里云图数据库（graph database，GDB）的支持下，将线下门店、用户、商品、农产品以及菜单等数据联合在一起，构建成商品图谱知识引擎，用以增强社交分析能力，加强盒马为顾客推荐商品的服务能力和导购能力，优化商品陈列并提高转化率。

此外，阿里巴巴也能为盒马增强线上线下的获客能力。除了线下门店自带流量，阿里巴巴的品牌效应在盒马成立初期提供了增量获客，而阿里巴巴的会员体系以及广泛的品类覆盖也有利于增加盒马线下门店的用户留存。

第二，强大的中台能够强化数据与技术能力，盒马基于数字化中台提升运营管理效率。以盒马智慧物流为例，其通过智能履约集单算法、智能店仓作业系统、智能配送调度、智能订货库存分配系统和自动化设备，大幅提高物流效率。

依托履约集单算法，消费者下单后，在基于线路、时效节点顺序、顾客需求、温层、区块分布的算法指导下，系统将订单统一集合，智能匹配、调度订单，以串联出最优的配送批次，在基于线路的思路上实现多单配送，实现最优的订单履约成本。

在店仓作业系统下，门店处于盒马配送成本和效率的中心。其设计采用仓储式货架和库存模式，门店中商品的货位和库存位可实时回传调度。在配送调度方面，系统可以根据配送员擅长的技能、熟悉的区域，商品和订单类别，订单品类、批次和包裹，配送员的具体位置等预测物流路线，实现配送效率最大化。

在订货库存分配上，盒马可根据门店销售记录，以及不同区域线上 App 页面点击量、页面跳转成交比例，对后台数据进行演算、优化和迭代，继而预测不同区域的商品分配。结合各个门店周边盒马消费群体的需求，可实现智能化的商品选品和库存分配，提升库存周转率。

自动化设备也是盒马智慧物流的重要组成部分。RFID 物联网技术下的全自动悬挂链物流系统提升了盒马的物流效率。消费者在 App 下单后，后端系统将拣货员管理负责区内所有物品的信息传到 RF 扫描枪，由于电子价签记录了所有货品和货架的位置，系统能够直接锁定货品位置，并计算出最高效的拣货动线，将任务分配给最临近的拣货员。由于每个环节被拆分，拣货员只需按机器分配完成指定动作。这样可降低人为因素的影响，提升分拣的准确性。悬挂链的设置可充分利用上层物理空间，减少人员跑动造成的混乱，其还可实现分区和多区域的货物并发作业，大程度提高物流效率。

2022年10月，盒马内部信中提到，其横向设置商品研发采购中台、物流供应链中台、技术中台，全面实现产业互联网，通过结构化、数字化、AI化的能力建设，支持盒马不同业态的经营和运营。依托于三大中台体系，盒马统一供应链体系形成规模优势，可助其夯实零售基本功，支持其业务的快速扩张和迭代，在激烈的竞争中构建竞争壁垒。

总之，依托数据和技术，盒马对消费者进行了多维度观察与分析，进而实现精准营销。同时，数据还能"告诉"盒马如何运营是最经济、最具效率的。

3. 盒马的市场表现

自成立以来，盒马也在不断尝试定位各异的新业态。其中有成功，也有失败。2022年，盒马销售额同比增长超25%，盒马用户的消费频次已达到每月4.5次，付费会员同比增长50%。

从业绩看，截至2021年末，盒马门店数量突破300家。截至2022年第三季度末，不包括开业不到12个月的门店，绝大多数盒马门店的现金流为正。从收入结构看，2022财年盒马线上订单收入占比维持在60%以上的较高水平，这与盒马提出的"线上做交易"基本相符。盒马每个月都有各种自有品牌商品上新，在售自有品牌SKU已达1 200多种，催生了10个销售规模过亿的"盒品牌"。

资料来源：荆兵，李梦军.盒马鲜生：阿里新零售业态.长江商学院案例中心，2017（2）；盒马的物流究竟牛在哪？2小时对话，我们得到这些答案.物流指闻，2018-04-17.

08 移动应用

第八章

主题

开发品牌移动应用，建立超级触点
以移动应用服务用户旅程
充分发挥移动应用作为超级触点的营销潜力

示例

微信小程序，谷歌眼镜，爱顿博格，丰田

引例

喜达屋——移动技术带来美好体验

某天，玛丽决定出游，并用喜达屋（Starwood）的移动应用预订了住宿。入住当天，在她距离酒店还有3公里时，她的手机向酒店发出了其即将到来的消息。于是，酒店立即在手机上为玛丽提供了导航，以及便捷的自助入住服务。当她离酒店仅剩50米时，数字房门钥匙就已发送至其手机上。这让玛丽可以使用手机解锁，直接进入她的房间。一进门，玛丽发现房间内的设备，如电窗帘、音响、灯具和温控系统都已经根据她的喜好进行了调整。稍作休息后，喜达屋的应用又为她推荐了周边的热门餐馆。退房时，结账和其他手续都可以通过移动应用快速办理。

在整个过程中，移动应用为玛丽带来了舒适与便利，其扮演掌上触点的角色，承担了上传数据和下达营销指令的任务。移动应用上传了玛丽的定位信息，这些信息匹配到喜达屋数据中台上记录的玛丽的历史偏好和行为轨迹，生成了营销指令，并发送至玛丽的手机，为她提供酒店导航、办理入住等相关服务。这款品牌专属的应用，利用移动技术，为顾客带来了真正的增值服务。

本章将讨论移动应用（模块7）在品牌数智化中的作用，介绍品牌应如何利用移动应用整合私域中四个业务模块（模块3、4、5和6）的营销功能，使移动应用成为用户旅程中的品牌"超级触点"。同时，本章还将提供品牌设计和运营移动应用时可参考的要点。最后，将展望未来移动技术对营销的影响。

本章所说的"用户"，通指产品和移动应用的使用者。

一、移动应用在品牌数智化中的作用

（一）品牌移动应用

如今，移动设备已融入人们的日常生活。手机时时伴随着用户，为品牌创造了与用户沟通的新途径。这一途径不受时间和地点的约束，还具备互动性和实时性。用户可以随时随地利用零散时间查询信息和购买产品，使决策、购买、使用和分享过程变得更为流畅和高效。

品牌移动应用是指由公司或品牌开发和发布的移动应用程序。作为自主开发品牌移动应用的先行者，星巴克于2011年1月推出了第一款移动应用。在推出后的15个月内，其处理了全球超过4 200万份订单。2015年秋，麦当劳推出了自己的移动应用。在其后的短短三个月中，该应用被下载了高达700万次。本书中提到的丝芙兰、耐克、肯德基、瑞幸咖啡、蔚来和大疆等品牌，都自主开发了品牌移动应用，将其作为超级触点，用来连接用户线上线下的决策过程，在私域创造无缝的品牌体验。

品牌移动应用与品牌移动网站有很大区别：移动网站是将网页信息从 PC 端移至移动端，通常是静态的信息展示，用户只不过是通过触屏翻阅网页信息；而移动应用则可通过编程自动实现丰富的营销功能，是用户与品牌双向沟通的工具。

可编程的品牌移动应用，能够完成 PC 端和移动网站所不能完成的营销任务。移动应用可通过二维码（QR code）、GPS、iBeacon 等移动技术消除物理界限，提高设备功能的可访问性；可以利用相机、加速度计、指南针、联系人列表等手机自带功能，邀请用户体验产品或参与活动；还可以嵌入指纹扫描和视网膜识别等生物识别技术，使设备能够确认用户身份，允许其进行购买。

（二）移动应用的链接作用

与其他四个营销模块不同，移动应用在品牌数智化中起到连接线上线下、连接用户与品牌数据中台的关键作用。其让用户和品牌之间的信息互动成为可能。通过上传借由移动技术收集到的时间、地点和情境数据，并下达由品牌数字中台产生的营销指令，品牌移动应用可为用户的决策过程提供随时随地的增值服务，降低用户的决策成本。同时，品牌移动应用对吸引用户加入和留在私域具有重要作用。可以说，移动应用是品牌智能化在用户掌上的具体呈现。

展开来讲，品牌私域里的业务模块（模块 3～6）是从品牌营销功能的视角来界定的，是品牌和用户的物理触点，在时间和空间上是相互隔离的。比如，只有当用户出现在线下门店或者线上电商的时候，品牌才能与之产生短暂的交互。而手机可以全天候跟随用户，移动应用是品牌与用户实时交互的窗口，是其触达私域用户的双向交互工具。

从用户的角度来看，品牌移动应用是其决策和购物的掌上助手。移动应用随时连接着移动中的用户和品牌数据中台。数据中台记录着用户以往所有的数字足迹和购买历史。移动应用通过与数据中台互动，上传数据和下达营销指令，为移动中的用户提供即时的信息服务，可被视为用户指尖的"超级触点"。线上社群可视作私域的会客厅，本章我们将移动应用看作用户和私域之间的沟通纽带。

也正是基于此，本书提倡品牌自主开发移动应用，利用移动技术打通私域内的线上社群（模块3）、线上商店（模块4）、线下媒介（模块5）和线下商店（模块6），整合这四个业务模块的营销功能，并将其呈现在移动端，随时随地服务用户旅程。

（三）适合开发品牌移动应用的品类

并非所有品牌或品类都需要自主开发移动应用。对于哪些品牌适合拥有自己的应用，以下提供几点建议：

第一，数字化转型的第二和第三个层级，都涉及建立私域。这就要求品牌自建移动应用，与用户建立 24×7 的直接联系，将智能营销指令呈现在移动端。

第二，零售品牌。经营多品类产品的零售商，可以通过品牌移动应用为客户提供方便且个性化的购物体验，包括产品推荐、订购和物流跟踪等。

第三，服务品牌。银行、航空公司和酒店等提供服务的品牌，可以通过移动应用为用户提供无缝的个性化体验，比如登记入住、个性化优惠和忠诚计划等。

第四，媒体和娱乐品牌。流媒体、新闻媒体和社交媒体平台等媒体和娱乐品牌，可以通过移动应用为用户提供无缝观看/阅读体验、个性化内容推荐和社交共享等。

第五，技术品牌。软件公司、移动设备制造商和通信提供商等技术品牌，可以通过移动应用为用户提供产品推荐、账户管理、售后支持等服务。

（四）品牌移动应用的设计原则

在信息爆炸的时代，用户只会选择能够真正为其生活增值的信息服务平台。比如，一个以产品和销售为出发点的移动应用，至多只是帮助品牌实现了广告和电商功能。这类应用是为品牌商自己服务的，对用户的吸引力有限。能被用户广泛使用的品牌移动应用有如下特点：

第一，让用户感觉到"我的决策我做主"。品牌移动应用需要从用户的利益出发，为其决策过程提供超级个性化的帮助，让用户感到被重视，有归属感。无论用户出于何种原因使用品牌移动应用（寻找灵感、连接社群、比较产品、咨询使用方式、抱怨吐槽），品牌都应在幕后提供关爱和服务，而不是自上而下的广告和推销。

第二，移动应用需要为用户提供传统的价值，将实惠、便捷落到实处。品牌可将客户关系管理、会员积分、优惠充值等功能嵌入其中，为用户提供方便、好用又实惠的服务。譬如，很多用户使用咖啡馆、银行、航空公司的应用，一方面因为其经常提供福利、优惠券；另一方面也是为了获取便利，如可以网上转账、查询航班信息等。

第三，移动应用应能够让用户随时触达活跃的线上社群，与社群的其他成员形成互帮互助的关系。同时，其需要提供充分的技术工具方便用户回馈社群，并且得到社群的认可，鼓励其留存并活跃在私域。这种归属感、参与感和奉献感是让品牌移动应用真正成为超级触点的秘诀。

第四，品牌要充分地开发手机独特的功能，比如视频、现场直播、混合现实等，以增强用户的体验感和参与感，实现 PC 端无法实现的增值服务。例如，上文提到的喜达屋以移动定位技术为用户提供便利。

第五，一个好的移动应用，还可以开拓新的合作关系，为用户带来超越品牌经营范围的多种服务。例如，美国职业篮球联赛（NBA）和职业橄榄球大联盟（NFL），与麦当劳合作，让后者通过信标向球队粉丝提供优惠；又与体育场合作，通过 iBeacon 追踪粉丝，在发现球迷进入观赛效果不太理想的区域时，向其推送座位升级的通知；二者还建立了线上社群，协助球队、赞助商与球迷建立联系，将强链接延伸到赛事之后和赛场之外。

第六，提供精致的用户体验。移动应用的界面应当能快速加载信息，提供直观的导航及可快速访问的功能，并定期更新。移动应用的视觉设计、配色方案、排版等，应当与品牌的整体风格和形象保持一致，以创造统一和谐的体验。在运营中，品牌可使用分析工具跟踪用户在应用内的行为和参与度，以此数据来确定需要改进的领域，不断优化用户体验。此外，品牌还应注意保护用户个人和财务信息的安全，并提供安全支付选项。

整体而言，在小小的一块屏幕上，若想组织和呈现出强大的营销功能，需要科学与艺术的结合。脸书和亚马逊等都非常重视移动应用的界面设计，为了创造最好的使用体验，其会持续投入大量的研发资源，进行频繁的 A/B 实验，不断地尝试设计改良。

二、服务用户旅程

在决策过程中，用户总是在寻找减小摩擦和提供增值的信息服务。品牌移动应用在信息的组织和呈现上，须能够赋能用户的决策过程。例如，本书第五章提到的蔚来汽车的移动应用，就是按照发现→比较→试驾→购买→使用→服务→分享→生活方式的路径来安排的。

表 8-1 展示了移动应用如何在用户旅程的五个步骤中发挥营销功能。此处，我们以假想的零售品牌为例（比如沃尔玛或苏宁），展开说明。

意识阶段　在此阶段，用户只是在寻找解决方案，还没有对品牌产生强烈的偏好。品牌此时可从用户的角度出发，为其优化生活方式提供解决方案。比如，零售商可在移动应用中，设计一个家庭共享购物车的功能。玛丽家的每一位成员都可以将想要购买的物品添加到购物车中。甚至，用户在其他电商平台和社交媒体上发现的商品，也能添加到该零售商的购物车中。这种跨商家的信息收集，为用户带来了便利，也为沃尔玛带来了新商机。

研究阶段　在此阶段，品牌移动应用可提供产品评分、评论等信息，同时接入促销信息，以帮助用户找到口碑更好、性价比更高的产品。此外，移动技术可以让品牌做到在物理世界做不到的事情。例如，想买冰箱的玛丽，可以在移动应用中的产品页面上，用手指划开冰箱的门，放大查看冰箱制冷设备的构造和零部件，模拟运作原理等。如此一来，用户就会对冰箱的质量和技术有非常直观的感受。

购买阶段　当用户走进线下门店时，移动应用的时间地点追踪功能，应当被充分地利用起来。比如，玛丽进店后，沃尔玛的移动应用可以按照其电子购物车内的产品列表,自动生成一个最优的购物路径。在这条路径上,沃尔玛可以标记出每个产品摆放的货架位置,并把打折商品标记出来,帮助玛丽更快地完成此次购物。此外,移动应用可以通过提供一键付款等功能,使购买过程变得简单方便。

使用阶段 用户购物完毕,零售品牌要关注的就是售后服务。其可以在移动应用中植入聊天机器人,为用户提供帮助;也可以开通评论和互助功能,让玛丽帮忙解答其他用户在使用产品过程中的疑问;还可以帮用户自动积分。

分享阶段 在此阶段,零售品牌需要把老用户的分享引入社群,以激发新用户的意识产生和比较研究。沃尔玛可以引入社交出版和社交群体的功能,方便用户分享,并引发讨论。用户在相互分享有趣经历的过程当中,又会产生对新产品和品类的需求。

表 8-1 以移动应用服务用户旅程

	意识	研究	购买	使用	分享
移动技术	QR 声音 投票	AR/VR/MR LBS QR	iBeacon 移动支付 QR	Chatbot	视频 图片
牵引:支持用户旅程	推送产品、促销通知 应用内购物清单	评分、评论 O2O 促销活动	移动电商 支付钱包 点击提货 室内导航 物流追踪	忠诚计划 客户支持	UGC 反馈与调研 社交分享 游戏化 社交积分
闭合:接入线上社群	社交出版	社交群体	社交商务	社交出版 社交群体	社交出版
转动:产生漩涡模式	社群、智能营销(超级个性化服务)				

品牌移动应用将用户线上线下的决策足迹整合到一起,起到掌上决策助手的作用。通过将线上和线下体验整合到移动应用中,品牌可以创建无缝的用户

旅程，从而推动用户的参与度、转化率和忠诚度。

三、发挥超级触点的营销潜力

作为超级触点，品牌移动应用可以随时随地接触到用户，帮助品牌满足客户不断变化的需求，在瞬息万变的数字环境中保持竞争力。

为释放出超级触点的潜力，品牌需要开发移动应用在服务用户旅程中的五个独特作用：（1）模拟一手经验；（2）连接线上线下的四个业务模块，优化用户 ROPOSO 决策过程，创造无缝品牌体验；（3）收集时间、地点轨迹和行为等信源数据，收集具有营销价值的数据；（4）为用户决策过程提供即时的个性化信息服务；（5）打造掌上自动决策系统。下面举例来讨论这五个作用。

（一）模拟一手经验

移动设备搭载了独特的技术和功能，如摄像头、位置识别、多点触摸与手势识别、声音传感器、AR 与 VR、虚拟成像、移动支付、加速度计、水平仪、iBeacon 技术等。品牌可利用这些技术，为用户提供接近于一手经验的产品体验。在降低由于产品和用户分离所产生的不确定性上，一手经验比社交媒体提供的二手经验更为有效。

品牌可以利用 AR 或 VR 等互动功能，为用户提供身临其境的体验。如图 8-1 所示，宜家的移动应用采用了 AR 技术，让目录中的产品"活"了起来。用户只需利用手机摄像头扫描自家环境，就能在屏幕上看到家具在自家的模拟摆放效果。例如，可以查看某款沙发的款式、布料和颜色是否适合自己的客厅等。用户甚至还可以查看家人坐到沙发上后效果如何。宜家利用 AR 技术，融合了产品和房间环境的信息。这种线上和线下营销元素的创新整合，创造了无缝的购物体验，推动了线上线下的产品销售。

图 8-1　宜家利用增强现实技术打造产品目录

资料来源：https://www.youtube.com/watch?v=xC6t2eEPkPc。

（二）创造无缝品牌体验

品牌需要巧妙地利用移动技术，将线上和线下的多个触点紧密结合，为用户提供无缝的 ROPOSO 决策过程。以玛丽在丝芙兰的体验为例，这种连续性是通过 iBeacon 技术在手机上实现的。当用户进入实体店后，其无须打开移动应用，店内的蓝牙系统就能自动感知到玛丽的到来。这一信息迅速被传输到数据中心，并与玛丽之前在线上社交平台的活动记录结合起来，进而产生了"为玛丽推荐店内同款折扣口红"的营销建议，并立即通过手机为她推送基于位置的服务（LBS）。这相当于整合用户线上商店（模块4）和线下门店（模块6）的数字足迹。

同样，品牌可以利用手机，将电视广告吸引到的消费者转化为私域用户。为实现这一目标，品牌可以在电视广告中植入一个二维码，鼓励观众用手机扫描。这样，用户就可以轻松跳转到品牌的线上社区或商店，注册成为品牌的在线成员。这个操作相当于把用户从自有的线下媒介和传统的线下媒体（模块5，9）邀请到线上社群和线上商店（模块3，4）（见图8-2）。

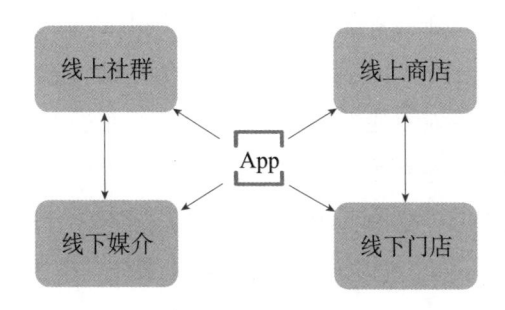

图 8-2　连接线上线下的移动应用

再举一个例子，iButterfly 借助 LBS 技术为用户发放优惠券（见图 8-3）。假设品牌在某个购物中心的特定区域，放入了 500 个"电子蝴蝶"。与《宝可梦 Go》（Pokémon Go）游戏相似，这些蝴蝶并不是真实存在的，而是在特定的时间和地点设置的虚拟信号。用户只需举起手机，就可以通过屏幕找到这些活跃的"蝴蝶"，并将其"捕获"。电子蝴蝶可以代表一个优惠券或其他营销信息。此外，用户还可以将这些优惠券通过手机联系人或社交媒体，分享给他们的朋友。这种方式还能进一步创新，例如，让这些飞舞的"蝴蝶"引导用户进入某个品牌的实体店内。这相当于把用户从线上社群或线上商店（模块 3、4）引入线下门店（模块 6）。

图 8-3　iButterfly 应用程序

资料来源：https://www.dentsu.co.jp/en/showcase/ibutterfly.html。

再看北京西单大悦城与百度合作的例子。当用户注册成为西单大悦城的会员，并带着手机走入商场时，购物中心内安装的 iBeacon 技术便会捕捉到 5～10 米内的用户。西单大悦城就能根据用户的线上行为洞察其真实需求和兴趣，在线下通过 LBS 向其移动应用发送营销指令，告知用户其可能感兴趣的产品特价信息，进而吸引用户走进相关店铺（见图 8-4）。这相当于把用户线上线下的购物决策过程连接到了一起，把用户从借用的线上媒体（模块 1）带到了线下门店（模块 6）。

图 8-4　商场可基于 LBS 技术派发优惠券

（三）收集具有营销价值的数据

手机可以随时随地跟随用户，捕捉其时间、地点和情境数据。品牌可以将手机视为语音、图片和视频信息的采集工具，邀请用户贡献丰富的 UGC。品牌可以通过移动应用战略性地收集具有营销价值的独特数据。

- 位置和轨迹数据：手机有位置感知（location awareness）功能，品牌移动应用可以收集用户的位置信息，并通过对位置和时间信息的整合，推导出用户的运动轨迹。品牌还可以通过组合多天的运动轨迹，描绘出用户在一定时期内的活动规律，从而推导出其生活方式。
- 场景和情境数据：手机可以感知用户所处的情境，如其周围的拥挤程度、气温、环境噪声、位置高低、空气质量等。这些个性化的环境信息为品牌营销提供了前所未有的机遇。
- 生理和心理数据：手机可以同时连接用户身上的可穿戴设备以及物联网

等，用以监测用户的心跳、血氧含量、睡眠状况等。这些生理和体征信息亦有营销价值。

• 性格和情绪数据：通过观察和分析用户跨平台的信息搜索和内容贡献，如其使用何种移动应用、搜索何种歌曲等，品牌可以获知用户的性格和情绪等。这增加了新的营销维度。

移动应用24×7跟随着用户，更便于品牌收集每位用户的长时间、多触点、多维度的数据。借此，品牌可以整合用户在各个触点的物理和数字轨迹，更完整地拼凑出用户旅程。与在PC端等处收集的数据相比，这些打破时间和空间限制的连续性数据，更能反映出用户的生活方式。

另外，品牌还可利用多种手机自带的移动技术，通过邀请用户参与活动、分享内容来收集数据。例如，鼓励用户参与摄影比赛、社交媒体挑战或抽奖等；还可以提供排行榜、徽章和奖励等元素，鼓励用户通过移动应用与品牌长期互动，进而收集隐藏用户需求和偏好的UGC。

品牌收集和分析数据的目的，是据其为用户提供价值，也即在用户旅程中提供有效的服务，比如恰如其时地提供符合其偏好的产品渠道和价格信息。这就需要品牌把用户此时、此地、此情、此境的所有数据上传到品牌的数据中台，使其与数据库中已有的数据整合，再通过机器学习、人工智能技术产生个性化的营销策略，而后将一对一的个性化信息服务即时地呈现在品牌移动应用中。

在下一章，我们将讨论品牌可利用含有丰富用户信息的多方位、长时间序列数据训练算法，并为每位用户提供"超级个性化的"服务。当然，数据的收集要符合数据管理和隐私保护法的相关规定。品牌要对收集数据的原因和用途保持透明，并为用户提供选择退出数据收集的权利。

（四）提供即时的个性化信息服务

品牌可以通过移动应用在用户旅程的每一步提供实时信息服务和帮助，比如提供产品信息和详情、评论和评级、个性化推荐、促销信息，提供库存查询服务，协助用户付款，邀请参与忠诚计划，跟踪订单等。

另外，移动应用为品牌提供了一个直接和个性化的渠道，使其能与用户互动并提升整体购物体验。比如：

• 基于位置的服务：移动应用可以使用地理位置为用户提供有关附近商店、优惠和活动的信息。当用户靠近实体店时，移动应用可以向用户推送有关店内促销的通知。

• 限时通知和提醒：移动应用可以及时发送通知和提醒，通知用户限时促销、限时抢购或商品补货信息，从而营造一种紧迫感，推动其立即购买。

• 客户支持和聊天机器人：移动应用可通过聊天机器人或实时聊天功能提供实时客户支持。用户可以快速获得所查询问题的答案，提升其对购买决策的信心。

品牌移动应用是品牌与用户互动的强大工具，使品牌能提供影响用户购买和体验的实时信息。通过提供无缝和个性化的购物和使用体验，这些应用可以提高客户满意度和忠诚度，并最终推动完善用户整体品牌体验。

最重要的是，品牌可以通过移动应用实现智能营销的即时性。第九章将详细讨论智能营销。

（五）打造掌上自动决策系统

手机本身就是一台微型电脑，自带本地运算和执行功能。其上的人工智能和自动决策系统仍有待开发，以为用户提供专业化的、自动的决策支持。例如，一个用户在餐饮平台上预订了 6：30 的晚餐，那么其在 5：30 的时候就可以收到打车平台的通知，获知当时的路况，收到出发时间的建议，并可以自动约车。可见，在手机上开发简单的决策系统功能，就可以为用户的日常生活提供便利。

PlaceUS 是一款轨迹追踪应用程序[①]，其使用人工智能和环境传感技术，判断用户的行为模式和动向。其最终目标是让人们与朋友和家人联系得更加紧密。想象一个场景：迈克下班开车回家，通常晚上 7：30 可以到家。但今天路上堵车了，此时他的手机依据实时路况计算出迈克将于晚上 8：30 到家。然后，

---

① https：//tech.huanqiu.com/article/9CaKrnJGlPE.

他的手机自动地向其家人发出通知，告知其要晚上 8：30 才能到家。

智能配件 Ruby，外观酷似夹子，内置蓝牙模块。其可以被夹在任何一款鞋上，并与名为"多萝西"（Dorothy）的移动应用相连。当用户遇到危险后，通过轻敲鞋跟，便可以向好友发出呼救信号。设想一下，轻敲鞋跟后，移动应用若能完成其他预编的动作，比如自动订餐，那用户将享有更多的便利。

四、未来的移动技术和应用

（一）超级应用

近些年，在全球范围内，所谓的"超级应用"开始崭露头角，为众多品牌自建应用注入了信心。通过超级应用，用户可以轻松地在同一个界面上使用各种服务，而无须下载和维护多个独立应用。

微信是一款典型的超级应用。它允许第三方企业自行开发应用并将其嵌入微信体系。许多品牌选择通过微信小程序或公众号来构建与用户的互动入口，进而打造私域。微信以这种超级应用模式，成功地将多种应用统一整合于一个应用中。用户可以在微信的生态系统内完成各种操作，如在线购物、玩游戏、阅读资讯等。随着用户对"一站式"应用的需求日益增强，超级应用的模式未来或将得到更广泛的推广与应用。

营销实践

微信小程序

微信是一款综合性社交通信应用，于 2011 年 1 月 21 日正式发布。其在国内外使用广泛，是全球最大的社交媒体平台之一，拥有超过 10 亿的月活跃用户。微信提供多种功能，包括即时通信、社交网络、支付、小程序、公众号、朋友圈、线上支付、线下支付、红包、群聊、位置分享、游戏、在线购物等。

微信小程序是微信开发的一种轻量级应用，用户可以在微信内使用小程序，无需切换到其他应用程序，更无需单独下载。因此，微信小程序的启动速度非常快，界面简洁，轻松易用。同时，微信小程序支持多个平台，包括 iOS 和安卓，也支持在微信 Web 端使用，亦可与智能硬件进行互动，实现更多的应用场景和功能。与微信集成在一起的另一个好处是，小程序支持分享到朋友圈和好友，用户可以轻松地将小程序分享给其他人使用。作为超级应用，微信小程序为用户提供了一个便捷的平台，使其可同时享受到多个品牌提供的各类服务。

对于品牌来说，微信小程序提供了一个链接品牌应用和微信社交生态的接口。来自品牌的开发人员可以通过微信提供的工具，快速构建自定义的品牌小程序，并随时对小程序进行改进和更新。通过微信小程序，品牌可以实现以下典型的营销功能和服务：

1. 电子商务：品牌可以在微信小程序中提供商品展示、下单购买、在线支付、订单查询等服务。

2. 社交媒体：品牌可以在微信小程序中提供社交媒体功能，例如朋友圈分享、微信群分享等，以增加品牌曝光和用户互动。

3. 营销活动：品牌可以在微信小程序中设置各种营销活动，例如限时特价、优惠券、积分兑换等，以促进销售和提高用户黏性。

4. 客户服务：品牌可以在微信小程序中提供客户服务功能，例如在线咨询、投诉建议、售后服务等，以提高用户满意度和品牌口碑。

5. 会员管理：品牌可以在微信小程序中设置会员管理功能，例如会员注册、会员权益、积分兑换等，以提高用户忠诚度和品牌忠诚度。

值得一提的是，品牌可以通过微信小程序的数据分析功能了解用户需求、行为和趋势，以进行精细化运营和优化服务，提升销售转化率，提高用户满意度和品牌忠诚度。借助微信小程序开发品牌移动应用，既能使品牌搭建起拥有数据和用户的私域，又可以接入微信本身的社交生态，可谓一举两得。

（二）可穿戴设备

在目前的技术条件下，手机依然是人们控制智能设备的主要入口。但是，其作为链接所有移动设备的中心可能只是暂时的。未来移动技术的发展可能会让我们脱离手机，不需要下载和安装移动应用，就可以通过感知声音或者情境，自动打开各种信息源头，将信息服务无感地贯穿到用户的决策过程当中。

新的移动设备和追踪功能将会不断涌现，塑造人们与周围世界互动的新方式。例如，谷歌的概念眼镜展现了完全打通线上线下数据，接入社群、人工智能导购、声音视觉等功能，其用数据和人工智能为用户决策提供服务。脸书推出的 Oculus，把社交和购物放到了虚拟和混合现实当中，无体感地整合了线上线下决策过程。未来的物联网和可穿戴技术将继续缩小物理世界和数字世界之间的鸿沟，直到几乎无法察觉。这帮助品牌摆脱了移动应用无人下载的顾虑。

对于品牌而言，建立了私域后，就可以考虑自建品牌移动应用。手机的限制只是暂时的，只要思路和逻辑是对的，技术上总会出现解决方案。

营销实践

谷歌概念眼镜

谷歌概念眼镜，即 Google Glass，于 2013 年发布。作为早期的 AR 眼镜，它为未来的整合购物体验提供了无限的可能性（见图 8-5）。此款眼镜采用语音激活设计，当用户说"OK Glass"时，其便会打开。一旦打开，佩戴者可以通过语音描述、敲击玻璃框架或倾斜头部来选择他们想做的事情。用户可以获取路线，这些路线以地图的形式出现在他们右眼上方的屏幕上。用户还可以选择谷歌搜索内容、做笔记。购物时，用户可以拍摄产品照片，并与好友进行视频通话，询问他们的意见，后者可以清楚地看到用户眼镜屏幕上的内容。用户无须拿出手机发推文、拍照或录像，一切都在眼前。

尽管该产品在消费市场的寿命相对较短，但它引入的概念目前正被许多科技巨头和初创公司进一步完善和拓展。以下是对谷歌概念眼镜这类设备未来重塑整合购物体验的预测。

• 虚拟试穿：用户不再需要在实体店里试穿衣物。通过 AR 眼镜，他们可以看到衣服、配饰甚至化妆品在其身上的虚拟效果。

图 8-5　谷歌智能眼镜识别电影海报后在眼镜中播放预告片

资料来源：http://glass-preview.com/，https://www.youtube.com/watch?v=P_SOVM9_U1g&t=2s。

• 即时产品信息：通过 AR 眼镜观看产品，用户可以获取大量信息，包括材料、产地、评论甚至使用方法视频，使购物过程更加丰富和深入。

• 个性化广告：AR 眼镜可以检测用户正在查看的产品，然后根据用户的喜好和过去的购物行为，显示个性化的广告或促销信息。

• 导航与产品定位器：在大商店里迷路了？AR 眼镜可以指引用户找到想要的产品。

• 虚拟购物助手：AI 助手会出现在用户的视野中，回答问题、提供产品建议，甚至协助付款。

• 整合支付系统：AR 眼镜或会与数字钱包结合，用户只需在佩戴眼镜时通过语音指令或手势来确认购买并完成支付。

• 互动购物清单：当用户进入线下门店时，眼镜可以突出显示其电子购物清单上的物品，使购物更加高效。

• 社交购物：看到一件衣服，你猜测朋友可能会喜欢。有了 AR 眼镜，用户可以实时与好友分享视图，获取他们的反馈，甚至在虚拟空间中一起购物。

• 增强线上购物：即使在家里，AR 眼镜也可以增强线上购物体验，让产品的实际大小和外观可视化，减少线上购物的不确定性。

• 为零售商提供反馈：这些设备可以为零售商提供有关购物行为、产品互动等的宝贵数据，帮助他们完善产品摆放、商店布局和市场策略。

无论这款眼镜是否成功，其展示了多触点信息整合的概念。即时的决策服务和影音的交互，代表着未来无缝的用户决策过程和品牌体验。

小　结

移动应用是品牌与用户之间的超级触点，在品牌数智化中起到了增加用户体验和参与、融合线上线下决策过程、与数据中台即时互动，以及掌上智能决策助手的作用。品牌需要在这个小小的移动终端上，呈现出私域所建四个模块的营销功能，邀请用户体验和参与，与其共同创造美好的品牌体验。

近年来，移动应用已成为一种越来越受欢迎的品牌与用户建立联系的方式。自主开发移动应用不仅可以帮助品牌收集数据，还有助于其开发丰富的营销功能。以信息服务为出发点的移动应用更容易被用户接受，从而覆盖更广泛的受众、提高品牌知名度和销售额、提升用户忠诚度。此外，品牌移动应用可用来改善用户服务，提高用户参与度，提升品牌与用户互动的活跃度和有效性，从而提升品牌的竞争力。

移动技术在营销中的应用尚未完全开发。品牌应当关注不断涌现出的初创公司，以及它们提供的技术解决方案，把新的营销功能加入自主研发的移动应用中。

案　例　　爱顿博格、丰田：充分发挥 SoLoMo 特性

移动应用是可编程的，其可以融入 SoLoMo（社交、本地、移动）特质，以调动用户的积极性，邀请他们参与到营销活动或品牌建设当中，为品牌注入灵魂。以下两个例子意在展示品牌如何释放社交媒体和移动媒体的潜能，为品

牌建设赋能。

1. 爱顿博格（Anthon Berg）利用社交媒体，传达品牌定位[①]

北欧巧克力品牌爱顿博格（见图8-6）在推广产品时，在城市主要街道搭建起一家快闪店，并邀请消费者进店挑选自己喜爱的巧克力。不过，为了带走巧克力，消费者并不需要支付货币。每盒巧克力上都有一个价格标签，上面不是数字，而是诸如"我要每天给女朋友做早饭""我要每天给太太买一束鲜花""我要教母亲开车""我要每天刷碗""我要每天都赞美朋友"等承诺。消费者"付款"时，需要打开脸书并关注这个巧克力品牌，然后连上自己的朋友圈。这样一来，未来消费者的好友每天都可以看到其兑现承诺的进展。

图8-6 北欧巧克力品牌

资料来源：https://digitalwellbeing.org/social-commerce-scandinavian-style-the-generous-pop-up-store/.

这个独特的策略完美地融合了社交和移动技术的特性，并深入挖掘了用户的内心情感和行为驱动力。以下是具体的几个关键点。

• 情感深度：人们购买巧克力多是为了表达情感。这种价格标签策略为该巧克力品牌传达了感性的品牌定位，支持和传递爱与友情的核心品牌价值。当用户亲身体验并与之互动时，品牌的这一定位愈发深入人心。

• 社交传播：通过利用社交媒体如脸书，该策略还成功地将品牌的核心价值传达给了更广泛的用户，实现了社交传播。这不仅提高了品牌的认知度，还增强了用户之间的情感连接。

• 持续的时效性：与传统的广告活动相比，该策略的亮点在于其持续性。

[①] https://www.Fastcompany.com/1680270/good-deeds-take-the-place-of-cash-at-anthon-bergs-generous-store.

用户不仅在购买时有所体验，而且在之后的日子里通过完成承诺，持续与品牌互动。

• 二手体验创造：该策略巧妙地通过社交媒体为非直接购买者，创造了一个观察和感知品牌内涵的机会。这为品牌创造了更广泛的影响。

• 与传统广告策略的区别：它不仅仅是一个简单地在社交媒体上提高品牌曝光度的策略，还更多地关注真实的用户体验和持续的用户互动，这种深层次的策略设计有真实的营销逻辑为支撑。

总之，该策略超越了简单的广告和品牌推广，它通过深入理解和满足用户的真实情感和需求，实现了品牌与用户之间的真正连接。

2. 丰田利用移动技术，邀请用户体验新车功能

在数字化时代，汽车品牌已不再单纯依赖传统的广告方式来展现车辆的优点和理念。它们转向了智能手机，利用其独特的功能，为用户提供更直接、更真实的体验。

以丰田为例，其推出了一款独特的移动应用，核心功能是模拟一个装水的杯子。当用户驾驶时，该应用会监测水是否从杯中溢出，以此来评估汽车在行驶中的稳定性（见图8-7）。此外，这款应用也为全球的驾驶者提供了一个平台，用户可上传自己驾驶时的"溢水记录"，还可与其他驾驶者进行比较。基于上传的数据，驾驶者会在云端得到一个实时的排名，这一排名会考虑不同的驾驶条件和水的溢出量。

图8-7 丰田的"一杯水"营销

资料来源：https://idarchive.com/project/toyota-glass-of-water/.

利用智能手机的 GPS 功能，丰田可为用户提供更加精确的车辆性能数据。无论是在平原、山地还是坡道上，应用都可以准确地追踪车辆的行驶路径，从而评估车辆在不同路况下的油耗情况。这些数据将直接在手机上展现，让用户能够直观地感受到车辆的性能。这种直接的体验往往比广告中的描述更能打动人心。

当涉及社交功能时，智能手机提供了无限的可能性。只要车主愿意，他们可以轻松地将驾驶数据与其社交媒体账号链接，邀请朋友们在线上围观，分享他们的驾驶体验。这不仅能让更多的人通过一种新的方式了解品牌，还为用户创造了全新的社交和娱乐体验。

这种将汽车性能体验与移动应用相结合的方式，不仅充分展示了汽车的实际性能，还融入了社交和娱乐元素，为用户带来了更丰富、更有趣的互动体验。这一策略完美地体现了 SoLoMo 的强大潜力。直接的体验增强了品牌的可信度，使用户更愿意为其支付更高的价格，同时也提高了他们对产品性价比的认知。对于品牌来说，这无疑有利于产品销售和品牌传播。

从这两个例子中我们可以看出，社交和移动技术在市场营销中的应用，不仅仅是为了提高曝光度、吸引流量，更重要的是为了传达品牌定位、增加品牌内涵。

资料来源：https://www.youtube.com/watch?v=uGGlvNKm9RE；https://transmission-one.com/automotive/toyota-challenges-drivers-with-a-glass-of-water/.

第九章 09 智能营销与数据中台

主题

私域运营与智能营销
数字中台
智能营销的原理及飞轮效应

示例

亚马逊，星巴克，National Bank，沃尔玛，淘宝

// 引例 //

奈飞依托数据增强用户体验

奈飞在流媒体娱乐领域已稳坐头把交椅，拥有超过1.5亿忠实用户。同时，其用户流失率仅为9%，在同行业中居于领先地位。奈飞为何能成为全球娱乐的领跑者？其背后的武器正是对大数据的精准掌控和深度挖掘。奈飞注重追踪每位用户的观影时序数据，深入挖掘用户的数字行为和历史观影记录，进而实现了超级个性化的内容推荐。这种推荐方式与本书所倡导的以数据驱动的智能营销理念高度契合。

奈飞重视收集每一位用户的多源、长时间序列行为数据。其收集的多源数据包括：

- 观看内容的日期；
- 观看内容的设备；
- 观看内容的性质；
- 在其平台上搜索的内容；
- 被重新观看的部分内容；
- 内容是否暂停，是否反复观看；
- 用户位置数据；
- 观看内容的时间以及时间如何影响观看的内容类型；
- 来自尼尔森等第三方的元数据；
- 来自脸书和推特的社交媒体数据。

在收集数据的基础上，奈飞用长时间序列数据训练算法，产生"超个性"化营销指令。为精确地为观众提供他们喜欢的内容，奈飞深入探索了每位用户的观影偏好。从每次的暂停、快进到评价，每一个动作都被记录并用于数据处理。这些丰富的数据都被整合进一套先进的推荐算法，从而为每个用户提供独特的内容建议。

算法倾向于向用户推送与其刚看过的内容相似的影片或节目，还会根据每位用户的观影数据，预测用户因对某内容失去兴趣而中止观看的可能性，然后按此概率为用户进行内容推荐，以确保不令用户产生反感。

在内容推荐之外，奈飞还以用户数据指导内容选择与创作。正是由于大数据的指引，奈飞能够不断地为观众呈现令人眼前一亮的原创作品。例如，通过对用户观看模式的详细分析，尤其是对暂停、快进和重播数据的分析，奈飞发现那些欣赏英版《纸牌屋》的观众，通常也喜欢大卫·芬奇的其他作品。正是这些深入的数据分析，推动了奈飞大胆地斥资1亿美元于美剧《纸牌屋》这个项目。奈飞已从单纯的流媒体服务商，逐渐演变为一个原创内容的制作巨头。

奈飞还依赖数据调整营销策略，如选择最具吸引力的宣传图像，确定哪些组合对受众最具魅力等。借助对测试结果的持续分析，奈飞能够逐步完善其营销活动。他们利用 A/B 测试评估用户对不同宣传图片、预告及信息的反馈。例如，在发布宣传图片后，奈飞分析，当图片中不涉及某些信息时，节目的点击率会显著增加。据此，奈飞立刻采取措施，调整了宣传图片的设计。

奈飞无疑是一家真正实践数据驱动策略，以增强用户体验为目标的企业。与很多内容和电商平台不同，奈飞强调收集每一位用户的行为历史数据。其充分展示了长时间序列数据在优化观众体验和留存用户上的巨大潜力。奈飞根据数据所产生的营销策略，基本上做到了本书第三章所提到的改善用户体验的六个特性，即服务性、阶段性、多触点的一致性和协调性、个性化、社群性和即时性。

资料来源：https://neilpatel.com/blog/how-奈飞-maintains-low-churn/.

本章将聚焦智能营销的概念，并解析数据中台（模块 8）在智能营销中所承担的作用。同时，我们将讨论智能营销的动态优化解决方案，包括其拟人化的呈现，并总结智能营销下的飞轮效应。

一、智能营销

品牌数智化包括数字化转型和智能化运营。数字化转型只是建立了数字基础设施，智能化运营才是真正地以用户体验为核心，让新技术创造用户价值的关键。数智化运营的核心逻辑是，在私域与用户保持互动，通过为后者提供增值服务，鼓励其留在私域并参与品牌建设，从而提升用户在完整数字生命周期内对品牌的经济价值、社会价值和数据价值，使用户数字生命周期价值最大化。

智能营销的本质是对用户关系的长期维护。活跃在私域的用户更有可能在品牌自有电商和线下门店购买产品，复购率和客单价通常也会更高，这是对品牌收入的贡献；他们在线上社群会更活跃，由此产生的社会影响力是对品牌社会价值的贡献；留在并且活跃在私域的用户，还会为品牌贡献更多的数据，帮助品牌建立面向未来的生产力。

智能营销，以数据和算法为基础，通过工具，品牌能深入了解每一位用户的行为和偏好，做出数据驱动的超个性化的营销指令。算法驱动的程式化、个性化信息服务，可以为用户提供更好的体验，增加其在私域的黏性。

智能营销的技术关键是数据和信息流在私域的传递，也即图9-1中箭头的部分。数据中台整合从私域（模块3～7）沉淀下来的多源数据，进行分析和处理，拼接出每一位用户的决策过程，并且按照用户旅程每一步的需求和个性化的偏好，生成智能营销指令，再将营销指令发送回各个模块。数据和信息流的传递，使得品牌能够实时地监测用户的决策过程，并且及时地按需提供信息服务。数据和信息的传递使私域运营成为一个动态的过程。总之，智能营销以用户为中心，以数据为生产力，以算法为驱动力，是一个为用户提供增值服务的动态综合体系。

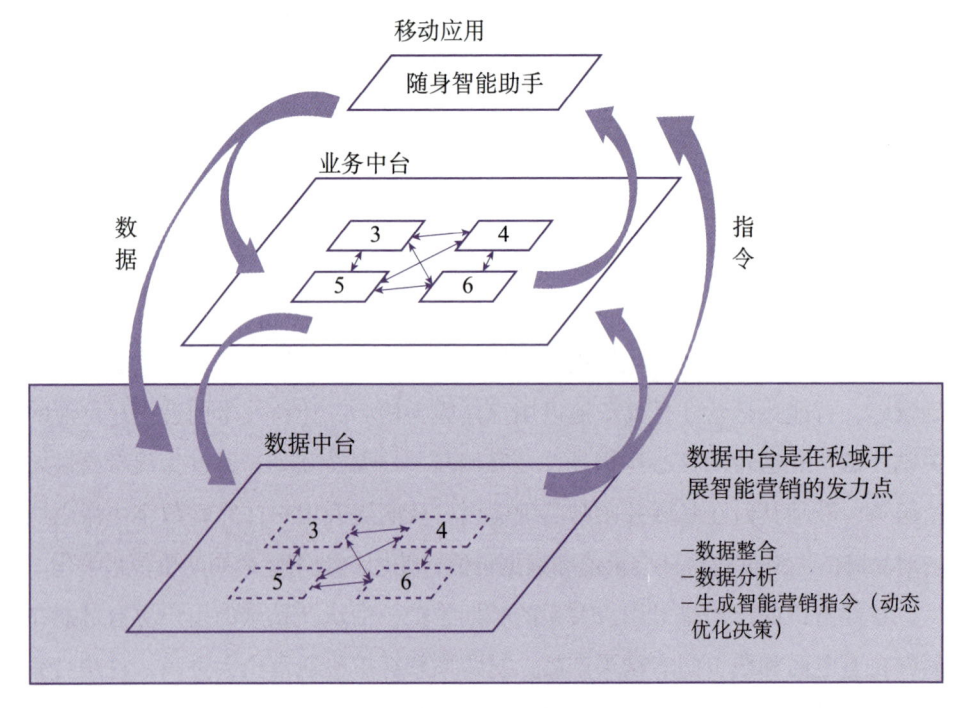

图9-1　数据中台及其与其他功能的关系

注：业务中台层的数字3～6对应的是品牌数字化转型路径图中的模块3～6；数据中台层的数字3～6对应的是业务中台各营销模块沉淀下来的相应的数据。

因具备"超级个性化"的特征，智能营销可以提升用户体验。"超级个性化"是对第三章提到的服务性、阶段性、多触点的一致性和协调性、个性化、社群性和即时性的总称。

对品牌来讲，智能营销也是"智能"的，原因如下：

• 因为拥有与用户之间的多触点，品牌可以战略性地收集多源数据，拼凑出用户决策过程的全貌，进而可训练懂得用户偏好的算法模型。

• 通过数据和算法，按照用户决策过程的进程和其在每个阶段的偏好，在不同阶段和不同触点，提供相应的信息服务或相关产品。

• 数据量越大、形式越丰富、算法越精准，用户越能感受到品牌的亲和力，进而越依赖私域。

• 智能营销所依赖的算法，是可以进行自我学习和提高的。

• 智能营销使品牌能够记录用户的决策足迹。

• 使品牌可以引领用户尽快完成决策过程。

智能营销本身并不是一个新的概念。目前，很多品牌都会向第三方平台购买个性化广告、内容推送，以及产品推荐等服务，这些都属于智能营销的范畴。但是，在公域进行智能营销需要使用第三方平台的数据和算法工具，其目的在于广告和推销。与此不同，本书强调的是在私域实现智能营销，提倡品牌利用数据和算法工具，实现超级个性化的营销，其以提升用户体验为目标。如前文所讨论，第三方平台提供的智能营销服务有很大的局限性，其可以实现个性化，但要实现超级个性化的全部六个特征，则需要在品牌的私域完成。

二、数据中台

数据中台有三项主要功能，即整合多源数据，处理和分析数据，以及生成内容和指令。数据中台是智能营销的发动机。

（一）整合多源数据

用户旅程分布在很多触点。品牌应当鼓励用户使用统一的 ID 登录不同的私域模块，以便在数据中台上整合其在不同营销模块上沉淀的数据，拼凑出用户多源的时间序列数据。

例如，某用户在不同时刻三次用百度搜索了某一品牌，并在品牌的线上社群与其他成员进行了互动。他在某一天的上午和下午分别使用 PC 和品牌的移动应用访问了品牌的线上商店。在接收到品牌基于位置服务发送的优惠券后，他将其保存在了品牌移动应用中。几天之后，这位用户在晚上访问了该品牌的线下门店，他在多种新产品前驻足并向销售人员了解了产品详情。购买产品后，他曾致电客服中心，询问有关产品的使用问题，并在品牌的线上社群中多次向其他用户推荐了这一产品。这套时间序列数据记录着用户在各个品牌触点留下的数字足迹，以及在每个触点上与品牌交互的历史。这些信息能让机器学习模型预判用户决策过程进行到了哪一步，同时也能够精确地学习到用户对产品、价格、促销和渠道等的个性化偏好。

如图 9-2 所示，品牌在线上社群收集的通常是图片、视频、评分评论等形式的数据；在线上商店收集的数据常以搜索历史、购买记录、客服咨询以及评分评论等形式存在；而在线下门店收集的信息包含行为轨迹、视频录像、购买记录、支付方式以及售后电话咨询等形式。另外，品牌还有从第三方借用线上媒体和线上商店（模块 1 和模块 2）购买来的销售线索，以及来自第三方的调查数据和行业咨询报告等。

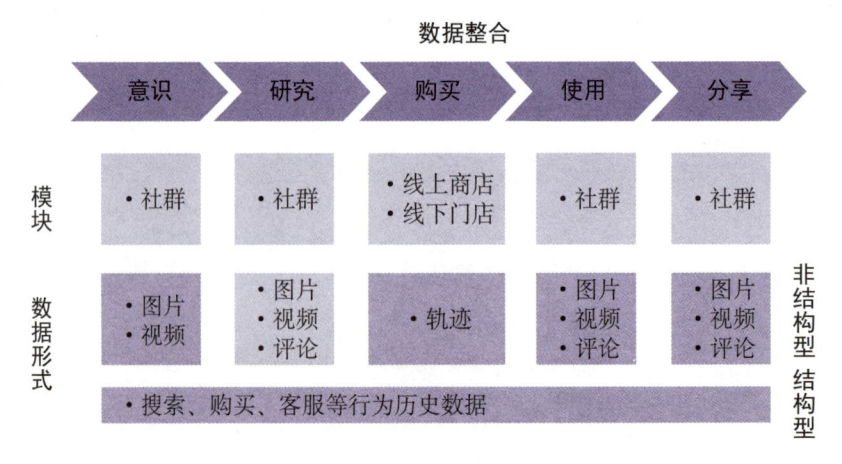

图 9-2　用户旅程中的数据整合

整合数据需要注重空间和时间两个维度。其中，时间的维度指数字足迹的时间序列。把每一个用户在数字世界的足迹通过时间序列排列起来，品牌就可以拼凑出用户旅程的五个步骤。空间维度则是指完整的用户旅程中与品牌的多种触点，这涉及不同模块（模块 1～8）及不同载体（PC 端、移动端、电视、广告触屏等）。

在数据中台，品牌将从各个数字触点收集来的数据进行整合，为每一位用户的旅程创建 360 度全貌档案，同时为业务团队提供软件，使用户档案可视化。营销人员可以使用直观的自助服务界面访问数据，做出数据驱动的业务决策，迈向数据驱动营销决策的第一步。

（二）处理和分析数据

整合了时间和空间维度的数据，隐藏着大量关于用户需求偏好的密码。品牌可以借助传统的商业智能、机器学习和人工智能等工具，从每个用户的纵向数据（也即行为历史）中推算出用户决策过程，还可以从横向数据（也即多触点大数据）中洞察用户在每个决策阶段的意图和偏好。

随着机器学习和人工智能等工具的普及，品牌也可以像平台一样，在数据中台引入各种数据分析的工具。通过数据分析，品牌可以时时洞察用户并发掘宝贵的信息。比如：

• 用户标签：根据行为、偏好、人口统计和其他因素，为用户打标签，标记销售线索。

• 用户和产品聚类：机器学习可以自动分析大量的客户数据，识别隐藏的客户细分，从而帮助营销人员实现更精确的定位和个性化营销。

• 预测：人工智能可以使用机器学习算法分析数据，并预判用户旅程的进展，以及哪些用户最有可能流失或哪些产品可能受欢迎等。

• 市场研究：可以分析调研结果、在线评论和其他文本数据，以生成有关消费者行为、偏好和痛点的见解，指导营销策略并实现更有效的活动。

• 情绪分析：分析社交媒体数据以生成有关受众偏好和趋势的见解，输出情绪分数或类别，例如"正面"、"中性"或"负面"，帮助品牌了解用户的情感。

（三）生成内容和指令

人工智能可以自动执行营销任务，例如回复电子邮件、生成社交媒体帖子和产品推荐。营销指令的自动化可以让品牌在很短的时间内，对用户行为作出回应。

以下是机器学习和人工智能助力营销的几个应用：

- 内容生成：机器学习工具可以自动生成营销内容，例如博客文章、广告文案、社交媒体更新和营销文案，为营销和传播团队节省时间，同时有助于提高受众参与度。

- 网站管理与优化：监控用户在网站上的行为，并根据用户偏好和交互模式提出优化建议。从改进网站导航到增强内容相关性，完善用户的整体体验。

- 个性化推荐：机器学习可以为每位用户提供个性化的产品推荐，从而提高转化率。

- 广告投放优化：机器学习可以分析广告的表现，自动优化广告的投放策略，从而提高广告的投资回报率。

- 价格优化：机器学习可以帮助品牌根据市场需求、库存和其他因素动态调整价格，从而实现收入最大化。

- 创意概念开发：可以为营销活动生成创意，帮助团队集思广益并开发更具创新性和有效性的营销概念，从而与目标受众产生共鸣。

- CRM 流程改进：分析客户交互以及来自 CRM 系统的反馈，以确定瓶颈和改进领域。通过优化 CRM 流程，改善客户关系并提高客户满意度。

- 网红营销：通过分析社交媒体指标、参与率和受众一致性，为活动推荐最合适的网红。确保品牌选择的合作者能与目标受众产生共鸣，从而最大限度地提高投资回报率。

此外，智能营销指令易于被纳入程序化的用户决策过程管理当中，缩短品牌的响应时间。

- 用户旅程地图：处理来自多个触点的用户交互数据，创建详细的用户旅程地图。这种可视化工具可帮助企业识别潜在的痛点、机会和关键时刻，从而实现更具针对性的营销。
- 转化率优化：通过分析数据、用户互动和转化漏斗，算法工具可以建议 A/B 测试场景。这种迭代过程通过根据实时反馈优化用户体验来提高转化率。
- 社群管理：可以监控社群互动、情绪分析和参与模式，以提供对社群健康和动态的见解。有了这些见解，社群经理可以建立更好的关系，及时解决问题，并建立一个更具参与度和忠诚度的社群。

如今，机器学习和人工智能在营销领域的应用已越来越广泛，特别是生成式 AI 的出现，为中小品牌提供了有效的解决方案。品牌应当更加意识到私域和数据的重要性，尽快开始积累用户和数据，并且投资 AI 和 BI 等解决方案，开发属于品牌的算法和参数，逐步实现营销决策的智能化和自动化。

营销实践

亚马逊机器学习和产品推荐系统

亚马逊使用复杂的推荐系统，根据每个用户的浏览和购买历史及其与网站的互动，为其提供个性化的产品推荐。该系统采用协同过滤（collaborative filter）和基于内容的过滤（content-based filter）两种算法的组合来提出建议。

推荐系统使用的算法主要有三种类型：

其一，协同过滤。其分析用户的购买历史以及购买过类似产品的其他用户的行为，并根据后者来识别该用户可能感兴趣的其他产品。换言之，该方法以用户购买记录或产品评级等数据，来识别具有相似偏好的用户，并根据这些"邻居"的行为推荐项目。

其二，基于内容的过滤。其涉及分析产品的内容并识别其特征。然后，系统会推荐在功能和特性方面，与用户之前感兴趣的产品相近的其他产品。即此方法以项目特征为推荐依据。

其三，混合方法。其结合了协同过滤和基于内容的过滤两种算法，以提供更准确和相关的建议。

亚马逊还使用各种其他数据源来产生个性化推荐，包括搜索查询、买家评论和人口统计数据。该系统不断学习和适应用户的行为和偏好，随着时间的推移完善其建议。

三、智能营销的动态优化解决方案

智能营销可以理解为为动态模型提供优化解决方案。其同时兼顾用户和企业的利益，还具有自我学习和提高的功能。**动态优化解决方案通常是指能够根据不断变化的输入或环境，自适应地进行调整的优化方法。其是基于数学模型得到的算法工具。**比如，动态优化解决方案可以帮助品牌根据实时销售数据和外部条件（如假日或促销活动）来调整库存。通过对用户行为、点击率和转化率的实时分析，动态优化解决方案可以帮助广告主确定何时、何地和向谁展示广告。此外，动态优化解决方案还可以生成动态价格，即根据供需关系、竞争对手的价格和其他因素进行实时调价。

简单来说，动态优化解决方案是一个帮助品牌和组织在不断变化的环境中做出最佳决策的算法工具和自动化解决方案。其可以实时收集和分析数据，并即时做出调整。**智能营销可以理解为一种动态优化解决方案，是一种利用人工智能和数据分析技术提供个性化用户体验的营销方法。其以提供超级个性化用户体验为手段，以品牌私域运营的长期总价值最大化为目标。**以下用数学模型来简单演绎智能营销的基本原理。

（一）动态优化解决方案

我们将品牌的长期总价值定义为动态优化解决方案的目标函数。品牌的营销决策可以表述为需求不确定性下的随机动态控制问题。品牌作为决策者，做出定价、渠道策略或交叉销售等动态营销干预决策，以实现长期总价值的最大化。

$$\text{Max}_{\text{长期总价值}} = \sum_{i=1}^{I}\sum_{j=1}^{J}\sum_{t=1}^{T} DLTV_{ijt} \times 留存率_{ijt} - 用户运营成本_{ijt}$$

式中，$DLTV_{ijt}$——每位用户、每个时间段在每个触点上，可以贡献的三类价值。

$$DLTV_{ijt} = 经济价值_{ijt} + 社会价值_{ijt} + 数据价值_{ijt}$$

留存率——随着时间的推移，用户继续留在私域的可能性。

用户运营成本——引导用户到私域以及日常用户运营所需的成本。

从公式可以看出，首先，在品牌的长期总价值的表达式当中，纳入了营销成本。本书第三章提到"体验回报"的概念。其从用户视角出发，说明用户的美好体验能为品牌带来收益，但并未考虑品牌所要承担的成本。在实际操作中，品牌需要从自身的利益出发，综合考量成本和回报。也就是说，品牌需要在服务用户旅程的同时，兼顾对成本的考量，使自身收益最大化。

其次，留存率代表企业对用户留在私域的可能性/概率的预测。在大数据时代，品牌可以更精确地"算出"用户的留存率，同时还可以通过营销策略来提高用户的留存率。

再次，目标函数中考虑到了用户个人、渠道和时间三个维度。这意味着，品牌在做营销决策时，需要考虑每一位用户的个性化需求，其所处旅程的不同阶段，以及出现在不同触点的频率。从该框架衍生出来的营销干预策略，是针对每位用户所制定的多触点、多步骤的营销策略。

另外，目标函数中包含了几对反向的指标，需要品牌在做营销决策时进行平衡。比如，品牌不能只关注用户短期的收入贡献，还需要关注其长期的社会价值和数据价值。需要被综合考量的主要指标包括：

• 用户经济价值、社会价值和数据价值之间的平衡；
• 用户短期贡献与长期贡献之间的平衡；
• 用户体验和用户运营成本之间的平衡；
• 不同品牌触点之间的平衡（若线上商店利润率高，解决方案会鼓励用户使用该触点）；
• 不同用户之间的平衡。

最后，用户在数字生命周期内贡献的价值，包括过去的贡献和未来预期的贡献。因此，在制定营销策略时，品牌需要预测今天的营销干预对未来盈利能力的影响。品牌得到的营销指令应受到未来利益的驱动，是前瞻的和主动的，其应能保障品牌为锁定长期收益而放弃短期利益。

以长期总价值最大化为目标的品牌，其营销决策可以表述为平衡的动态优化决策系统。[①] 表 9-1 总结了动态优化决策系统需要平衡的各项指标。

表 9-1 动态优化决策系统需要平衡的各项指标

	当期（t）	未来（$t+1, \cdots, T$)		
	经济价值	经济价值	社会价值	数据价值
交易模块：线上商店 线下门店	提高平均订单价值 提高购买频率	提高平均订单价值 提高购买频率	贡献相对较弱	贡献相对较弱
关系模块：线上社群 线下媒介 移动应用	贡献相对较弱	贡献相对较弱	帮助潜在用户产生意识，研究比较 吸引新用户加入	贡献线上线下数字足迹对产品和体验的建议与反馈 揭示使用产品过程中的新商机

从以上分析可以看出，动态优化决策系统整合了用户的品牌体验以及品牌对成本和收益的综合考量。在长期视角和多元考量下的动态优化有助于实现用户和品牌的双赢。

（二）智能营销决策

营销指令可以代表多种具体的营销决策，比如广告曝光、内容推送、产品推荐、个性化价格和促销，以及产品复购提醒、邀请加入社群、鼓励参加品牌活动等。其形式可以是广告、二维码、优惠券、搜索结果排序等。

---

① 关于动态优化决策系统的概念和例子，请参考 Ravi R., Baohong Sun. Customer-Centric Marketing: A Pragmatic Framework. The MIT Press, March 2016。

通过动态优化，可以导出最优营销组合 M_{ijt}。M_{ijt} 是随着 i, j 和 t 而变动的营销决策，也就是依据用户个人偏好、品牌触点和用户决策过程而产生的，能兼顾用户品牌体验和公司长期收益目标的营销决策。M_{ijt} 可以表述为一个 $I \times J \times T$ 的矩阵，也就是针对每一位用户和每一个触点，制定一个营销干预的时间序列，相当于品牌得到了针对每一位用户的一张时间表，显示在何时、何地（渠道）为何人（用户）提供何种服务。

智能营销可以被理解为一种动态优化决策系统，其背后是决策支持系统，而这一系统可以帮助品牌实现日常营销决策的自动化、即时化和规模化。品牌通过最优化的算法得出个性化、程式化、多触点的，且具前瞻性和防御性的解决方案。其目标是服务用户旅程，提升用户体验，从而使用户数字生命周期价值最大化。具体说，动态优化决策系统具有以下特性：

- 程式化、个性化：无缝链接用户旅程中的所有触点，满足用户任何时候、任何地点和任何方式的需求，并用其喜欢的方式提供超个性化的品牌体验。比如，根据以往的数据，用机器学习模型判别一个用户偏爱的产品风格、喜欢的购买渠道、是否经常使用优惠券等。人工智能可根据这些推导出来的用户偏好产生定制化的营销指令。

- 预测性、引导性：通过机器学习可以预测用户决策过程的进程，从而在正确的时间为其提供与决策过程相匹配的服务，发送到用户的手机或其他相关触点上，引导并加快其完成现阶段的决策。比如，当用户进入研究阶段时，品牌就应提供一些关于专家测评、其他用户评分评论和推荐的信息。研究阶段完成之后，品牌则应尽快向用户发送优惠券，引导其尽早完成购买。

- 前瞻性、防御性：机器学习有非常强的预测性，可以预知用户何时以何种方式进入决策过程的下一步，同时也可以预测用户是否有离开和放弃的意愿。品牌若能预知到这一点，就可以采取相应的措施，及早预防性介入，降低用户离开的可能性。

依据算法来动态优化营销策略并不鲜见。例如，航空公司很早就开始使用动态定价策略，利用动态优化模型，综合座位供应、历史销售模式、季节性趋势、竞争对手定价和用户需求等多种因素，推算出优化的动态机票价格。出行行业巨头优步也采用动态定价策略，根据供需情况实时调整票价。这种策略有助于确保合作车主和乘客数量之间的平衡，同时最大限度地提高收入。人工智能驱动的算法使企业能够做出实时定价决策，从而增加销售额，提高利润率并保持市场竞争优势。

下面再以银行开发的交叉销售工具为例，来演示动态优化决策系统在营销中的应用。本章最后还将提供淘宝的案例，来展示动态优化决策系统在个性化推荐领域的应用。

营销实践

National Bank 交叉销售动态优化决策系统

用户对金融产品的需求通常是有自然顺序的。比如，用户一般都会先开一个支票账户，然后是储蓄账户、投资账户。随着个人的发展和家庭的规划，用户逐渐开始需要贷款、保险、投资规划等满足人生发展不同阶段不同需求的金融产品。银行将这种情况称为"财务成熟度"。

National Bank 将交叉销售模拟为具有自适应学习能力的动态最优规划问题，以制定一系列最佳的交叉销售策略。具体而言，其根据观察到的购买历史和由此产生的产品所有权，预测用户的财务成熟度，并根据其所处的财务成熟度阶段来推荐最适合的金融产品，目标是最大化每个用户的长期价值。动态最优化系统可推导出针对每位用户的多步骤、多渠道交叉销售计划，即针对每一位用户，银行应在何时、通过何种渠道，为其推荐何种金融产品。

结果证明，交叉销售活动的短期效果可提升一倍，交叉销售的投资回报率（ROI）提高了 40.8%。这说明，当银行将其交叉销售策略从以活动为中心转变为以用户为中心时，银行的长期收益会增加。

图 9-3 展示了动态优化决策系统得出的可视化结果。当一位用户出现在银行，柜台人员面前的显示屏就会显示出该用户的画像、其与银行的互动历史、系统预测出的财务成熟度，以及具体的交叉销售建议等。

```
客户 ID：654321
性别：男
教育：大学
当前所有权：支票账户、储蓄账户、货币市场账户
此前的交叉销售联系方式：通过电子邮件 6 次，电话呼叫 5 次
通过适应性学习获得的客户知识结果：
    理财成熟度：3 级（投资和风险覆盖）
    当前理财成熟度级别持续时间：13 个月
    预计切换级别所需的月数：5 个月
    渠道偏好：电子邮件

                        电子邮件        电话
即时的预期概率          0.23           011
回复                   $0.57          $1.54
该营销活动的预期成本    $1000          $900
预期终身利润
由"主动型"CRM 框架推导出的推荐决策
    下一个要介绍的产品：
    人寿保险、经纪业务、年金保险（按购买可能性的顺序排列）
    何时联系：
    1. 接下来的 3 个月内的教育宣传活动
    2. 促销活动
    如何联系：
    电子邮件或直邮
```

图 9-3　动态优化决策系统的可视化展示

（三）所需数据和参数

要想得出最优解决方案，品牌需要对每一位用户的 $DLTV_{ijt}$ 表达式内的每一项变量进行预测。这就需要数据分析或者机器学习，以从每一位用户的长链数据中挖掘出其需求和偏好，预测其未来的订单价、购买频率、留存的概率、社会价值、数据价值以及获客成本等。

这就意味着品牌需要收集每一位用户在决策过程中的数据，同时需要利用数据来训练参数。参数的训练需要大量的用户及其数据。数据量越大，机器对用户的认知会越精确。如果品牌没有高质量的数据，无法训练精准描述用户偏好的参数，那这些前沿工具将无用武之地。

值得指出的是，长链数据非常重要。精准的分析和预测，需要基于每一位用户的长链数据。品牌需要尽早开始积累长时间序列数据，训练属于自己品牌的算法机器人。

（四）自我学习机制

人工智能具有自我学习的机制，学习的速度和精确性取决于数据量。以下简单讨论人工智能的自我学习机制。

• 交叉学习（cross-user learning）：内容和电商平台普遍使用的协同过滤，通过用户和产品之间的相似性来提供建议。

• 自适应性学习（adaptive learning）：当前技术使公司能够结合实时的用户信息，自动分析用户见解、直接响应用户请求，并为其提供高度定制化的体验。随着经验的积累，算法变得更加聪明。自适应学习需要长链数据。通过自适应学习，品牌可以跟随用户发展的脚步，根据其发展阶段推荐适合的产品。

• 强化学习（reinforcement learning）：强化学习取自试错学习的思想。智能体与环境相交互，并从奖励或惩罚的反馈中学习。在强化学习任务中，机器学习和动态优化决策系统融合在一起，具有不断的、主动的自我提高和优化的功能。通过开发与勘探（exploitation and exploration）之间的平衡，机器会策略性地收集一些实验数据，加快自己的用户学习进程。

应该指出，自我学习机制有别于很多平台为品牌提供用户标签和画像。用户标签更强调类似用户的匹配，而非每一位用户的长链数据。这是因为用户在第三方平台留下的数据，通常是跨品牌、跨品类的搜索数据，多而不实、广而不深。因此，平台更倾向于使用交叉学习，从中寻找相似的用户和产品，作为推荐基础。与平台不同，品牌可在私域积累每一位用户跨时间、跨触点的长链数据，并借助动态优化解决方案，从长链数据中学习每一位用户的偏好和需求，从而生成超级个性化的产品推荐。这是品牌独具的优势。

（五）咨询服务机器人

动态优化决策系统生成的，是只有机器能够读懂的字符串。它们需要转化为销售人员能够读懂的营销指令，以指导营销活动。目前，自然语言处理和生成式 AI 的迅速发展，使机器生成的营销指令，能够在加入语音和视觉效果后，被"植入"到自动化决策咨询服务机器人中。这就类似于虚拟导购。

虚拟导购始终在线且反应迅速，其简单、有趣、友好且信息丰富，能够充当产品专家的角色。背靠数据中台所产生的动态优化解决方案，虚拟导购可以做到跨屏幕地跟随用户，以同一种形象和语气与用户沟通。其不但记得与用户对话的历史，而且能不断地学习用户的需求、偏好，甚至情绪和性格，使自身与用户的沟通日益默契。

通过与用户对话和互动，虚拟导购可以引导用户披露其自身的关键信息，从而推动对最佳产品选择的建议，加速用户决策之旅。相较于生硬的广告，品牌可通过虚拟导购咨询的形式，将产品推荐嵌入对话，使用户更易接受。

例如，丝芙兰在官方网站和品牌应用上就引入了虚拟美容顾问——一种对话式导购机器人。虚拟美容顾问能为在线访问的用户提供定制化的美容建议。其会与用户进行互动，了解他们的美容需求、肤质和偏好等。通过向用户提问，虚拟美容顾问能推荐适合用户的化妆品和护肤品。此外，其还能结合用户的购买历史做出推荐。虚拟美容顾问还可以向用户提供化妆教程、产品演示等，并向其提供折扣、促销活动信息。这种个性化的互动不仅增加了丝芙兰的销售量，还加强了其与用户之间的联系。

随着人工智能工具成本的降低，特别是ChatGPT的快速迭代，品牌应当尽早采用和开发人工智能工具，在服务用户旅程的过程中，开启自动化咨询服务。

四、智能营销下的飞轮效应

智能营销在私域产生的飞轮效应，是指品牌以用户为中心，通过社交媒体和人工智能等技术，在私域服务用户，通过用户运营采集更丰富的数据，通过数据训练优化算法，再以更精准的算法服务用户体验，从而实现用户、数据和算法的正向循环。飞轮效应是用户网络效应和数据网络效应在品牌私域运营中的体现。

智能营销以用户为出发点，为其决策过程提供增值服务和一致的品牌体验。其目的在于让用户留存并活跃在私域，除了让品牌更贴近用户，更重要的是邀请用户参与并贡献更多数据。通过在数据中台整合、分析数据，品牌可以更精确地了解用户决策过程及其个性化偏好，同时提高算法的精准度，赋能品牌为用户提供信息服务。如图9-4所示，通过智能营销，经营私域会产生三种飞轮效应。

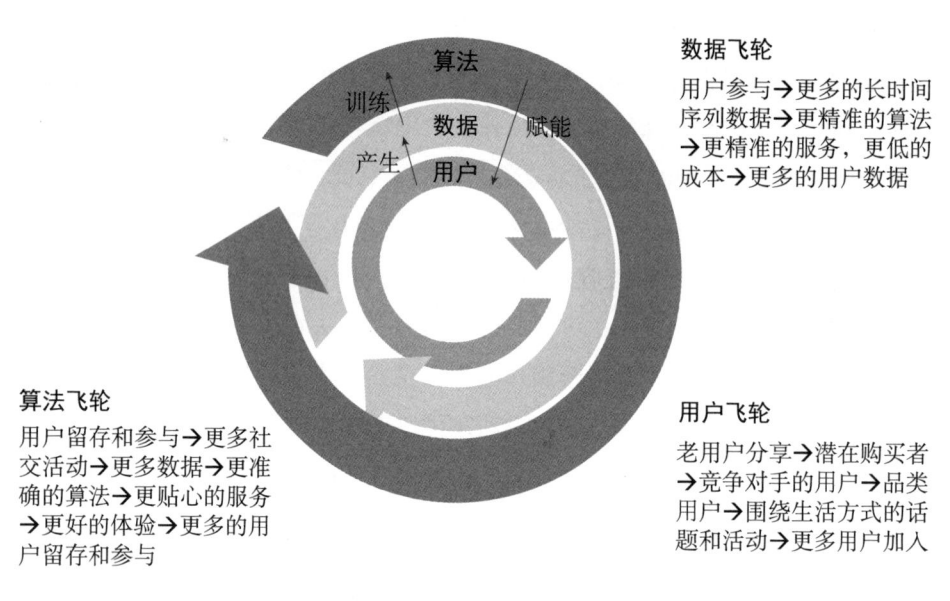

数据飞轮
用户参与→更多的长时间序列数据→更精准的算法→更精准的服务，更低的成本→更多的用户数据

算法飞轮
用户留存和参与→更多社交活动→更多数据→更准确的算法→更贴心的服务→更好的体验→更多的用户留存和参与

用户飞轮
老用户分享→潜在购买者→竞争对手的用户→品类用户→围绕生活方式的话题和活动→更多用户加入

图9-4　三个飞轮

用户飞轮　用户是私域运营的核心。通过经营线上社群，品牌可激发老用户吸引潜在的用户，包括竞品的忠诚用户以及对相关生活方式有共鸣的其他品类的用户。用户间的互娱互乐和互助，更有可能吸引新用户加入品牌社群，开启后者的决策过程。这是用户层面的飞轮是通过社会性来实现的。

数据飞轮　用户经营是为了收集数据，通过从各个触点收集数据，品牌可以拼凑出用户的决策过程，分析其个性化偏好，继而提供个性化、程式化和自动化的信息服务，通过提升用户体验增加用户留存的可能性。用户的留存和参与又会贡献更多触点和更长的时间序列数据。这样品牌也可以像平台企业一样，利用起数据网络效应。简言之，数据层面的飞轮效应能帮助品牌更好地开发数据生产力。

算法飞轮　品牌通过数据和人工智能技术，为用户的决策过程提供即时的信息服务和个性化咨询。品牌通过创造更好的体验，将用户留在私域，增加其对品牌直接经济价值、社会价值和数据价值的贡献。用户体验越好，贡献的数据越多，品牌就有更充足的"弹药"来加快对算法的训练。这个自我提高和强化的过程就是算法层面的飞轮。

飞轮效应是品牌实现数智化升级的重要标志之一。其运转在很大程度上依赖于社群和算法，二者不但可以为用户提供更好的体验，还有助于降低营销成本。二者能够利用网络效应，不断扩大社群规模、扩充用户数据、优化算法引擎。

飞轮的持续运转，可依靠技术标准、情感联系和经济利益等因素来提供保障。例如，苹果按照技术标准建立起自有的营销生态，将用户、数据和算法都锁定到私域；蔚来汽车利用用户之间以及用户和品牌之间的情感联系，持续强化用户飞轮；星巴克则利用经济利益将用户和数据锁定到私域，让二者不断带动飞轮效应。

营销实践

星巴克的"数字飞轮"

当很多咖啡品牌还在借用第三方媒体和电商的时候，星巴克已在创建私域，为品牌数智化升级打基础。星巴克利用数字技术服务其会员体系建设——以技术作为促进用户飞轮运转的工具。如今，星巴克正通过创造性地使用数据，更好地服务线上线下用户。

星巴克2009年就推出了品牌移动应用，并引导用户下载、注册成为会员，以便享受更多会员权益。在移动应用上，用户可以完成决策过程的每一步，从研究和分享咖啡文化、购买产品，到积分和忠诚计划。私域的建立使星巴克不需要依赖第三方平台，就能随时随地直接与用户近距离沟通。这种相对低成本、高效率的沟通，还为其带来了一系列好处：星巴克不仅拥有了会员数据，而且可以自定义强大的营销功能。比如，星巴克会邀请用户为咖啡豆打分，给星巴克的服务提意见。其产品包装很多都来源于用户提供的创意。多年来，星巴克在私域举办了大量会员活动，在用户帮助下开发新产品，不断地提升服务质量，营造活跃的会员社区。可以说，私域运营使星巴克得以贴近用户，品牌形象深入人心。

2017年，星巴克公布了新的数字化转型战略："数字飞轮"。其以奖励计划、个性化、购买体验和支付流程为四大支柱，目标在于整合品牌的物理触点与数字触点。

除支持下单和支付外，星巴克的移动应用借助人工智能技术，根据用户的独特偏好和消费习惯，提供个性化的产品和折扣。此外，基于移动应用收集的数据，品牌可制定从店面位置选择、店内人员配备到物流等方面的有效策略。

星巴克还应用了强化学习和区块链技术，根据用户行为、商店库存和情境因素（如天气）生成量身定制的订单建议。强化学习让用户感受到星巴克越来越了解自己。借助微软云的区块链服务，星巴克能够向用户展示其订单中的有趣信息，包括咖啡豆的来源、星巴克如何支持这些地方的农民，以及咖啡豆的烘焙信息等。

作为对道德和包容性商业实践承诺的一部分，星巴克还推出一个新服务——帮助视障者和低视力人士用 Aira App 便捷点单。Aira App 为用户匹配了经过培训的视觉口译员，后者能远程与用户连线，指导用户在星巴克店内安全行走、"浏览"商品、下单等。

总之，在私域进行智能营销就是要让图 9-4 中用户、数据和算法联动起来，使品牌可以依托社交媒体、数据和算法，开启一个不断增加用户、生成数据和提升用户体验的动态过程。换言之，智能营销是服务用户、开发数据生产力和赋能私域建设的一个相辅相成的动态过程。

五、向平台学习机器思维

（一）机器思维

机器思维是一种分析和解决问题的思维模式。其涉及问题分解、算法设计、数据分析、编程实施。在机器思维下，问题被抽象为计算机能理解和处理的格式，之后用设计好的算法进行运算，即解决问题。其核心在于将算法转换为计算机程序，以执行自动化任务或决策。智能化运营，往往会涉及机器思维及相关技术工具。

在营销中，执行机器思维的具体表现通常是用软件来自动执行多项重复性任务，即营销自动化。这能为品牌带来多种益处：简化营销工作流程，量化营销活动结果，减少人为错误，提升用户响应速度和服务质量等。机器学习和人工智能的飞速发展，正在推动营销自动化、规模化和即时化的实现。

近20年来，平台企业开发了各种算法和工具，以促使品牌到平台上进行营销。图9-5列举了平台在服务品牌的过程中，所开发和使用的一些机器学习和人工智能的工具。

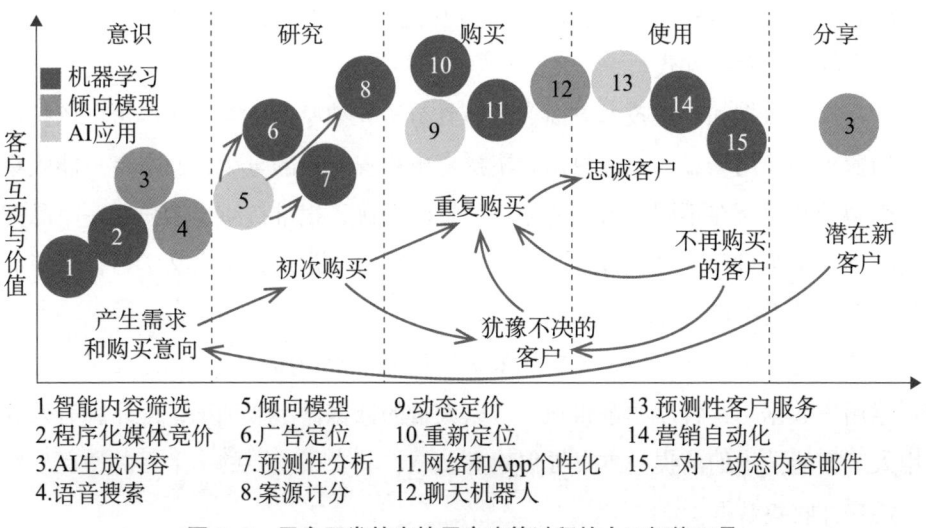

1. 智能内容筛选　　5. 倾向模型　　　9. 动态定价　　　13. 预测性客户服务
2. 程序化媒体竞价　6. 广告定位　　　10. 重新定位　　　14. 营销自动化
3. AI生成内容　　　7. 预测性分析　　11. 网络和App个性化　15. 一对一动态内容邮件
4. 语音搜索　　　　8. 案源计分　　　12. 聊天机器人

图9-5　平台开发的支持用户决策过程的人工智能工具

资料来源：Robert Allen. Use Artificial Intelligence to support the sales process, https://www.smartinsights.com/managing-digital-marketing/managing-marketing-technology/opportunities-using-artificial-intelligence-sales-cycle.

具体来讲，在用户的意识阶段，平台会为用户提供语音、图像搜索，智能化广告和内容推荐等服务，为品牌提供程式化的广告竞价；当用户开始研究的时候，平台会预测其需求和偏好，依其搜索历史有针对性地提供内容和定向广告；当用户决定购买的时候，平台会综合其上所有产品的定价、搜索和销售信息来进行动态定价；在用户使用产品的阶段，平台除了使用服务机器人以外，还会依据算法来预测用户是否会离开，以及未来是否会复购或购买新的产品，进而提供一对一的动态内容。以上提到的大数据、机器学习和人工智能的工具大部分是平台企业开发的，平台利用这些工具向品牌提供收费服务。

品牌可以借鉴平台的机器思维，加快在私域开发和投资属于品牌的智能化营销工具，充分利用数字技术，开发自动化和规模化的营销决策系统，在提供更个性化、高效的用户体验的同时，降低高频率、重复性任务的运营成本。

（二）收集和利用数据

技术的发展，使品牌有机会收集每一位用户的长链数据，开发和训练能"读懂"用户的算法，甚至为每一位用户提供可视化的服务机器人，改写以广告为主的传统营销方式。

在开发数据和算法技术方面，品牌具有得天独厚的优势。品牌可以依托产品的购买和使用场景，通过数据收集拼凑出用户旅程的全貌，而平台只能收集到割裂的和散落在不同平台上的用户的蛛丝马迹，很难拼凑出用户对一个品牌或品类的决策过程。这就解释了为何平台的算法通常依托于交叉学习，以跨品牌甚至跨品类用户为样本。

数据是未来的生产力，要想从未来的竞争中脱颖而出，品牌需要尽早开始积累用户数据。其背后的逻辑在于，以大量的数据做参数训练，是品牌有效利用人工智能技术的前提。本书提倡建立私域，其中很重要的一个目的便在于留住用户并收集数据。

同时，品牌应当尽早开始使用私域的数据，训练属于品牌自己的机器人。越早开始训练参数，机器人就越了解用户，越能有效地为其提供智能服务。此外，品牌需要了解ChatGPT的工作原理，并输入相应的信息提高其对品牌的认知。目前，ChatGPT正逐渐替代搜索引擎。当用户向ChatGPT询问解决方案或者产品推荐时，信息丰富的品牌更有机会得到机器人的关注和推荐。

（三）成为科技企业

未来有竞争力的品牌大都需要投资营销科技，在不同程度上成为科技公司。品牌可以组建由数据科学家、软件工程师、用户界面设计专家等组成的专业团队，搭建品牌数智化所需的基础设施，开发相应工具，推动数据分析、人工智能、物联网、金融科技等方面的创新。

从第三方购买的解决方案往往是通用的，不能完全满足品牌的特定需求。自主研发可以帮助品牌摆脱对第三方在数据和信息服务工具上的依赖，同时也可以提醒品牌持续跟踪技术发展趋势，以适应新环境、保持竞争力。

2014年6月，沃尔玛将战略重点转向发展为一家以技术为中心的公司。沃尔玛开发了自己的技术和服务，在线上线下布局了零售科技，同时又在私域的数据终端采用了营销科技，以满足用户快速变化的需求。2015年，沃尔玛成为全球IT支出额最高的企业，其花费的105亿美元涉及硬件、软件、电信服务等各方面。

对数字资产的战略性投资，为沃尔玛带来了丰厚的回报。沃尔玛是少数可以和亚马逊抗衡的零售商之一。同时，沃尔玛还向中小型零售商销售其营销技术解决方案，在帮助后者转型的同时，为自身开发了新的利润来源。

缺乏资源、难以实现自主研发的中小型企业，即便无法搭建数据中台，也要尽早建立数据思维。这类品牌首先要保护好现有的用户和用户数据；然后，开始采集多源数据，积累未来的生产力；在此基础上，通过简单的数据分析为用户提供线上线下整合的品牌体验。比如，玛丽买口红的神奇体验，是品牌通过简单的数据整合、分析就可以实现的。更进一步地，品牌可雇用数据专家和人工智能专家，挖掘数据资源，为用户创造增值服务。

营销实践

沃尔玛的技术战略

沃尔玛于2011年首次建立了独立的技术部门。如今，沃尔玛全球技术部门——以软件工程师、数据专家、产品经理、网络安全专家等组成的专业团队，让创新技术服务于无缝、全渠道的卓越客户体验。以下是沃尔玛领先探索的一些零售技术。

零售科技

沃尔玛不断探索面向未来的新零售模式，其中包括在达拉斯开设名为 Sam's Club Now 的无现金数字商店，其被称为"技术驱动型购物体验的真实世界实验室"。

Sam's Club Now 商店采用了多种技术，旨在提供更智能、高效和个性化的购物体验。例如，商店使用电子货架标签代替传统的纸质标签，可实时更新产品价格和信息；利用导航技术帮助顾客快速定位其想要购买的商品，提升购物的便利性和效率；采用增强现实技术，顾客通过移动应用或其他设备可以获得与产品相关的虚拟信息、评价和推荐，帮助其做出更明智的购买决策；利用人工智能技术提供个性化的购物建议，改善购物体验和满意度。

又如，沃尔玛研发了带有生物识别反馈手柄的自动驾驶智能购物车，并申请了专利（见图9-6）。这种特别的购物车可以读取脉搏和体温，跟踪用户的压力水平，还会在用户可能需要帮助的时候，向超市员工发出信号。

图 9-6　沃尔玛自动驾驶智能购物车

商业智能和人工智能

沃尔玛以机器学习优化定价和促销策略。沃尔玛支持机器学习技术所需的数据工作负载和带宽，并在 2020 年对基础设施进行了升级，从而使其机器学习模型得以优化。通过更准确地决策降价的时间和幅度，沃尔玛能够更有效地管理库存、增加销售额，并避免过度降价导致的利润下滑。据称，这项优化工作为沃尔玛节省了 3 000 万美元的成本。

用于增强用户体验的云计算

2018年年中,沃尔玛与微软达成了一项为期五年的协议,使用后者的云平台Azure。通过云计算,沃尔玛能够更好地理解用户行为、购买习惯和市场趋势,并根据这些信息制定更精确的营销策略和个性化推荐。此外,沃尔玛与微软还在得克萨斯州奥斯汀设立了联合工程办公室,促进双方的密切合作与协同创新,共同研究和开发基于云计算的解决方案,以提升用户体验和零售业务的效率。

金融科技

2021年,沃尔玛宣布与投资公司Ribbit Capital合作创建一家金融科技公司,并开发一个超级应用。该移动应用结合金融服务和零售业务,提供综合性的用户体验。对沃尔玛而言,该合作意在探索金融科技领域的机会,并通过创新的方式提供金融服务,而不仅仅是成立一家传统的沃尔玛银行。

元宇宙

沃尔玛还计划创建自己的加密货币和非同质化代币(NFT)集合,并已于2021年12月申请了若干个新商标。这表明其有意制造和销售虚拟商品,包括电子产品、家居装饰品、玩具、体育用品和个人护理产品等。

未来,这家零售巨头希望将其更多的技术和服务出售给其他公司,包括其挖掘的用户洞察、数字广告机会等。

小 结

在私域,品牌可以积累长时间序列数据,开发算法,进行智能营销,从而实现用户、数据和算法的正向循环,提升用户的体验,增加其对品牌的长期贡献。智能营销可视为动态优化模型的解决方案。在算法的帮助下营销可实现自动化。

值得指出的是,品牌需要保护用户数据隐私和安全,维护用户信任和遵守数据保护法规(例如,《中华人民共和国数据安全法》《中华人民共和国个人信息保护法》,美国的《数据隐私和保护法案》(ADPPA),欧盟的《通用数据保护条例》(GDPR))。品牌还应确保AI算法的公平公正。

案例　　　　　　　　　　　　　淘宝：比用户更懂用户

手机淘宝推荐系统（见图9-7）源于阿里巴巴在2013年底提出的"全无线"战略。

该个性化推荐系统是一个基于用户行为和偏好数据，利用机器学习和数据挖掘技术而构建的强大的推荐引擎。通过分析用户的浏览历史、购买记录、收藏和喜好等数据，该系统能够向每个用户提供个性化、精准的商品推荐，以提升用户的购物体验和效率。

图9-7　手机淘宝推荐简介

以下是手机淘宝推荐系统的一些关键特点和技术：

1. 用户行为分析：通过对用户的行为数据，包括点击、购买、收藏、浏览时间等进行分析，来了解用户的兴趣和偏好，并构建用户画像，进而为每个用户生成个性化的推荐结果。

2. 大规模机器学习：通过利用分布式计算和并行处理技术，系统能够高效地训练模型，并快速地生成实时的推荐结果。

3. 协同过滤算法：利用协同过滤算法来分析用户之间的相似性和商品之间的关联性，依据用户之前喜欢的商品，向其推荐可能感兴趣的其他商品。

4. 深度学习技术：通过深度学习模型来提取更丰富的特征表示，更好地捕捉用户兴趣和商品特性，从而提供更准确的推荐结果。

手机淘宝推荐系统的成功，在很大程度上推动了淘宝移动应用的发展，使之成为用户浏览和购物的重要工具。

手机淘宝推荐系统在用户的决策过程中提供程式化、个性化和自动化的信息服务，相较于其他推荐系统，它具有以下特点：

1. 介入用户的决策过程：识别用户的潜在需求，帮助用户在自我识别出需求之前，提前做出购买推荐。

2. 实时性：采用实时计算和缓存技术，能快速响应用户的操作，在用户浏览页面时即时生成推荐结果。

3. 个性化：基于用户的个人喜好和行为，提供千人千面的推荐服务。

4. 多场景：手机淘宝推荐系统覆盖平台上数百个特定场景。

5. 自动化：用户无需进行手动搜索或筛选商品，只需浏览手机淘宝的页面，就能收到自动化的产品推荐。这简化了用户的决策过程。

6. 程式化：系统将信息服务程式化，即通过自动化算法和技术，根据用户的行为和偏好，快速、准确地提供相关的商品和信息。这种程式化的服务可以大大提高用户的浏览效率，节省用户寻找和筛选商品的时间。

淘宝以真实的交易数据作为训练样本，构建了一个反映真实购物环境的虚拟平台。在此基础上，其使用强化学习算法来训练虚拟淘宝中的商品推荐系统，其可以根据用户的行为和反馈信息，如购买和评价，不断调整推荐策略，以提高用户的购买率和满意度。当用户能够在虚拟淘宝中得到更准确、个性化的商品推荐时，他们更有可能进行购买。此外，强化学习算法能使用户感受到淘宝比自己更了解自己。这会增加用户对淘宝的好感，有助于提升其使用频率和忠诚度。

第十章 营销创新与未来

主题

全域营销与"收放法"
科技驱动的营销模式创新
未来发展的趋势

示例

瑞幸咖啡，星巴克

本书的前九章主要讨论了数字化转型与私域营销。作为总结，本章将从全域营销的视角对比公域营销与私域营销的区别，再回顾与总结本书所涉及的科技创新、商业模式创新和营销模式创新。最后，我们将展望品牌如何为拥抱Web3.0做准备。

一、全域营销

现实中，品牌需要同时在私域和公域做营销，我们称之为全域营销。其中，公域是指开放的、公共的营销渠道，包括广告、社交媒体、搜索引擎、电视、广播等公开的媒体平台，可以触达大量潜在用户和广泛的受众。私域是品牌自己拥有和控制的用户数据和营销触点，包括数字化的线下媒介、智慧商店、线上社群、线上商店、品牌移动应用和数字中台，用于与用户和目标用户群建立更紧密的互动。公域和私域是两种不同的营销渠道，需要运用不同的方法。在公域，品牌进行数字营销；在私域，品牌进行智能营销。

（一）公域和数字营销

在数字化转型的路径图中，公域指借用的线上媒体（模块1）和借用的线上商店（模块2）（见图10-1）。借用的线上媒体包括百度、谷歌、脸书、推特、微博、微信、抖音、小红书等。借用的线上商店指的是淘宝、亚马逊等。品牌通常需要付费才能触达到第三方的用户。涵盖模块1和模块2的第三方平台是过去几十年迅速发展而成长起来的庞大的数字生态，形式和功能丰富，覆盖了消费者大部分的线上时间和注意力，是品牌营销不可忽视的营销阵地。

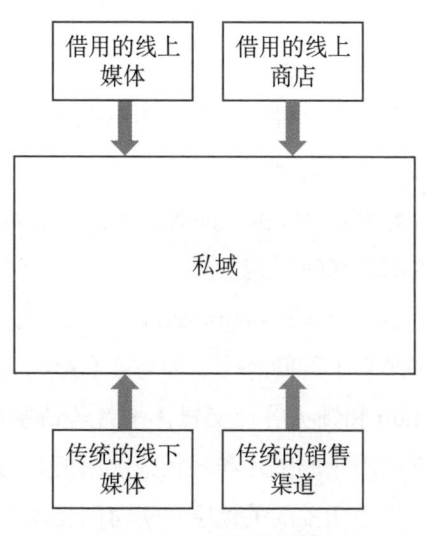

图 10-1 公域与私域

公域聚集了大量品牌想要吸引的潜在消费者，即使是品牌忠诚的消费者，生活中也会将大量的时间花费在公域阅读、工作、交友、娱乐和购物。品牌需要在公域争夺他们的线上时间和注意力。

在公域，品牌对用户和数据没有反复使用权，也不能自定义营销功能，只有通过向第三方平台付费购买广告、雇用 KOL 等方式去触达平台上的消费者，以实现内容分发、产品推广的目标。这就是我们通常所说的数字营销。

数字营销是一种营销策略，利用数字技术，通过各种数字媒体平台，优化营销策略，实现精准营销，将产品或服务推广给目标客户。常用的数字营销方法包括：

• 直接展示广告：使用横幅广告、视频广告或其他形式在网站和移动应用上投放广告。

• 搜索引擎优化（search engine optimization，SEO）：一种数字营销技术，旨在改善网站流量及其在搜索引擎中的在线存在，帮助品牌扩大宣传，提高品牌知名度。在搜索引擎结果页面或社交媒体平台上投放数字广告，广告商通常按照点击率付费（PPC）。

• 内容营销：创建和共享有价值的内容以吸引和留住客户。内容可以是博客、文章、社交媒体帖子、广告系列、视频内容等，帮助客户更多地了解产品和品牌。比如，小红书平台的"种草"贴、知乎平台的"测评"贴，都能起到吸引潜在消费者以及进行更多沟通的作用。

• 影响者营销：与影响者合作推广品牌或产品。影响者包括社交媒体、图文与短视频平台上的 KOL、KOC 等。

• 社交媒体优化（social media optimization，SMO）：指优化社交媒体资料和内容以提高社交媒体平台上的知名度、参与度和影响力的过程。随着品牌使用脸书、推特、Instagram 和领英等社交媒体平台营销变得普通，SMO 越发重要。常用技巧包括使用高质量的图片和视频，使用相关的主题标签来帮助品牌的内容被新受众发现；使用相关的关键字；实时回复评论和消息；与关注者互动等等。

• 多渠道覆盖（multi channel network，MCN）：利用 KOL 的号召力，在

社交或内容平台进行矩阵式的全方位覆盖，目的是让信息的传播深度和广度最大化，形成广为人知的"网红经济"产业。这种模式将不同类型和内容的PGC联合起来，通过直播带货、发布广告服务于品牌方，并赚取相应营销费用。

搜索引擎优化、社交媒体优化、多渠道覆盖均是利用技术和社交网络来产生涟漪效应的工具，借助社交媒体的网络效应，在网络、社群、博客或论坛上扩散的。这些平台提供的付费工具让更多的消费者关注到品牌，扩大传播范围以增强营销效果。

（二）公域营销和私域营销的区别

第九章对智能营销进行了详细描述，这里不再展开，仅对智能营销的定义作简单回顾：在私域，品牌需要进行智能营销。智能营销是一种基于数据和算法而产生营销指令的营销模式，目的在于提升用户体验，并实现品牌长期收益的最大化。以数据驱动的智能营销具有服务性、阶段化、多触点的一致性和协调性、个性化、社群化、即时性等六个特点。

本部分我们比较公域的数字营销与私域的智能营销的区别。如表10-1所示，二者在受众、目标和成本等方面都有着明显差异。

公域面向广泛的受众，包括潜在用户和未来的用户。营销的目标在于品牌知名度的提高、新用户的引入以及产品或服务的推广。公域的用户及其数据由第三方管理，品牌无法完全掌控算法和用户体验。品牌需要遵守第三方平台的数据隐私和广告政策，可能受到很多监管限制，通常需要支付较高的广告和营销费用。

私域服务品牌吸引来的所有已有和潜在的用户。营销目的在于与私域用户建立更深层次的关系、提高用户忠诚度、进行交叉销售和提供个性化服务。品牌对私域具有更高的控制权，可以自主管理内容、用户数据和用户体验。品牌对数据拥有更多的控制权和反复使用权，可以进行数据驱动的智能营销，以较低的成本（自动化）提供更有效的营销（超级个性化）。因为品牌已经拥有这些用户的数据，通常无需额外的广告支出。

表 10-1　公域的数字营销 vs. 私域的智能营销

	公域的数字营销	私域的智能营销
受众	广泛，包括潜在用户和未来的用户	已有和潜在的用户
目标	推广效果最大化	用户数字生命周期价值最大化（经济价值、社会价值、数据价值）
聚焦点	产品：销量	用户：服务优先，体验优先
领域	公域 购买流量 没有数据 通过平台进行营销	私域 直接触达用户 拥有数据 可自定义营销功能
工具	内容创建 SEO SMO PPC 社交推荐	超级个性化的智能营销（内容，产品推荐，促销，提醒分享，评分评论，活动通知，社群内容更新通知等） 机器人，AR/VR/MR，计算机视觉，语音，物联网，大数据（长时间序列数据），机器学习，人工智能，动态优化决策系统
效果衡量	涟漪效应：产品信息	磁吸效应：用户和数据
时效性	短期事件的操作	长期关系的维护
成本	付费给第三方平台	免费 社群互动 人工智能自动服务
营销人员的作用	自上而下的广告和推送	自下而上的私域运营（品牌的主要任务是平台构建和社群运营，提供以数据驱动的超级个性化信息服务）

正如本书在第二章分析的，在公域，品牌大部分的营销活动成本日益增加，效果却日益衰减；在私域，品牌可以直接触达用户，反复使用数据，更好掌控品牌体验。

（三）通过全域营销获得三种关注

无论在公域和私域，品牌可以获得的关注分为以下三种：

买来的关注，是品牌需要付费才能获得的消费者的注意力。付费的项目不仅仅包括付费广告、竞价搜索、SEO、SMO 等，还包括任何通过付费进行推广的操作，比如在脸书、TikTok 上付费给关键意见领袖，让其来代言。通过这类付费项目获得的对品牌的关注，都属于买来的关注。买来的关注，目标是通过付费广告、内容营销和产品推荐等营销方式，将公域的流量转化成产品的销量。这相当于把公域看作新的广告渠道，仍然是传统的营销思维。

免费的关注，是品牌不需要付费就能获得的消费者的注意力。这类关注往往通过自有媒体实现。自有媒体包括私域以及品牌在第三方媒体上自主设立的社交媒体渠道、网站、社交媒体上的品牌账号、官方博客或电商平台上的品牌博客。通常第三方平台允许品牌在自有媒体上拥有内容的控制权而不需要付费。

赢得的关注，是通过消费者自愿产生的 UGC 而获得的关注，比如某消费者自愿撰写了产品使用体验，又被其他消费者浏览甚至引起讨论等。赢得的关注还包括消费者自愿的转发、点赞和评论，这都是消费者自发的对品牌的赞美。未经品牌付费，消费者的口碑就起到了宣传品牌的作用，对品牌来说是因为努力而赢得的关注。

对于大多数品牌来说，产生大量免费的关注和赢得的关注是营销的目标。免费的关注取决于在私域以及第三方平台上的官方账号运营的效果，赢得的关注来自消费者对产品和服务的自发传播。要想增加免费的和赢得的关注，品牌需要加强产品研发与创新，还需要提高消费者体验，这两项是品牌建设最重要的基础。

（四）全域营销的收放法

公域和私域在品牌建设中扮演着相辅相成的角色。品牌需要同时经营公域和私域，充分整合这两个领域的资源，以实施全方位的营销策略。本书提倡的方法是以私域为核心基础，依托数据中台进行全面的公域和私域营销。

品牌在整合数字营销的公域和私域时，可以采用收放法。如图 10-2 所示，

"放"涉及品牌在品牌宣传和广告方面，广泛传播信息，尽可能地扩大影响范围，创造更大的影响力。这可以形成传播的涟漪效应。

"收"涉及将公域数字营销所获得的关注转化为私域的用户，并增强他们与品牌之间的吸引力。在投入广告和促销费用后，除了吸引注意力，品牌还需要采取额外的步骤，鼓励消费者进入品牌的私域。换句话说，品牌需要将在公域付费获取的"流量"，成功地转化为私域的"忠实用户"，再转化成数据资源。

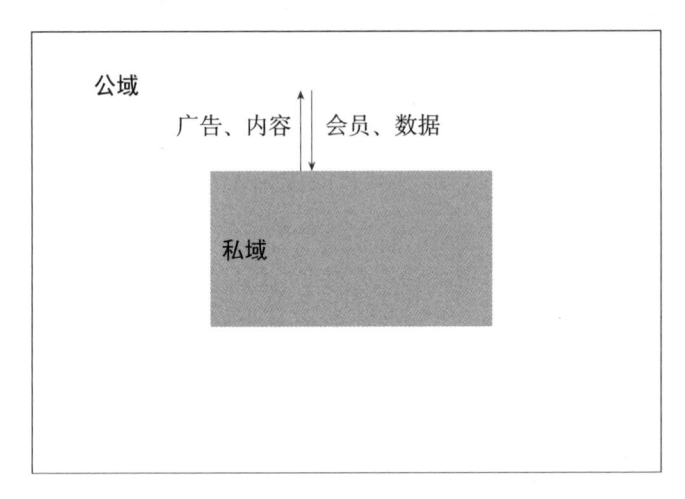

图 10-2　全域营销的收放法

对进行数字化转型的品牌而言，建立私域、保持用户忠诚度以及收集数据都是品牌的关键战略。无论品牌从事何种营销活动，都应当尝试将消费者引导至自己的私域，充分发挥他们的社交价值和数据价值。

营销实践

为私域引流的一些方法和实践

收放法的目的是建设并扩大私域，从而日益减少对公域的依赖。以下将用几个例子来展示品牌如何巧妙地吸引更多的用户到私域。

1. 瑞幸咖啡的社交裂变

社交裂变（social fission）是一种鼓励消费者分享品牌相关信息给社交群体

或个人，从而促进品牌传播和产品或服务销售的营销模式。其核心在于采取策略鼓励用户自发地分享和推广，既是一种以利益为驱动的商业模式，同时也是基于人际关系、信任和好感，以较低的获客成本实现用户数量的指数级增长的营销方法。

作为传统的线下行业，瑞幸咖啡成功利用了社交裂变策略来吸引消费者进入其私域。一旦消费者购买了一杯瑞幸咖啡并成为App用户，他们可以邀请其他朋友免费领取一杯咖啡，但前提是这些朋友下载瑞幸App并注册成为瑞幸用户。这意味着瑞幸只需支付一杯咖啡的成本（约1.5美元），就能邀请一位新用户注册成为私域成员，与此同时，进行公域数字营销的获客成本通常超过20美元。

"社交裂变"的概念最早来源于微信。微信红包的推出可以说是中国移动互联网时代社交裂变的一个标志性事件。2014年1月17日，微信在春节前夕推出了红包功能。用户可以在群里发红包，朋友们可以一起"抢红包"。由于礼尚往来的习俗，抢到红包的人会回馈发红包的人，进而引发新一轮红包分享。在春节的大背景下，越来越多人加入这一有趣的过程，红包顺着人们的社交圈迅速传播。大量微信用户为了使用红包功能，纷纷开通了微信支付，甚至一些人因为要收发红包而下载微信并绑定了银行卡。可以说，微信红包为移动互联网时代的社交裂变提供了一个成功的范例。

2. 星巴克的联盟营销

在中国，星巴克曾与招商银行合作，为消费者提供了一项联合营销（affiliated marketing）活动。当消费者在星巴克购买咖啡时，如果选择使用招商银行信用卡进行支付，他们可以享受招商银行为其忠诚客户提供的折扣优惠。这意味着消费者仍需支付星巴克的标准价格，但可以从招商银行获得额外的优惠。这是一种跨行业的联盟营销合作，将不同领域的品牌联合起来，实现了客户群体的互补交流，发挥了巧妙的合作效果。招商银行通过提供现金回馈来激励老客户增加其忠诚度，而星巴克则获得了更多消费者下载其应用程序并成为私域会员的机会。

3. 面向企业的会员制电商

品牌还可以采取巧妙的方法，通过与企业合作，绕过平台直接面向消费者（C端），实现私域客户获取。举例来说，一家品牌电商公司专注于与各大企业的人力资源部门合作，为员工提供福利。企业支付一定的年费后，员工就可以在电商平台上以低于市场水平的价格购买他们喜欢的产品。这类似于面向企业（B端）的会员制电商，品牌从中获得两方面的收益：一方面来自企业支付的年费，另一方面来自员工购买产品时支付的费用。这种定价方式适合会员制运营，可以预先收取年费，有效地保留客户，并获得更丰富的数据资源。

（五）品牌与第三方平台合作的多种形式

品牌必须积极与第三方平台合作，但关键在于将公域流量引导至私域，从而留住用户和数据。品牌可以采取多种方法吸引消费者至私域并加以保留，包括发布新产品、高利润产品，提供更大的折扣、卓越的服务以及个性化产品等。此外，还有许多创新的与第三方平台合作的方式，以下是一些实例。

- 广告：某些企业将第三方平台视为广告渠道的一部分。举例来说，初创口香糖企业 Simply Gum 在"黑色星期五"期间选择在亚马逊上推出它们的产品，充分利用亚马逊大促销期间的高流量，将其作为宣传初创品牌的平台。随后，品牌有意识地将消费者引导至自己搭建的品牌电商平台。

- 引流策略：产品和包装的设计应符合私域的理念，以便品牌能够从公域吸引流量。例如，PopSockets 采用了产品组合策略，它们在亚马逊上销售入门级产品，同时在自营电商上销售可替换的零部件。这意味着当消费者需要更换零部件时，必须登录品牌的自营电商。此外，该公司在产品包装上提供了产品使用指南，鼓励消费者访问品牌自有媒体以获取更多信息。

- 众包：一些企业将第三方平台视为众包平台。例如，韩都衣舍充分利用淘宝上众多小众品牌以及背后的小众设计师，通过众包方式设计产品，然后以品牌效应为基础，将产品售卖给淘宝上的众多买家。这是一个典型的淘品牌案例。

• 产品测试：有些企业将第三方平台用作新产品的测试平台。一旦设计出新产品，品牌需要大量的消费者反馈来改进产品设计和评估定价。第三方平台上有大量用户，品牌可以大量派发产品试用装并激励用户提交评分与评论。甚至，平台上竞品条目中的 UGC 也可以帮助品牌评估产品。

综上所述，与第三方平台的合作可以采用不同的策略，以满足品牌的不同需求和目标。这些合作不仅可以增加品牌的曝光量，还可以引导用户至私域，或者得到宝贵的用户反馈，有助于品牌的增长和成功。

二、科技驱动的营销模式创新

本书回顾了互联网、社交媒体、移动技术、物联网及人工智能的发展历程，而这些技术的涌现也催生了新的营销思维与策略，基于新技术的各种数字平台，为消费者的决策过程带来了新的可能性。

正如本书第三章展开分析的，数字时代改变了消费者决策过程，品牌的竞争也从线下延伸到了线上：在线上竞争消费者的时间和注意力，在线下竞争消费者足迹和钱包占有率。只有赢得了消费者决策的前端和后端，掌握了消费者的时间和注意力，并且采集了宝贵的数据，才能赢得线下对消费者足迹和钱包占有率的竞争。也就是说，线上竞争的成败会对线下竞争有直接的影响。这就要求品牌进行数字化转型和智能化运营，即品牌数智化。品牌进行数字化转型和智能化运营是科技驱动的战略转型，它催生新的营销概念和思维。

（一）营销科技

营销科技指数字化转型中采用的各种与营销有关的数字技术，是帮助营销人员用来计划、执行和衡量其营销活动的工具、软件和平台。本书提到的所有的数字化转型和智能化运营所需要的软硬件，都可以看成营销科技的一部分。

图 10-3 展示了品牌数字化转型中不同模块可采用的相应技术。

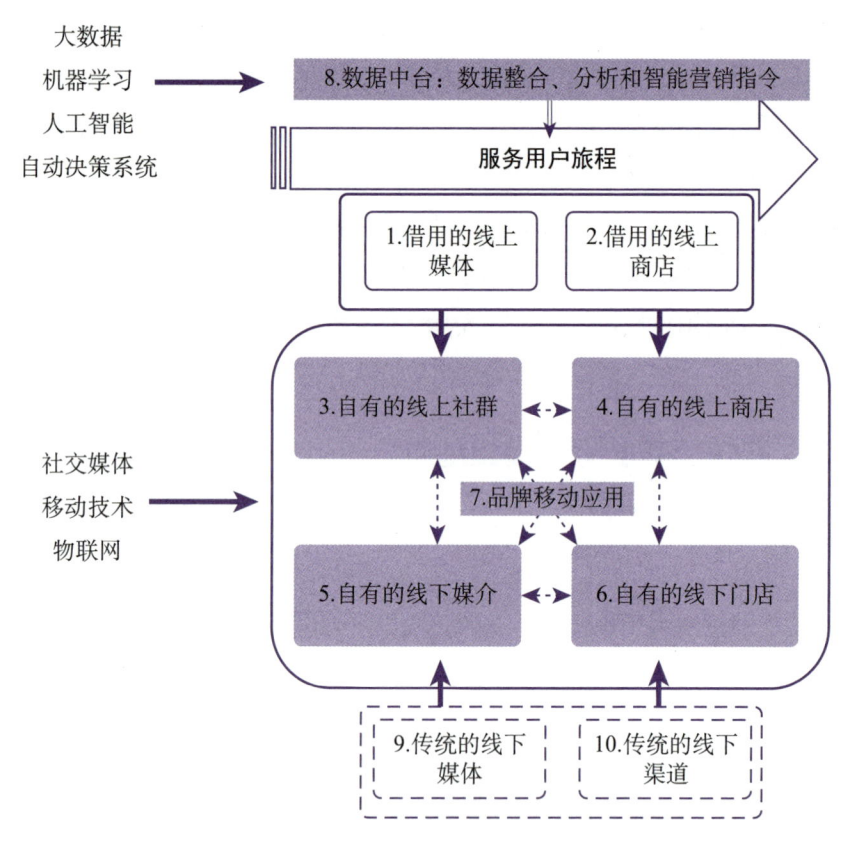

```
大数据
机器学习      ┌──────────────────────────────────┐
人工智能  ──→ │ 8.数据中台：数据整合、分析和智能营销指令 │
自动决策系统   └──────────────────────────────────┘
                          ↓
                    服务用户旅程

              ┌─────────────┐  ┌─────────────┐
              │1.借用的线上  │  │2.借用的线上  │
              │  媒体        │  │  商店        │
              └─────────────┘  └─────────────┘

              ┌─────────────┐  ┌─────────────┐
              │3.自有的线上  │←→│4.自有的线上  │
社交媒体       │  社群        │  │  商店        │
移动技术  ──→  └─────────────┘  └─────────────┘
物联网            ↕   7.品牌移动应用   ↕
              ┌─────────────┐  ┌─────────────┐
              │5.自有的线下  │←→│6.自有的线下  │
              │  媒介        │  │  门店        │
              └─────────────┘  └─────────────┘

              ┌─────────────┐  ┌─────────────┐
              │9.传统的线下  │  │10.传统的线下│
              │  媒体        │  │   渠道       │
              └─────────────┘  └─────────────┘
```

图 10-3　品牌数字化转型中不同模块对应的技术

本书第七章着重介绍了智慧门店中应用的营销科技，如 AR、VR、AI 等。通过智能化改造，线下门店能够为顾客提供丰富的数字触点与独特的品牌体验，为品牌收集丰富的数据，等等。

本书第九章着重分析了数据中台的作用。通过使用大数据与数据存储、机器学习与人工智能等工具，数据中台可以实现三项主要功能，即整合多源数据、处理和分析数据，以及生成内容和指令。

（二）营销模式创新

私域运营的范畴远远超过品牌在公域进行广告和销售的范畴，所涉及的营销创新也远远超过数字营销所涉及的创新实践。随书提供的折页"品牌数智化的战术和工具"按照私域的六个模块，整理了第五～九章所提到的智能化运营涉及的营销模式创新。其中最需要品牌重视的是模块3和模块8所涉及的创新。

智能化运营的规模化很大程度上依赖社群和算法，引入消费者互帮互助的机制以及算法驱动的超级个性化的信息服务，不但能为用户提供更好的体验，还可以降低营销成本，增强飞轮效应。

本书在丝芙兰等案例中提到了模块5的创新，但没有以专门章节展开讨论。此处对该模块作出说明：线下媒介，也可以成为传统品牌私域最重要的组成部分。首先，产品的使用周期远远超过产品购买的决策过程，是长期跟随消费者最好的触点。品牌可以将产品包装和售后服务做成与用户沟通的媒介，用好这一免费媒介，可以替代公域上付费进行的内容营销和广告。品牌还可以利用物联网技术将产品做成超级数字触点，在消费者使用产品的过程中不断地收集数据，接收智能化的营销指令。比如蔚来汽车将汽车本身变成数字触点，成为私域最重要的部分（模块5），数据中台可以时时监测到电池和轮胎的情况，基于此蔚来可以派移动服务车自动为消费者提供充电和补胎的服务，这种增值服务提升了用户体验，是用户愿意长期留在和使用品牌私域的原因。这是在私域可以实现的智能营销的一个例子。

（三）品牌建设的新方式

在过去的很长一段时间里，传统品牌按照固有的产品思维，把第三方平台定义为投放广告和增加销售的合作伙伴。近几年，品牌越来越意识到，过度依赖第三方平台，不但需要支付高额的营销费用，而且会失去对品牌和定价的掌控权。所以品牌需要数字化转型，建立私域，像平台一样利用科技手段把消费者的决策过程管理起来，在品牌私域实施营销十步，重新掌握品牌和定价权。

数字化转型是为用户在RO和SO决策步骤中提供信息服务，并没有改变品牌建设的逻辑。品牌还是要扎扎实实地完成营销十步，不断地完善产品和服务的质量，才能建立起很好的议价能力和品牌资产。营销的成效仍旧是以长期的品牌建设和利润率来衡量的，并通过中短期产品销售、消费者获取和保留来实现的。图 10-4 将数字化转型的框架放到营销十步以及流程框架当中。

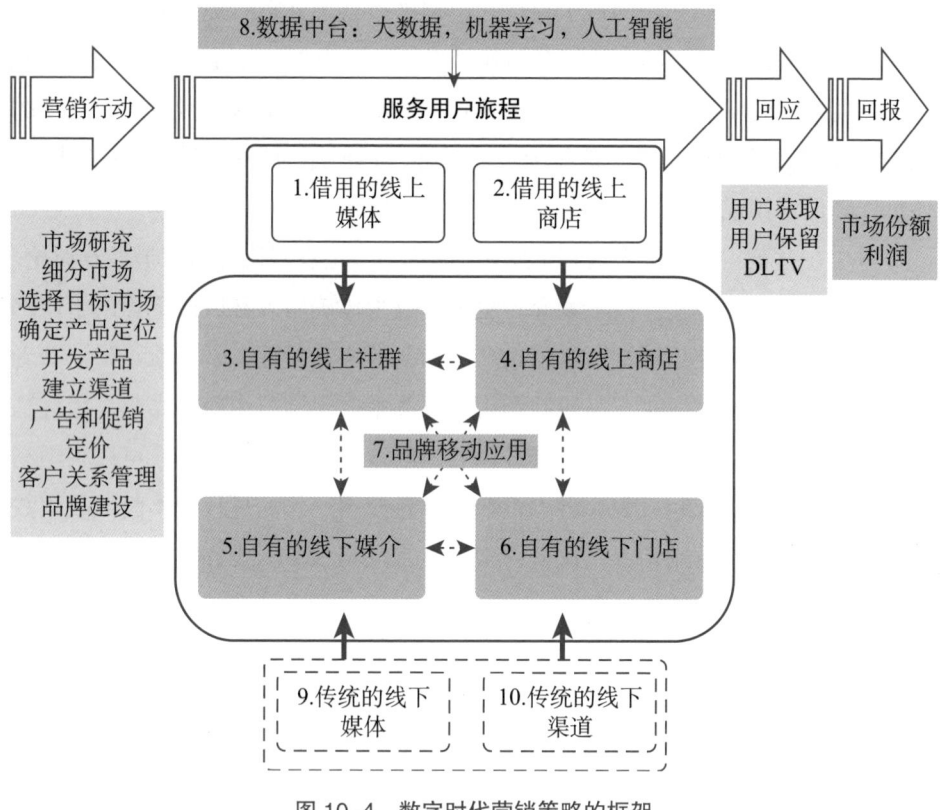

```
                   8.数据中台：大数据，机器学习，人工智能
                   ┌─────────────────────────────────────┐
   营销行动 ───────→│         服务用户旅程                │──→ 回应 ──→ 回报
                   │  ┌──────────┐    ┌──────────┐      │
                   │  │1.借用的线上│    │2.借用的线上│    │
                   │  │  媒体    │    │  商店    │    │
  市场研究         │  └──────────┘    └──────────┘      │     用户获取      市场份额
  细分市场         │                                     │     用户保留      利润
  选择目标市场     │  ┌──────────┐    ┌──────────┐      │     DLTV
  确定产品定位     │  │3.自有的线上│←→│4.自有的线上│    │
  开发产品         │  │  社群    │    │  商店    │    │
  建立渠道         │  └──────────┘    └──────────┘      │
  广告和促销       │         ↕  7.品牌移动应用  ↕         │
  定价             │  ┌──────────┐    ┌──────────┐      │
  客户关系管理     │  │5.自有的线下│←→│6.自有的线下│    │
  品牌建设         │  │  媒介    │    │  门店    │    │
                   │  └──────────┘    └──────────┘      │
                   └─────────────────────────────────────┘
                          ↑                  ↑
                   ┌──────────┐       ┌──────────┐
                   │9.传统的线下│       │10.传统的线下│
                   │  媒体    │       │  渠道    │
                   └──────────┘       └──────────┘
```

图 10-4 数字时代营销策略的框架

营销十步保持不变，只是现在存在成本更低、效率更高的方法。如表 10-2 所示，经过转型的品牌现在更紧密地与消费者互动，它们在执行营销十步时，可以依赖在线社群、众包、大数据和人工智能等技术，更具主动性。这使得品牌建设的成本大幅降低，效果却更加显著。

随着私域领域的不断扩展，品牌可以逐渐减少对公域和广告推销的依赖。这种改变使得品牌能够重新掌控定价权及对用户数据的使用权。正如前述章节中提到的丝芙兰、耐克、蔚来和星巴克等例子所展示的，它们逐渐将市场营销的焦点从公域转移到私域，因而更加贴近消费者，以确保品牌内涵和品牌体验的一致性。

表 10-2　传统品牌与数智化品牌的营销十步内容对比

十大步骤	传统品牌	数智化品牌
市场研究	调研公司	线上社群、大数据
STP（细分市场、选择目标市场、确定产品定位）	调研公司	线上社群、大数据
开发产品	产品开发部门	众包、大数据
建立渠道	批发商、零售商、第三方电商	自营电商、众包
广告和促销	传统营销、公域的数字营销	众包、大数据、算法（动态优化决策系统）
定价	成本、竞争、消费者	大数据、算法（动态优化决策系统）
客户关系管理	客服、CRM	众包
品牌建设	传统广告、数字营销	众包

三、思维创新与商业模式创新

（一）思维创新

传统企业需要摒弃以销售产品为出发点的销售思维，同时，对消费者的认知也是从消费者进化到客户、用户和合作伙伴。从产品到社群，从广告服务到信息服务，从公域到私域。品牌还需要重新思考竞争与合作，才能突破自己，开拓新的业务和利润空间。营销的创新需要营销人员拥有创新的思维。我们在本书中谈到了以下八种新思维。

• 平台思维；

• 数据思维；

• 用户旅程思维；

- 体验思维；
- 社群思维；
- 共创共建思维；
- 机器思维；
- 跨界思维。

（二）生活品牌

数字化转型和智能化运营的核心逻辑是服务用户旅程。但是，用户在不同生活情境下需要解决生活中的不同类型的问题。这需要品牌跳出传统的产品、品牌和品类思维，深入了解用户在决策过程的每一步所需的信息服务。

"生活品牌"是一种新的品牌范式，指的是品牌需要提供基于生活情境的旅程服务，更深入地融入用户的生活中满足其日常需求。在这个概念中，品牌通常无法独立满足所有需求，有时需要与其他企业通力合作，跨界共同推出全面的解决方案，不断提供综合的、持续迭代的价值体验，实现客户和生态系统各方的共赢共生。

品牌在建立和运营私域时，应当突破传统的品牌和品类的限制，进行一些尝试和探索：

- 当品牌构建线上社群时，应该遵循用户的核心需求，以用户的生活方式为基础来组织社群及其活动。品牌需要鼓励那些有着相似生活方式向往的人聚集在一起，共同创造丰富的内容，举办各种有趣的社群活动，这样才能建立一个充满活力的线上社群，从而促使新老消费者在私域中保持互动。

- 在构建自有电商平台时，品牌也应该借鉴互联网电商的长尾效应，在一定程度上根据生活方式引入其他品牌和品类，为消费者提供一站式购物体验，以减轻他们的决策成本。例如，屈臣氏不仅提供自有 SKU，还引入合作伙伴，成为提供日化产品的一站式购物平台。蔚来的自有电商平台涵盖了蔚来为用户甄选以及与用户共同创造的周边产品，其提供的 SKU 数量远超过传统汽车制造商的范畴。

- 类似的思维也可以应用到线下实体店铺，如我们在第七章中所提到的，品牌可以将平台思维引入品牌独有的私域，将空间租给其他品牌和品类，以解决许多数字原生品牌无法克服的问题，不仅可以增加收入来源，还可以赋予品牌自身的线上社群和自有电商更多的能力。

本书倡导的品牌建设和经营私域强调品牌拥有用户和数据的重复使用权，并不要求品牌对私域的冠名权。因此，不建议私域的运营范畴局限于自家生产或代理的产品或品牌，也不提倡品牌必须将自己的名称与在线社群和电商紧密融合。相反，在线社群和电商的构建和运营应以用户及其生活方式为出发点，超越传统的产品、品牌和品类的概念，建立一个充满活力的私域，以培养可直接接触的用户群为目标。

生活品牌的建立有助于品牌打破原有产品、品牌和品类的限制，为开拓新的业务领域奠定了基础。拓展新业务往往不能简单着眼于产品本身，而更依赖对用户和数据的运营。通过数字化转型和智能化运营，品牌能够通过用户运营深入了解用户的生活方式，进而改进现有产品，也可以开发周边产品和服务，为企业寻找到新的业务增长点。

（三）品牌数字生态

品牌建立数字生态系统的目标是，确保品牌不仅仅局限于自身的产品和服务，还能为用户提供全面的价值和全旅程服务。这可以通过与第三方合作、紧密围绕用户的生活方式以及提供多元化的体验来实现。以下是一些关键要点：

• 多样化合作伙伴关系：建立涵盖多个领域和行业的合作伙伴关系，包括与科技公司、零售商、金融机构、健康服务提供商等合作，扩大品牌的影响力和服务范围。

• 用户中心设计：理解用户的需求、喜好和生活方式，根据这些信息为用户提供定制化的服务和体验。确保品牌数字生态系统围绕用户的需求构建，为用户提供有意义的解决方案。

• 全旅程服务：提供用户在整个购买和使用过程中所需的服务和支持。这包括前期的产品信息、购买、交付、售后支持以及用户反馈和升级。确保用户获得无缝连接的流畅的体验。

- 数据整合和个性化：整合各种数据源，包括用户数据、行为数据和第三方数据，以实现个性化的推荐、定制服务和精准营销。数据分析将有助于更好地了解用户，为他们提供更具价值的体验。
- 数字化平台：建立强大的数字化平台，以容纳各种合作伙伴和服务。这个平台应该能够扩展、集成，并适应不断变化的市场需求。

综合来说，品牌建立数字生态系统的目标是为用户提供更多的价值、便利和全方位的服务，应超越传统品牌和品类的界限。这种全面的战略可以帮助品牌在激烈的市场竞争中脱颖而出，并与用户建立更加深入的关系。

（四）商业模式创新

数字化转型和智能化运营的过程也是品牌从产品到服务到数据的升级过程，这为品牌带来新的业务和新的利润来源。以前单一以产品或服务盈利的企业应当突破传统商业模式的束缚，通过数字化转型和智能化运营来探索新的利润来源，进行脱胎换骨的商业模式变革。

第一章讨论了物联网对传统制造业的创新机会。以智能冰箱和高级农业机械为例，我们详细分析了企业如何通过改变其商业战略来发现潜在的盈利机会。制造商不仅可以将智能冰箱看作数据中心，还可以整合各种数据，为用户和第三方提供有价值的信息服务。与此同时，这种方法允许他们像平台企业一样从与他们合作的第三方那里获得收入，或者向冰箱用户定期收费，这打破了传统制造业仅依赖产品销售的盈利模式。其他制造商也开始看到类似的机会，它们将汽车、啤酒杯甚至网球拍都视为收集用户数据的工具。通过巧妙地收集和分析消费者数据，它们能够提供额外的信息服务，从而创造新的收入来源。这种从线性商业模式向平台型商业模式的转变，为传统制造业开辟了全新的商机。

第二章深入探讨了现代平台经济下的盈利策略。我们通过研究双边平台的多种盈利途径，认识到品牌不仅可以基于其现有的产品或服务进行盈利，还可以利用数据和信息服务来拓展其收益渠道。以苹果为例，除了通过销售硬件产品获利，它还通过运营 iTunes 和 App Store 来实现盈利，再例如，e

袋洗搭建了一个轻资产平台，为整个行业开拓了新的利润来源，这展现了线性和平台型商业模式的融合，达到了我们第四章所提到的第三个层级的转型。

第六章深入探讨了众多创新性的电商模式，并指出这些电商模式的底层逻辑和策略可为品牌所借鉴，从而增强品牌自有电商平台的吸引力。品牌可以参考各种电商模式，并根据自身需求和资源进行有针对性的调整和创新。

• 会员制电商与订阅制电商：这两种模式都聚焦于提供服务，通过拆分的定价策略来收取会员或年度费用，强调的是一种持续性的服务导向商业模式。

• 循环经济电商、白标电商、独立站服务电商：这些都属于2B电商模式，致力于解决小型生产商和零售商面临的问题。

• 内容电商、导购电商、兴趣电商：这些模式充分利用了社交媒体中用户生成内容（UGC）的特点。

• 团购电商与分销电商：这些模式则运用了社交媒体中的众包特性来实现盈利。

• 分享电商与共创电商：不仅完美体现了众包的特性，而且呈现了未来去中心化的趋势。

• 直播电商：它能缩短消费者的决策过程，利用视频为用户模拟真实体验，激发冲动性消费。

• 人工智能导购：在面对信息过载的现代社会，它通过机器学习和AI技术来缓解消费者的选择困境。不仅如此，它还通过提供咨询服务并收取会员费用，然后再利用会员数据来训练更为精准的AI机器人，从而实现用户、数据和算法之间的正向循环。

总之，品牌数智化不仅是为了原有业务的降本增效，而且可以增加新业务和开拓利润来源。品牌数智化需要大量的资金投入，但这是在数字时代脱颖而出的必经之路，而从数字转型衍生出来的营销创新，都会为品牌带来长期的利益。表10-3简单总结了数字转型如何为品牌降低营销成本、增强品牌体验、寻找业务增长点和开辟新的盈利模式。

表 10-3　品牌数智化的益处和营销创新

品牌数智化的益处	营销创新
降低营销成本	私域运营，众包
增强品牌体验	众包，大数据（长时间序列数据），算法，动态优化系统
寻找业务增长点	线上社群，UGC，生活方式，数据洞察
开辟新的盈利模式	平台商业模式的盈利模式，营销科技工具

四、营销未来趋势

科技进步的步伐持续加快，为营销创新创造了无限可能。一些主要的趋势已经开始显现。

- 数据的重要性：数据将是未来的核心动力。企业应对用户和数据资源进行长远规划，以确保未来的竞争力。依赖数字化驱动的营销策略是品牌维持领导地位的关键，这可以为现有品牌在与新进入者的竞争中提供更大的优势。
- 算法的力量：拥有卓越的算法将是品牌脱颖而出的关键。品牌应早日运用其数据资源来训练 AI 机器人，以更精准地为消费者提供服务，从而确立算法上的竞争优势。
- 个人代理 AI 的崛起：预见到未来营销可能会变为品牌的 AI 与代表消费者利益的 AI 之间的直接沟通。尽管当前 AI 技术主要用于优化品牌利益，但品牌需要转变观念，更多地让 AI 代表消费者的需求和利益。
- 社群运营的转变：品牌需要认识到社群运营的重要性，并将其从 CRM 的传统框架扩展到整个消费者旅程。随着 Web1.0 到 Web2.0 的数字演变，社交和移动媒体促进了线上社群的建立，而数据和算法又加强了这些社群的凝聚力。而在 Web2.0 到 Web3.0 的变革中，品牌可以利用 Web3.0 技术和新型的商业策略来绕过中心化平台，直接触达和运营社群。

在数字转型和创新之路上，品牌需要各种技术工具和方案。这为创新者和创业家提供了新的机遇，也为平台科技企业开辟了新方向：为传统品牌在其数字化转型过程中提供必要的信息服务，并与这些日益自主化的品牌建立新的合作关系。

五、为拥抱 Web3.0 做准备

Web3.0 是以区块链为基础的下一代互联网，旨在创建一个更加去中心化、以用户为中心的网络。Web3.0 技术充满潜力，将会颠覆 Web2.0 时代的平台商业模式，激发更有深度的商业模式的创新。品牌也将不再需要依赖平台进行营销活动。以下是 Web3.0 的核心特点和概念：

• 去中心化：与传统的中心化服务器或平台不同，Web3.0 通过区块链技术来分散数据存储和管理。这种去中心化的方法增加了网络的抗审查性，并使得单一故障点的影响降至最低。

• 持久性与不变性：一旦数据被添加到区块链上，它就几乎是不可修改的。这为数据和事务提供了一个不可篡改的历史记录。

• 身份与隐私：Web3.0 提供了更加安全和去中心化的身份验证机制，使用户能够控制自己的身份信息，同时确保他们的隐私权。

• 所有权经济：在 Web3.0 的范畴下，用户拥有他们的数据和数字资产的所有权。这与当前的互联网模型形成鲜明对比，后者经常让大公司掌握和利用用户数据。

• 互操作性：Web3.0 技术旨在支持各种不同的应用、平台和协议之间的互操作性，使得信息和价值能够在不同的网络和系统之间自由流动。

• 智能合约：Web3.0 允许自动化的、无需信任的编程交易，这主要是通过所谓的智能合约来实现的。智能合约是自动执行的、在特定条件下运行的编程协议。

• 开放性与透明性：由于 Web3.0 基于区块链技术，其操作通常是公开和透明的，任何人都可以验证和审计网络上的事务。

• 代币经济：Web3.0 推动了一个基于代币的经济模型，其中数字代币（例如加密货币）可以代表实际资产或权益，并可用于激励或奖励网络中的行为。

Web3.0 是价值的互联网，为业界提供了一个更加扁平、以用户为中心的视角，确保数据的所有权和隐私权真正归还给用户。

从 Web2.0 向 Web3.0 的过渡并不是一蹴而就的。实际上，为了构建 Web3.0 的生态，我们需要借鉴和利用 Web2.0 时代的社群运营经验。创作者经济、用户作为品牌合作伙伴的视角、经济上的奖励机制以及价值的无缝传递，都是从 Web2.0 的商业模式发展而来的。品牌在 Web2.0 时代所积累的社群经验为其在 Web3.0 世界中的定位提供了坚实的基础。品牌在建立和运营私域时可以借鉴 Web3.0 技术和思维。

• 私域的重新定义：Web3.0 强调互操作性，使得消费者的数字钱包成为其 Web3.0 身份的核心。品牌现在可以直接与消费者的数字钱包沟通，无须依赖中介平台，为直接市场营销创造了机会。

• 增强消费者体验：Web3.0 为消费者提供了一种更加丰富和个性化的体验。例如，功能性 NFT 可用于邀请消费者参加各种活动，记录其与品牌的互动历程，为他们提供特别的奖励或优惠。

• 社群驱动的品牌策略：Web3.0 为品牌提供了工具和机会，帮助它们更好地建立和激励社群。代币经济学使得品牌可以为社群成员提供直接的经济激励。

• 信任与透明性：智能合约为社群和品牌之间建立了信任，确保所有互动都是透明和公正的。社群治理和共识通过这些合约得到加强。

• 共创经济的崛起：Web3.0 的框架鼓励品牌和消费者共同创造价值。这种合作模式不仅加强了品牌和消费者之间的联系，而且还为创新打开了新的途径。

• 私域运营与金融属性：Web3.0 时代的品牌必须对其代币价值进行管理，而这一切都依赖于社群的有效运营。这意味着私域运营和社群管理将成为 Web3.0 商业模式成功的关键。

特别需要提出的是，Web3.0 的引入将在商业模式中产生一系列转变。如果说 NFT 是开启 Web3.0 的钥匙，代币经济则是深入 Web3.0 商业模式的关键。它在 Web2.0 的基础上增加了更多的合作和激励的机制。以蔚来汽车为例，它利用社交代币来鼓励用户积极参与品牌社群的建设，将消费者从被动的观众转变为品牌的合作伙伴。这种代币化的激励机制不仅增强了用户的归属感，也为他们提供了与品牌共同成长的机会。

总之，Web3.0 预示着一个新的、以用户和社群为中心的价值互联的时代。在这个时代中，品牌不仅要重塑与消费者的关系，还要重新定义其与整个生态系统中其他参与者的角色和互动方式。Web3.0 的成功在很大程度上取决于如何经营社群。

当前，许多传统企业正在进行数字化转型，这是通往 Web3.0 的桥梁。只有当企业完全理解并采纳平台、社群、数据和机器学习等概念时，它们才能真正准备好迎接 Web3.0 的挑战。星巴克、路易·威登和蔚来汽车等企业已经成为这场变革的领头羊。本书通过深入研究多个国内外的成功案例，希望能为那些迈向 Web3.0 时代的企业提供启示和指导。

结 语

经历了互联网、社交媒体和移动媒体几个阶段后，技术发展正以迅猛的速度进入人工智能、物联网和区块链时代。技术将产品、人、时间、地点以及一切相连接。数据技术和人工智能的进步为营销增加了智能化、实时性和自动化的层面。在不久的将来，技术将使价值得以有效地互联和传递。从营销的角度来看，品牌对消费者的定义也经历了演变，从传统营销中的消费者，到客户关系管理时代的客户，再到社交媒体时代的用户，未来则可能是价值共创者，营销思维正在迅速演化。商业模式从连接产品和内容的Web1.0，跨越到连接人的Web2.0，现在正飞速发展进入连接价值的Web3.0。

这一切的变化都在推动新的业务模式和新的盈利模式。然而，谁是这个过程中最大的受益者呢？

本书的初衷

显而易见，在过去的四五十年中，技术发展所带来的商机几乎都被平台企业抓住。它们将技术转化为商业价值，获得了巨大的利润。对于大多数传统品牌而言，新媒体的兴起增加了广告和销售渠道，因此它们投入了大量资源和精力在第三方平台上进行广告和销售，与其他品牌竞争。在这种思维的影响下，品牌将自己的忠实消费者带到了平台上，变成了平台赚取利润的资源。平台积极开发数据资源和信息服务，通过最大限度地利用网络效应和数据网络效应，使消费者越来越依赖平台，而远离品牌，从而导致品牌的营销成本不断增加。如今，技术发展已经进入了物联网、人工智能、虚拟世界、区块链以及快速发展的去中心化价值网络阶段，机会重新回到了制造商、渠道商和品牌商的手中。

本书的初衷，是希望帮助传统企业清晰地认识到在数字时代如何重新定义品牌与消费者之间的关系，希望帮助这些企业像科技平台公司一样抓住未来技术所带来的商机，创造更多增长空间，同时也能够让消费者享受到技术发展为人类带来的好处。本书特别强调，品牌通过在营销中应用新技术，可以实现双赢。

本书还鼓励传统品牌充分发挥自身的科技和商业模式创新潜力，为应对即将到来的 Web3.0 时代做好充分准备。

不管时代如何变化，人们的需求都是不变的，商业的底层逻辑是不变的。本书通过深入探讨消费者行为和营销的本质，来解析新技术如何改变消费者决策和他们与品牌的交互方式，从而推导出数字化转型的基本逻辑和路径图。我们希望本书所探讨的思路、逻辑和框架能够在一定程度上超越技术、时间及地域，触及商业乃至人性的核心。

本书希望对品牌、平台和创业者有所启示

不同类型的企业，或者同一企业在不同发展阶段，对本书内容可能会有不同的解读，企业也需要根据实际做出因地制宜的决策。那些财力雄厚的品牌可能会考虑进行第三层级的数字化转型，自主开发数据和人工智能资源。而中小企业在短期内可能仍需要与第三方平台合作，利用平台提供的数据和工具来进行品牌宣传和产品销售（即数字营销在公域的应用）。

过去的一段时间，平台一直引领着科技和商业模式的创新，未来在品牌数字化转型和智能化运营中平台仍将发挥重要作用。本书梳理了品牌数智化所需的资源和工具，平台可以根据品牌的需求和挑战，开发数据和人工智能技术，以帮助品牌进行不同层级的数字化转型或实施旅程营销。这也为平台提供了增加利润的机会，即更好地为品牌提供所需的服务。

品牌数字化转型中的需求也为创业者带来了机会。创业者可以开发各种技术解决方案，解决品牌的痛点，并从品牌获得支持和资源。

本书的侧重点和不足之处

本书专注于从品牌的角度探讨新技术如何改变消费者与品牌之间的互动，并未涵盖数字化转型的其他方面，如物流与运营、信息系统和组织文化等。这些领域已经在学术界和实业界得到广泛而深入的研究和分析。在营销领域，我们更专注于新技术对品牌建设的影响，而未深入讨论广告、流量和销售等概念。本书的目的在于在现有大量文献的基础上提供一些补充，以帮助那些进行数字化转型的品牌拓宽思路。

图书在版编目（CIP）数据

品牌数智化：科技驱动的模式与价值创新/（美）孙宝红著. -- 北京：中国人民大学出版社，2024.5
ISBN 978-7-300-32759-4

Ⅰ.①品… Ⅱ.①孙… Ⅲ.①企业管理—品牌营销—研究 Ⅳ.①F272.3

中国国家版本馆 CIP 数据核字（2024）第 083982 号

品牌数智化
——科技驱动的模式与价值创新
孙宝红　著
Pinpai Shuzhihua——Keji Qudong de Moshi yu Jiazhi Chuangxin

出版发行	中国人民大学出版社		
社　　址	北京中关村大街 31 号	邮政编码	100080
电　　话	010-62511242（总编室）	010-62511770（质管部）	
	010-82501766（邮购部）	010-62514148（门市部）	
	010-62515195（发行公司）	010-62515275（盗版举报）	
网　　址	http://www.crup.com.cn		
经　　销	新华书店		
印　　刷	北京瑞禾彩色印刷有限公司		
开　　本	720 mm×1000 mm　1/16	版　次	2024 年 5 月第 1 版
印　　张	21.25 插页 3	印　次	2024 年 5 月第 1 次印刷
字　　数	320 000	定　价	89.00 元

版权所有　侵权必究　　印装差错　负责调换